"教育人类学研究丛书"总序

一

人类学（Anthropology）是一门全面研究人及其文化的学科。它研究的一个重要方面是人类群体的文化传承与文化学习、文化交流与文化发展。教育学作为专门研究如何培养人类下一代问题的一门学科，也肩负着传递知识、传播文化的基本功能。这样，人类学和教育学之间就有了天然的脐带，教育人类学也由此成为二者之间有机联系的一座桥梁。

教育人类学（Educational Anthropology or Anthropology of Education）是由教育学与人类学相互交叉并通过科际整合而形成的一门综合性边缘学科，其核心研究领域是多民族国家的少数群体教育，包括少数民族教育、乡村教育、移民教育、多元文化教育等方面的内容。作为一门新兴的边缘学科，教育人类学吸收了包括哲学、法学、人类学、教育学、心理学、生物学、社会学、历史学等多学科的研究成果。

国外教育人类学学科形成于 20 世纪中期，经过半个世纪的发展，形成了以德国、奥地利等国为代表的欧洲哲学教育人类学和以美国为代表的文化教育人类学两大流派。文化教育人类学流派又可以划分为主要由人类学家组成的教育人类学理论学派和以教育学家组成的多元文化教育理论学派。

欧洲哲学教育人类学学派主要注重于从人的本质、教育的本质、人接受教育的可能性和必要性出发，从哲学的高度研究教育的理论与实践问题。

以美国为代表的文化教育人类学中的教育人类学理论学派，继承了英美文化人类学的理论框架、概念与田野工作方法，并用其研究教育的理论与实践问题；多元文化教育理论学派则从英美文化人类学那里继承了"文化相对论"的观点，并将其与美国的土特产——美国社会民族理论相结合来研究教育的理论与实践问题。其最初目标是为了捍卫以少数民族为代表的社会弱势群体的利益，其长远目标是想通过教育改革构建一个不分族群、社会阶层、性别、年龄、身体与智力差异的乌托邦式的国家与全球多元文化社会。文化教育人类学研究的范围主要包括少数民族教育（包括移民教育和土著教育等）和多元文化教育等方面。

教育人类学在国外已有长足的发展，其学科地位早已确立，并对许多国家的教育改革、教育政策、教育规划、教育咨询等都产生了重大影响。

人类进入 21 世纪后，随着国际上对全球一体化与民族文化多样性、文化差异与机会均等、多民族国家中主体民族与少数民族、国家一体化与文化多元化关系的讨论，随着知识经济社会的来临，人们对教育与社会弱势群体倍加关注，教育人类学也随之成为一门社会与学术界瞩目的重要的学术研究领域。

二

中国大陆地区的教育人类学研究起步较晚，肇始于 20 世纪 80 年代初的少数民族教育研究，当时研究的重点是异文化和跨文化教育。80 年代中期以后，大陆才开始系统引介西方教育人类学的学科知识，传播教育人类学的基本思想和理论方法。90 年代以后，教育人类学获得了初步发展，不少学者开始尝试结合西方教育人类学的理论和方法研究本土的教育问题或试图建构本土教育人类学的理论体系，并对此进行了有益的尝试。

在 20 世纪 80—90 年代，大陆地区的教育人类学研究一直被冠以"少数民族教育研究"，简称"民族教育研究"，其学科则被称为"民族教育学"，鲜有称为"教育人类学研究"或"教育人类学"的，究其原因有以下几点：

首先，这是由于人类学这门学科作为西方的舶来品，在 20 世纪初中期被引入中国时，产生的名称概念上的不统一，以及后来人类学在中国发展历史的影响。20 世纪初中期，人类学在英美分为体质人类学和文化人类学两大体系，在欧洲大陆的德国和苏联则将人类学称为民族学。当时的学界泰斗蔡元培先生赴德国进修民族学，并将民族学这一学科概念首先引入中国，尽管后来的人类学家吴文藻及其学生费孝通、林耀华等人先后将英美的人类学这一学科概念引入中国，但是，由于 20 世纪 50 年代初的大学院系调整、民族识别工作、少数民族研究，以及西方英美人类学被错划为"伪科学"，而苏联的民族学则占据着统治地位等历史的原因，使大陆地区人类学在很长一个时期只能以民族学替代文化人类学这一学科概念。当前，在西方人类学体系中，民族学基本上是作为文化人类学和体质人类学下的一门分支学科。而目前在中国的学科分类上，民族学被划分在法学门类下，而人类学则被划分在社会学门类下。同一门学科被人为地划分在截然不同的学科门类中，造成了人们在学科概念上的混淆。

其次，早期大陆地区的教育人类学研究主要以少数民族教育为其研究对象，很少以教育人类学的田野调查方法扩大关注主体民族——汉族的正规教育与非正规教育。故一直以"少数民族教育"

"民族教育"和"民族教育学"加以称谓。

再次，由于该学科领域的许多研究人员对国外教育人类学学科的历史与发展，以及研究对象和研究范围并不十分了解，导致他们对教育人类学与民族教育学学科彼此之间的关系并不是十分清晰。当然，这是一个十分复杂并带有争论的学术问题，在此不拟展开讨论。

二十多年来，中国大陆地区教育人类学发展取得的重要成果主要包括以下几方面：

一是翻译引介了一批西方教育人类学的理论和著作，传播了教育人类学的基本思想和重要理念。

二是从理论上对这一学科进行深入探讨，试图结合国情研究大陆地区教育的发展问题或试图构建教育人类学的本土理论体系。

三是采用教育人类学的理论，关注异文化教育现象，提倡多元文化教育理念，寻求跨文化的了解和对话，特别是为研究民族问题和民族教育提供借鉴。

四是从人类学的视角切入，解读汉族的正规教育和非正规教育，探讨文化与教育的关系、教育的文化功能等，在一个更广阔的人文背景下探讨大陆地区的教育问题。

五是积极开展教育人类学的田野工作，出现了一批具有本土意义的教育人类学民族志作品。

六是在一些师范大学和民族院校陆续建立了相应的民族教育和多元文化教育教学科研机构，开设教育人类学课程，教育人类学人才培养模式逐步完善，学术科研队伍日益壮大。

七是在吸收西方教育人类学学科素养的基础上，进行本土理论建构，创造性地提出了一些符合中国国情的教育人类学理论。

八是以教育人类学研究方法为基础的多学科合作研究课题成果初见端倪，积累了一定的教育人类学本土研究经验以及与国际组织合作开展研究的经验。

近年来，中国大陆地区教育人类学出现了注重学科建设，注重在本土经验基础上探讨全球性议题,更加关注现实问题解决的新气象。目前,大陆地区教育人类学的学科建设已走完学科萌芽阶段,由非学术化阶段开始步入初步学术化阶段。

三

在新世纪,为了进一步发展中国教育人类学,2001—2002 年,民族出版社推出了由本人主编的"教育人类学研究丛书"第一辑。这是中国教育人类学研究方面的第一套丛书。其第一辑的出版,标志着中国教育人类学学科的发展已经进入了一个新的阶段。"教育人类学研究丛书"是一套开放性的学术丛书,它肩负着两个主要任务:一是系统介绍与评价国外教育人类学的理论与实践;二是在批判性继承国外教育人类学理论与方法的基础上,积累与展示中国本土教育人类学的理论与个案研究的最新和重大研究成果。它提倡走出书斋,用文化人类学的田野调查方法去研究当今中国的学校正规教育与社区、家庭的非正规教育,特别关注中国社会少数民族、妇女、残疾人和低社会阶层等弱势群体的教育问题,倡导书斋研究与田野调查相结合,即理论与实践相结合的学风,推崇百花齐放、百家争鸣的学术自由与理论创新的精神。

"教育人类学研究丛书"第一辑共 5 部著作,分别为:《西部开发与教育发展博士论坛》(滕星、胡鞍钢主编,2001)、《20 世纪中国少数民族与教育——理论、政策与实践》(滕星、王军主编,2002)、《族群、文化与教育》(滕星著,2002)、《文化传承与教育选择——中国少数民族高等教育的人类学透视》(王军著,2002)、《文化环境与双语教育——景颇族个案研究》(董艳著,2002)。这 5 本著作的出版,在学术界产生了良好的影响,极大地推动了中国教育人类学的学科发展和中国西部民族地区教育理论与实践的发展。

2005 年，由本人担任主任的中央民族大学国家 "985 工程" 中国少数民族语言文化教育与边疆史地研究创新基地——"中国少数民族地区基础教育研究中心" 获准成立，这是国内 "985 工程" 高校中首个以建设教育人类学学科为主要目标的研究机构。该中心力图在 "985 工程" 的实施推动下，建设有中国特色的少数民族地区基础教育体系和教育人类学学科体系。

在中央民族大学 "985 工程" 中国少数民族地区基础教育研究中心的大力推动下，2008—2009 年，民族出版社继续推出了由本人主编的 "教育人类学研究丛书" 第二辑共 10 部著作，分别为：《多元文化与现代性教育之关系研究——教育人类学的视野与田野工作》（钱民辉著）、《教育人类学的理论与实践——本土经验与学科建构》（滕星著）、《多民族文化背景下的教育研究》（滕星、张俊豪主编）、《多元文化教育——全球多元文化社会的政策与实践》（滕星主编）、《教育的人类学视野——中国民族教育的田野个案研究》（滕星、张俊豪主编）、《多元文化社会的女童教育——中国少数民族女童教育导论》（滕星主编）、《教育与社会发展——中国贵州省的一个社区个案研究》（罗慧燕著）、《教育与族群认同——贵州石门坎苗族的个案研究（1900—1949）》（张慧真著）、《民族教育理论与政策研究》（滕星、王铁志主编）、《全球视野：教育领域中的族群性、种族与国民性》（西玛哈偌等主编，滕星、马效义等译）。这些著作中既有教育人类学基本理论和方法的探讨，也有深入细致的田野个案研究，较为集中地体现了 20 世纪 90 年代以来中国教育人类学的研究水平以及国外相关研究的进展。

2005—2009 年，在中央民族大学 "985 工程" 的支持下，中国少数民族地区基础教育研究中心（现为中央民族大学 "985 工程" 中国少数民族教育研究创新基地）实施了五个重点建设项目，分别为：

（一）中国西部少数民族地区经济文化类型与初中地方性校本

课程建构（滕星教授主持）；

（二）中国西部少数民族地区乡土教材开发的教育人类学田野调查与基础理论研究（滕星教授主持）；

（三）中国少数民族新创文字在教育教学中的应用状况及存在问题调查研究（滕星教授和中国少数民族语言文学学院王远新教授联合主持）；

（四）中国西部少数民族地区农村基础教育政策、法规与管理体制研究（北京师范大学教育学院教授劳凯声主持）；

（五）中国西部少数民族地区农村义务教育投入与效益研究（北京大学中国教育财政研究所王蓉教授主持）。

在这五个项目建设的直接推动下，我们精心挑选了一批优秀的研究成果作为"教育人类学研究丛书"第三辑出版，这些作品分别是：

《经济文化类型与校本课程建构》（滕星、巴战龙、欧群慧等著）、《中国农村义务教育财政体制变革与义务教育发展：社会学透视——从税费改革到农村义务教育经费保障新机制》（郭建如著）、《西部民族贫困地区农村义务教育财政、资源配置与效益研究——基于云南、新疆、内蒙古等地贫困县的案例研究》（郭建如著）、《中国少数民族新创文字应用研究——在学校教育和扫盲教育中使用情况的调查》（滕星、王远新主编）、《中国少数民族新创文字研究论文选集》（滕星、王远新、海路主编）、《在田野中成长——教育人类学田野日志》（滕星主编）、《新创文字在文化变迁中的功能与意义阐释——以哈尼、傈僳和纳西族为例》（马效义著）、《土族、羌族语言及新创文字使用发展研究》（宝乐日著）、《多元文化整合教育视野中的维汉双语教育研究——新疆和田中小学双语教育的历史、现状与未来》（艾力·伊明著）、《民族学校教育中的文化适应研究——贵州石门坎苗族百年学校教育人类学个案考察》（张霜著）、《社会变迁中的壮文教育发展》（张苗苗著）、

《中国乡土教材的百年嬗变及其文化功能考察》（李素梅著）、《学校教育·地方知识·现代性——一项家乡人类学研究》（巴战龙著）、《人类学视野中的教育研究》（滕星、海路主编）、《书斋与田野——滕星教育人类学访谈录》（滕星等著）、《多元文化视野中的民族院校》（张俊豪著）、《中国乡土教材应用调查研究》（滕星主编）、《无根的社区　悬置的学校——湖南大金村教育人类学考察》（李红婷著）、《文化变迁中的文化再制与教育选择——西双版纳傣族和尚生的个案研究》（罗吉华著）、《云南省孟波镇中学多元文化教师民族志研究》（欧群慧著）。

在完成"教育人类学研究丛书"第三辑的编辑出版工作之后，在中央民族大学"985 工程"中国少数民族教育研究创新基地教育人类学研究中心的支持下，从 2012 年夏开始，"教育人类学研究丛书"第四辑（第一批）10 部著作已陆续出版，分别是：《乡土知识与文化传承——中国乡土知识传承与校本课程开发研讨会论文集》（滕星主编）、《国家意识与地域文化：文化变迁中的河南乡土教材研究》（班红娟著）、《民族地区发展与乡土教材开发——宁夏回族社区教育人类学田野调查》（张爱琴著）、《甘南藏汉双语教育历史与发展研究》（王洪玉著）、《拉祜族女童的教育选择——一项教育人类学的回访与再研究》（杨红著）、《台湾乡土教育历史与模式研究》（吴杰著）、《社会变迁中山西乡土教材的编纂与应用研究》（温润芳著）、《广西民族地区语文德育研究》（韦美日著）、《美国当代少数族裔教育理论与政策研究》（胡玉萍著）、《藏汉双语"一类模式"教师队伍建设研究——甘南藏族自治州民族类中学田野工作与理论阐释》（虎技能著）。"教育人类学研究丛书"第四辑（第二批）10 部著作也于 2016 年起陆续与读者见面，分别是：《构建与生成——认同语境下的贵州乡土教材研究》（王金星著）、《乡土书写与乡土意识——黑龙江乡土教材的教育人类学研究》（刘卓雯著）、《广西乡土教材的历史、现状及发展前景研究——兼论国家知识与乡土知识的冲突与整合》（冯汝林著）、《交换理论视域下U–S合作中的教师互动研究——北京D师范大学与附小共建的教育人类学考察》（杨小英著）、《英国教育人类学〈民族志与教育〉期刊的分析与评述》（周兰芳著）、《中国少数民族教育探索》（张俊豪等著）、《双重弱势女性教育问题研究——西南三地的教育人类学调查》（丁月牙著）、《美国教育人类学研究的历史与现状——以〈人类学与教育季刊〉为例》（彭亚华著）、《教育与认同建构——一个大理村落的教育人类学研究》（章光洁著）、《北京百年乡土教材历史变革与现状研究——知识结构与地方性知识传承》（何璇著）。

我们相信，"教育人类学研究"系列丛书的出版，将在教育学与人类学学科之间搭起一座桥梁，它必将进一步推动人类学与教育学学科之间的相互渗透与整合，为教育学和人类学开辟出一块新的学术研究领域，从而为中国的教育改革做出贡献。

滕星
2016 年 12 月修订于中央民族大学独树斋

序　言

　　初识杨小英博士是在 2011 年 9 月，我为博士生、研究生开设的《社会科学与教育人类学方法》课堂上。她向我表达了希望旁听我的课程，希望能有机会到中央民族大学教育学院攻读博士学位的愿望。我一向欣赏好学的人，欣然应允。在此后的课堂上，常常看到她专心听课、认真思考的身影。如果有事不能来听课，她也会向我申明原因并请假。2012 年 3 月，她继续旁听我的另一门课程《西方教育人类学理论与实践》，并且同其他学生一样，准备讲研讨内容。以往有些考博的学生在 3 月底博士笔试结束后就不来听课了，她却一直坚持到课程结束，给我留下了很好的印象。

　　2012 年 9 月，因为我唯一的一名统招博士生因故放弃了入学资格，院领导跟我谈将杨小英调到我的门下，说已经征求了学生意见，学生非常愿意。因为有她旁听课程的良好印象，我同意了院里的安排，继续师生缘。刚开始，我并不看好这个大龄在职女生，担心她是否能够认真学习，是否能够顺利完成博士学位。于是，在她第一次到我家里来，就给她提出了非常严格的要求：全身心投入学习，研读开列的必读书目，参加所有的学术会议和讲座，除了教育学院的课程，还要旁听民族学与社会学专业的基础课。在以后的相处中，我看到了她默默的努力，也对她可以完成博士学位有了信心。比如，在准备开题报告期间，大概是 2013 年 8 月底开始，她

1

基本上每周到我家一次，汇报一周的学习进展，提交修改的开题报告，征求我的意见。一直到 12 月底，在预开题时拿出了令我非常满意的开题报告。随后的一年里，她遇到了问题也经常和我探讨。2014 年底预答辩时，我针对她尚未完成的论文初稿提了一些意见和建议，有些担心她是否可以如期答辩。经过了两个月的修改和完善，再交到我手上的论文，我已经可以放心地让她送审了。

杨小英博士的论文与她的工作紧密结合，探讨一种涉及大学与中小学合作的教师教育模式，通过对成功的本土个案进行教育人类学考察，有助于更多的 U－S 合作项目关注大学教师和中小学教师的互动，促进教师自身的专业成长与发展，为提高教师教育水平、促进基础教育发展做出贡献。在开题报告准备期间，运用什么理论来阐释田野工作中的发现一直困扰着她。最终，她采纳了我的建议：运用源自人类学的社会交换理论来建构论文的理论框架。论文假设，一个 U－S 合作项目能够取得成功，应该建立在双方教师在互动中产生了各种交换。因此，她的研究从交换动机、交换过程和交换结果三方面聚焦研究问题：在 U－S 合作中，大学教师与小学教师的交换动机是什么？这些动机对教师互动有什么影响？大学教师与小学教师的互动会经历哪些阶段？不同互动阶段的交换过程有什么特点？什么因素影响了交换过程？大学教师与小学教师的交换结果是什么？影响交换结果的因素是什么？我们共同讨论还假设，在 U－S 合作中，既有经济学的等价物交换，也有人类学的礼物交换；既有物资交换，也有情感交换；既有显性交换，也有隐性交换；既有直接交换，也有间接交换。交换的最高阶段是礼物交换和情感交换，也只有达到礼物交换和情感交换阶段，U－S 合作才会达到预期的目标。

本书就是在她博士论文的基础上修改而成的。作者指出：

一、在 U－S 合作中，大学教师与小学教师的交换动机可以分为基于组织发展的外部动机和基于个人专业发展的内部动机。交换动机对教师互动的影响是关键性的，外部动机是教师互动的基本保

2

障，内部动机是教师互动达到高质量的源泉。

二、在 U－S 合作中，大学教师与小学教师的交换过程可以分为及格水平的表面接触阶段、良好水平的实质接触阶段和优秀水平的全面接触阶段。表面接触阶段形成的交换结果较少，而全面接触阶段的交换结果较多。互动频次、交换资源、人际关系对交换过程有直接影响。

三、在 U－S 合作中，大学教师与小学教师的交换结果可以分为形成教师教育共同体的直接结果和形成学校品牌的间接结果。交换结果越多越能够满足交换动机，就会促进动机增强，促进交换过程向高水平发展；反之，交换动机就会被削弱，交换过程就会停留在低水平阶段。

从教育人类学的研究来讲，杨小英博士的这本书是交换理论应用于基础教育研究的新尝试。她依据现实研究需要，界定了一些理论名词作为研究的理论工具，对 U－S 合作中的教师互动进行交换动机、交换过程和交换结果的分析。在一定程度上弥补了 U－S 合作研究中对大学教师与小学教师互动研究的欠缺，弥补了对小学教师在 U－S 合作中的研究不足。

就在杨小英博士撰写论文期间，北京许多的中小学都与大学合作，成为大学的附属学校，因此，本书的研究成果极具现实价值。她的研究揭示了大学教师与小学教师在 U－S 合作中的交换动机、交换过程和交换结果，分析了影响教师互动的因素，给出了具体的行动建议。这为如火如荼的 U－S 合作实践中，大学教师与小学教师展开良好的互动找到了行动策略依据，从而为有效推动本土的 U－S 合作项目取得成功提供了借鉴与参考。作为她的导师，深感欣慰。

是为序。

滕 星
2016 年 11 月于中央民族大学独树斋

目　录

导　言

一、研究缘起

自毕业以来，我一直从事小学教师教育的相关工作。近年来，我在工作中接触到一些 U－S 合作项目，即大学（University）与中小学（School）合作，旨在促进教师教育职前培养、职后培训、学校改进、教师专业发展、校本研修等各种形式与内容的合作。我逐渐了解到，这一合作模式兴起于 20 世纪 80 年代以后，随着国际社会在政治、经济、科技等领域的竞争日益激烈，人们对学校教育质量及教师教育质量的要求不断提高。英、美两国率先对本国传统的教师教育模式进行改革，试图打破大学和中小学在教师教育上的隔阂，开始实施 U－S 合作伙伴（University－School Partnerships）模式，并从理论到实践得到较快发展，成为一种职前职后一体化的教师教育模式。[①] U－S 合作模式适应了社会发展和教育改革的要求，取得了明显的办学效果。随后，法国、荷兰、希腊、加拿大、日本等国家和中国香港地区都重视通过大学与中小学的合作来提高教师

[①]　邓涛：《大学与中小学合作：英美两国教师培养模式比较研究》，1 页，硕士学位论文，东北师范大学，2003，有删节。

教育水平，进而促进学校发展，提升教师专业水平。我国的高等院校，尤其是我所在的师范院校，在学习英美经验的同时，也在积极探索本土化的 U−S 合作模式。如：教师教育实践基地项目，即大学教师带领在校师范生进入小学，与小学教师一起指导师范生进行见习、实习、社会实践等教育教学活动；优质校建设项目，即大学教师到小学去，利用自身的教育教学理论促进学校全面发展和在职小学教师的专业发展。在前一种模式中，项目重心在小学教师的职前培养，而后一种模式的重心在学校改进与小学教师的职后培训。这两种模式中的大学与小学的合作关系较为松散，大学教师与小学教师的互动较少，尤其是小学的普通教师，很少有机会参与互动交流。事实上，有些项目因为互动不佳，双方很快结束合作关系。从大学方面，我很容易听到参与项目的同事们关于合作的一些想法，但是，我们很难搞清楚小学方面是怎么想的，小学教师到底是怎么想的。

北京市 S 小学更名为 D 师范大学附属小学，这是北京市海淀教委与 D 师范大学本着相互支持、发展共赢的原则，基于互惠互利的高度共识与合作基础，经过多次协商，建立的 U−S 合作伙伴关系。2010 年 9 月起，D 师范大学的各学科大学教师进入到相应的小学课堂去，希望通过双方的共同努力，提升附小现有教师的教育教学能力，提高课堂教学水平，尽快建设成海淀区的优质校、名校。同时，附小也建设成为大学教师教育、课程改革实验、教育科研和师范生见习实习的基地。在这样一种新型的 U−S 合作过程中，大学教师与小学教师会合作愉快吗？他们之间的互动是怎样进行的？在互动过程中，大学教师和小学教师会遇到哪些问题？他们是怎样看待这些问题的？又是如何解决的？在 U−S 合作的过程中，大学教师和小学教师各自付出了什么？又得到了什么？我在与一些参与合作的大学教师的交流中发现：经过三年的互动，大学教师与小学教师在合作过程中，有的从陌生人成为了"家里人"；有的依然是"熟悉的陌生人";有的感觉收获颇多,对自己的专业发展帮助很大;有的则认为得不偿失,只是被动地完成任务。毫无疑问,能否形成大学教师与小学教师的有效互动,是 U-S 合作项目成功与否的关键所在。那么,有效互动的成因是什么?互动不良又是什么原因造成的?大学教师与小学教师各自有什么想法和看法?我决定选择这个题目,进行教育人类学的田野考察,也可以说是学以致用吧。

二、研究目的与意义

1. 研究的目的

本研究是一项教育人类学的田野考察与个案研究,希望对选取的个案进行扎实的田野工作,利用人类学的参与观察、深度访谈等方法,对其发生、发展和现状进行详细的描写。在此基础上,运用交换理论进行理论阐释,通过对个案的反思与讨论,探寻影响 U-S 合作中教师互动的深层因素,探讨理想的 U-S 合作模式,为其他的 U-S 合作项目提供借鉴与参考。

2. 研究的意义

(1)理论意义

目前,国内外学者运用了诸如管理学、生态学、经济学等理论视角来解释和探讨 U-S 合作中的有关问题。这些研究都从某一方面揭示了 U-S 合作中的某些问题。但是,还没有研究者运用交换理论来阐释 U-S 合作中的教师互动问题。本研究通过对交换理论的运用,可以丰富交换理论的应用范围,探讨教师教育领域 U-S 合作中大学教师与小学教师在互动中的行为规律与特征。同时,通过运用交换理论阐释 U-S 合作中大学教师与小学教师的互动,为

U－S 合作研究提供新的理论视角，对 U－S 合作项目进行反思，探讨双方教师的交换动机、交换过程与交换结果等问题。

（2）现实意义

通过本研究，探讨 U－S 合作中的教师互动行为及其对当前 U－S 合作项目面临困境的启示。

目前，我国 U－S 合作项目面临许多困境。在大学以中小学为教育实习基地而形成的合作伙伴形式中，多是大学有求于中小学，进行师范生见习、实习活动。大学往往不能彻底落实自己的实习计划，实际效果很难保证。中小学经常把实习生当作打杂的帮手，不愿意实习生多上课，怕实习生没有经验，给自己的教育教学工作带来麻烦；或者放弃指导教师的"指导"责任，听任实习生自己摸索。在这种情况下，大学的实习目标很难完成。在大学和中小学以项目为依托开展的合作研究形式中，合作双方之间的关系往往不平等。中小学教师在合作中往往处于被动地位，多是辅助大学教师开展研究，充当被试的角色，没有成为真正的研究者。实际上，中小学教师更倾向于将大学教师视为"专家"，而不是可以讨论、对话、交流、合作的伙伴。往往项目结题后，"专家"一走，校本研究就无法继续，业已开展的改革就无法推进，学校教育教学过程中遇到的新问题难以自主解决。同时，有些大学教师习惯于以"专家"自居，对中小学教师的一些意见采取"听而不闻"的态度，真正的、平等的伙伴关系难以形成与发展。其合作研究的内容大多是"自上而下"的，一般由大学教师和中小学校长推动，忽略了中小学一线教师自身的问题和专业发展的需求。这些问题如果不能尽早解决，我国蓬勃发展的 U－S 合作将无法更好发展，甚至会陷入"鸡肋"的无奈之中。

当然，一个 U－S 合作项目的成功与否涉及方方面面。其中，大学教师与小学教师能否形成有效互动，无疑是合作成功与否的关键。那么，探究大学教师与小学教师在 U－S 合作中的互动问题，就显得尤为重要。他们互动的交换动机、交换过程、发展阶段、基本特征、交换结果等都有待认真研究与探讨。本研究将会有助于理解目前 U‒S 合作所面临的困境，从而找到解决问题、走出困境的方法与对策，促进 U‒S 合作为基础教育改革发挥更大的作用。

三、核心概念界定

1. 交换理论

　　本研究所指的交换理论主要指现代社会交换理论，即兴起于20 世纪 60 年代的美国，进而在全球范围内广泛传播的交换理论。该理论除了吸取了社会文化人类学的一些概念，区分了物质与非物质、经济与非经济等交换，还融合了古典经济学、行为心理学等学科的概念和理论，主张人类的一切行为都受到某种能够带来奖励和报酬的交换活动的支配，因此，人类一切社会活动都可以归结为一种交换。

2. U‒S 合作

　　关于 "U‒S" 合作的概念，在国外文献中出现的较为频繁的一词是 "University‒School Partnerships"。"Partnership" 一词最初是指商业领域里生意合作人之间的关系。直到 20 世纪 80 年代，人们在探讨如何打破大学与中小学之间的传统隔绝关系时，才开始在教育领域里大力提倡类似于商业领域中生意合作人之间的合作关系，要求在大学与中小学之间建立一种平等合作的关系。按照美国学者古德莱德（Goodlad）和霍姆斯小组（Holmes Group）的构想和解释，这种新型的大学与中小学之间的合作伙伴关系应该是本质意义上的合作关系（Collaborative Partnerships）。其内涵中应该具有这样几个核心要素：大学和中小学双方应该有共同目标——提高学校教育质量；有共同的兴趣和利益——教育和教师教育；平等的权利和义务——共同决策和一致行动。这种合作的目的不仅是为了在教师教育上实行资源和信息共享，而且要带来变革，它要求同时关注其过程和结果。① 此外，"大学（university）"也有时用"学院（college）"替代；"合作伙伴（partnerships）"也有许多其他近义词，例如：协作（collaboration）、联盟（consortiums）、网络（networks）、组织间协议（inter – organizational agreements）等。协作（collaboration）、合作（cooperation）以及伙伴合作（partnership）这三个词也经常被交互使用。但是，仔细分析，"协作"与"合作"还是体现了不同的价值取向。"协作"只是一方寻求另一方帮助的过程，而"合作"则要求组织之间的互助，能够体现"互惠"的原则。② 这一概念被引进我国之初，是以介绍美国教师专业发展学校（Professional Development Schools 简称为 PDS）开始的。在香港，学者多称之为"大学与学校协作伙伴"，如：香港中文大学建立了专门的"大学与学校伙伴协作中心"，组织和实施相关的大学与幼儿园、小学、中学的合作项目。这一概念在大陆多被称为"大学与中小学伙伴合作""大学—中小学合作""院校合作""院校协作"等。近年来，大陆学者多用"U – S 合作"指称所有涉及大学与中小学合作的内容与项目，即"U – S 合作"对应英语文献中的"University – School Partnerships"。随着 U – S 合作模式的增多，也陆续衍生出一些其他称谓，如：U – D – S（D = district，区域行政部门）、U – A – S（A = administration，教育行政部门）、U – N – S（N = none – governmental organization，非政府组织，包括企业、基金会、慈善会等）。一般而言，这些称谓都包含在"U – S

① 赵玉丹：《大学与中小学伙伴合作：国外研究的现状及评述》，载《内蒙古师范大学学报》（教育科学版），2007（3）。
② 杨朝晖：《"U – S"伙伴合作关系问题研究评述》，载《首都师范大学学报》（社会科学版），2009（3）。

合作"这一概念中。

本研究中的 U－S 合作指 D 师范大学与附属小学共建项目，即旨在促进教师教育职前培养、职后培训、学校改进、教师专业发展、校本研修等各种形式和内容的合作。

3. 教师互动

本研究中的"教师"指参与项目的大学教师与小学教师。主要指承担合作任务的大学与小学的专任教师，即在学校中专门从事某学科教学工作的教师。

"互动"指"互相作用；互相影响"。① 互动行为一直是社会文化人类学的关注范畴。互动是常规的、共同分享的事物，即由那些参与它的日常交换过程的个体共同享有的事物，与此同时，互动既是多重的也是多样的。②

本研究中的 U－S 合作项目虽然是集体行为，但是应当被理解为一个"集合性"行为，而不是"整体性"行为。因为在 U－S 合作项目的实施过程中，是每一位大学教师与每一位小学教师的互动汇聚而形成了整个项目的进展与完成情况。因此，本研究中的"教师互动"指 D 师范大学与附属小学共建项目中的大学教师与小学教师相互作用、相互影响的一切活动，既包括他们面对面的互动，也包括借助电话、邮件等工具进行的互动。

4. 教育人类学

教育人类学（Educational Anthropology or Anthropology of Education）是由人类学与教育学相互交叉并通过科际整合而形成的一门

---

① 中国社会科学院语言研究所词典编辑室：《现代汉语词典》，578 页，北京，商务印书馆，2005。

② 奈杰尔·拉波特、乔安娜·奥弗林著，鲍雯雅、张亚辉译：《社会文化人类学的关键概念》（第二版），188 页，北京，华夏出版社，2009。

综合性边缘学科，是指用人类学特别是文化人类学和哲学人类学的概念、理论、观点和方法，描述、解释教育现象的应用性学科。它吸收了包括哲学、人类学、教育学、心理学、生物学、社会学、政治学、历史学等多学科的研究成果。①

本研究中的"教育人类学考察"，指运用教育人类学的研究方法，即通过田野工作来研究教育中的 U－S 合作问题，关注合作中的教育与发展问题，希望能够发现其中的发展规律，解决合作中的问题，构建理想的 U－S 合作模式。

在我国，教育人类学作为一门新兴的交叉学科，是教育学多一些，还是人类学多一些，是一个仁者见仁、智者见智的话题。本研究在研究方法上基本采用人类学的田野工作，主要包括参与观察、深度访谈等。

---

① 滕星：《教育人类学研究丛书》主编序言，见本书，1 页，北京，民族出版社，2017。

第一章　U-S合作研究文献综述

笔者在 ERIC（Education Resources Information Center）、Web of Science 等资料库中以"University - School partnership""School - University partnership""University - School collaboration"为关键词进行了检索，共有 600 余篇英文文献。以"U-S 合作""大学与中小学合作""伙伴协作"为主题词在中国知网进行了检索，共有 200 余篇期刊论文和硕博论文。笔者以这些文献①为主要依据，分别就 U-S 合作研究中所运用的理论视角、采取的研究方法、涉及的研究内容等加以梳理和评论，并尽可能采用中文本土案例的相关研究，以期为本研究提供借鉴与参考。

第一节　文献分类与回顾

一、U-S 合作研究运用的理论视角

U-S 合作是教师教育领域的新兴模式，也是教育研究的新领

---

① 文献检索截止时间为 2013 年 12 月。

域。随着教育实践的不断增多，许多学者通过对项目进行反思，运用不同的理论范式来进行阐释，使大家可以更好地理解 U－S 合作的内涵与外延、制度与过程、困境与对策等问题。

（一）生态学理论视角

古德莱德（Goodlad）借用生态学的种间关系研究中广泛使用的"共生（symbiotic）"概念，认为 U－S 合作关系是两个不同性质的组织走在一起，为自己的利益和追求解决共同问题而建立的关系。他把这种关系的最好状态称为"共生"关系。"共生，意味着两种不同的组织基于互相的利益关系而一起亲密地生活。战后 50 年来，大学与中小学之间还没有形成共生的联系。"① 这种关系具有三个特征：伙伴间需要存有不一致性；目标必须满足双方的各自旨趣；伙伴必须是无私的，但同时也要致力于满足对方的利益。② 根据古德莱德的观点，大学教育学院与中小学应该同时发生更新。更新应当被视为一种持续的过程，在更新过程中两种组织的人员应当是平等的关系。古德莱德提出的"共生"的概念在 U－S 合作中被许多研究者所接受，为探讨理想的 U－S 合作模式提供了理论依据。但是对于"伙伴必须是无私的，但同时也要致力于满足对方的利益"的说法，显然是自相矛盾的。

（二）管理学理论视角

哈蒙德（Hammond）运用管理学中的组织管理理论，分析了

① Goodlad, J. I. "School－university partnerships and partner schools," in H. G. Petrie, eds., *Professionalization, Partnership and Power.* New York: State University of New York Press. 1995, pp. 703~707.

② Goodlad, J. I. "School－University Partnerships for Educational Renewal: Rationale and Concepts," in K. A. Sirotnik & J I. Goodlad eds., *School－University Partnerships in Action: Concepts, Cases, and Concerns,* New York: Teacher College Press pp. 3~31.

一些成功的大学与中小学的合作伙伴关系，认为成功的大学与中小学合作的特征包括：共同的利益和共同的目标；相互尊重和信任；从目标设定到实施层面分享决策；有明确的重点；可管理的议程；最高领导层的承诺；财政支持；长期的承诺；具有动态性；信息分享与交流。她建议，要进行职前教师、指导教师和大学教师之间高水平的合作。这种实践导向应该是大学和中小学双方的责任，应该基于专业化知识、双方需要的认同，以及对于学生个体的关心。①哈德森（Hudson）等人从领导力理论分析 U–S 合作中的管理问题，认为领导层的作用是非常大的②。泽兰和哈里斯（Zeltan & Harris）运用组织行为学理论，认为 U–S 合作跨组织的特点决定了合作伙伴的形成阶段。他们认为，大学与中小学建立伙伴一般具有如下几个阶段和表现：伙伴建立之初的不友善状态；伙伴信任危机阶段，伙伴建立相互信心；双方进入平等参与阶段；达成一致并取得短期成功时期；大学与中小学相互接受、承认彼此的利益；由于彼此摩擦、人事更换，或缺乏资金，伙伴进入衰退阶段；新的成员加入，带来新的思想，引领伙伴更新；伙伴合作持续发展。③ 张翔从组织行为学的理论来探讨 U–S 合作困境的生成，认为大学与小学两个组织具有不同的组织行为和组织文化，是出现合作困境的重要原因。④ 组织行为学的视角可以从组织发展的视角，将 U–S 合作的过程进行划分，同时剖析旧组织对新组织的影响。还有一些学者利用管理学的其他理论分析和研究 U–S 合作中的问题，帮助

---

① L. Darling – Hammond. *Professional Development Schools*：*Schools for Developing A Profession*. New York：Teachers College Press. 1994，pp. 204.

② Hudson，Peter，Dawes，"Contextualizing a University – School STEM Education Collaboration：Distributed and Self – Activated Leadership for Project Outcomes," *Educational Management Administration & Leadership*，v40 n6 p772 –785.

③ Zeltan & Harris，K.，"The Evaluation of A University / inner – City School Partnership," *Urban Education*. 1992，21（7），pp. 80 ~ 90.

④ 张翔：《教师教育 U–S 共生性合作问题研究》，西南大学博士论文，2012。

我们在合作的制度与管理方面深入理解合作的情况。但是，这一理论视角关注重心更多在合作的上层，忽视了合作的基层因素，尤其是对于参与合作的教师的研究，显然是不能胜任的。

（三）经济学理论视角

史密斯（Smith）从"经济人"假设出发，认为参与 U－S 合作的个体，无论处于什么地位，其本质是一致的，即以追求个人利益、满足个人利益最大化为基本动机。因此，建议伙伴合作的组织者应尽量通过提高参与者的知觉和实际收益来增加他们的投入程度。[①] 张翔采用制度经济学理论，深入研究 U－S 合作中存在的问题。他认为，U－S 合作在本质上是一种协商性交易，交易双方处于不同的文化生态场域之中，有着自身的利益需求和不同的组织行为模式，双方基于他们预期的额外收益和成本进行选择。在 U－S 合作的交易中，存在回报的延时性和收益的不确定性；加之，作为交易主体的大学和中小学均属于有限理性，具有投机倾向，增加了 U－S 合作的交易成本。[②] 孙元涛运用社会资本理论，分析 U－S 合作的过程，用低整合—高联结（市场性集群社会资本）、高整合—高联结（发展性集群社会资本）描述不同的 U－S 合作组织。认为高整合—高联结的 U－S 合作组织产生成员所需的共同文化氛围和办学空间，具有集群共同愿景，成员之间交往活跃，沟通顺畅，平等相处，诚实守信，互惠互利；成员与外部环境协调统一，符合教

---

① Smith，Martin H. "A University－School Partnership Model：Providing Stakeholders with Benefits to Enhance Science Literacy," *Action in Teacher Education*；27（4），pp. 23～34.

② 张翔：《教师教育 U－S 共生性合作问题研究》，博士学位论文，西南大学，2012。

育发展的基本空间布局原则。① 还有一些学者也从经济学的理论概念与视角探讨 U-S 合作中的各方受益者与收益者等。应该说，经济学的理论视角启发我们认识到参与者在合作中的利益追求，但是，经济学视角往往忽视参与者的其他追求，如：对情感、尊重的追求等。尤其对教师这样一个群体的研究，经济利益之外的许多因素没有被考虑进去，显然是不妥当的。

（四）其他理论视角

武云斐从中国古代哲学中隐含的对于生成性回环的描述和现代西方哲学从预成的思维方式向生成性思维的转换中受到启发，运用怀特海的"合生""创造力"等论述，解释 U-S 合作的生成机制，运用复杂科学理论中反馈和递归的回环理论详尽地解释了 U-S 合作运行中的内在机制。② 作者从这一理论视角对大学与中小学合作的共生的内在逻辑进行了研究，并在过程中分析合作变革双方各自的自主发展的可能性。但是，作者对选取的中外三个比较成功的学校变革的案例分析，又是从组织条件方法论、协同动力学以及组织功能的角度进行分析，导致前后不一致。杨朝晖以角色理论为基础，融合结构角色理论和过程角色理论，围绕 U-S 合作项目中大学教师介入中小学实践的三个角色调适难题：角色距离、角色冲突和角色定位，对研究对象在 U-S 合作中的角色调适过程和形态进行了揭示。③

"横看成岭侧成峰，远近高低各不同。"学者们从生态学、管理学、经济学、哲学、社会学等不同的理论视角分析 U-S 合作的

---

① 孙元涛：《从"捉虫"效应与"喔"效应说开去——关于大学与中小学合作研究的理论分析》，载《上海教育研究》，2006（12）。
② 武云斐：《合作 共生 共赢》，博士学位论文，华东师范大学，2012。
③ 杨朝晖：《大学教师介入中小学实践的角色调适研究》，重庆，重庆大学出版社，2013。

各个层面，为我们全面深入了解 U - S 合作提供了不同的理论视角。但是，目之所及，尚未发现运用交换理论进行 U - S 合作项目的研究，运用某理论视角研究本土个案的论文更是鲜见。

二、U - S 合作研究采用的研究方法

研究方法是研究者从事研究的工具和手段，不同的研究方法给予我们不同的路径，帮助我们在研究中发现新现象、新事物，或提出新理论、新观点，揭示事物的内在规律。通过梳理 U - S 合作研究文献，可以发现，学者们大体采取了以下研究方法。

（一）文献研究

采用文献研究的 U - S 合作研究论文数量很多，尤其是中文文献，近三分之二的研究运用了文献研究法，其中大部分涉及美国教师专业发展学校的介绍，其中，张晓莉的博士论文《美国教师教育中大学与中小学合作的体制与机制研究》全面介绍了这方面的内容①。这一现象说明我国的 U - S 合作研究还处在起步阶段。学者们通过文献研究，梳理 U - S 合作有关问题的历史和现状，形成关于研究对象的一般印象，得到大量文献资料，有助于了解 U - S 合作的全貌。

通过文献研究，王建军、黄显华根据大量学者的论述，将 U - S 合作的概念归纳为：合作双方对于合作目标和远景的共识、价值观念的交流与磨合、角色与权力关系的重构等，不仅是合作的组成部分，亦是保证合作得以成功的关键特质；合作是平等互惠的，是为了双方的利益，而且这种利益是同时发生的，合作需要双方的努

---

① 张晓莉：《美国教师教育中大学与中小学合作的体制与机制研究》，东北师范大学博士论文，2013。

力与投入。①

　　湛启标运用文献研究，梳理了国外 U‒S 合作的发展状况，并提出在不同的国家和地区，大学与中小学合作有着不同的侧重点和兴趣点。例如，丹麦强调中小学指导教师的角色，U‒S 合作模式由地方当局规划与管理；荷兰侧重中小学参与大学教师教育课程，大学实习生对中小学发展的援助；瑞典的 U‒S 合作由大学和地方当局联合，关注实习生对中小学的教育发展；芬兰的 U‒S 合作侧重实习生在中小学的教育实验与研究等。②

　　（二）观察与参与观察

　　观察法是指研究者根据一定的研究目的、研究提纲或观察表，用自己的感官和辅助工具去直接观察被研究对象，从而获得资料的一种方法。对 U‒S 合作具体项目的研究许多运用了观察法，包括参与观察法。

　　莱文森等人（Lewison & Holliday）通过观察合作项目，总结了促进合作顺利进行的经验，包括权力平等化，尤其在学习小组中，给教师以较大的权力参与和决策；初始阶段取得校长的信任；与个别教师发展良好关系；持续的交流等。③

　　张翔关于 U‒S 合作内生性合作的研究采用了参与式观察的研究方法，深入三所项目学校和多所实践基地学校进行为期 20 天的

---

① 王建军、黄显华：《教育改革的桥梁：大学与学校伙伴合作的理论与实践（教育政策研讨系列之 45）》，香港教育研究所，2001，转引自杨朝晖：《"U‒S"伙伴合作关系问题研究评述》，载《首都师范大学学报》（社会科学版），2009（3）。

② 湛启标：《西方国家大学与中小学的合作伙伴研究》，载《教育评论》，2009（3）。

③ Lewison，Mitzi；Holliday，Sue（1997）Control，Trust，and Rethinking Traditional Roles：Critical Elements in Creating a Mutually Beneficial University‒School Partnership，*Teacher Education Quarterly*，24（1），pp. 105~26.

参与式观察，得到的材料用以分析和说明合作的内生性。[①]

观察法在 U‐S 合作研究中的应用具有一定的目的性和计划性，帮助研究者扩大了感性认识，启发了研究者的思维，促进了新的发现，从而不断丰富人们对 U‐S 合作项目的认识。参与观察可以更好地帮助学者全面细致地认识教育现象，但是在中文本土研究中运用较少，参与观察的时间也较短。这可能会导致取得的材料只是浮在表面上，缺乏深入挖掘。

（三）调查法

学者们运用调查法，对 U‐S 合作涉及的各种教育现象进行了了解，并对调查搜集到的大量资料进行分析、综合、比较、归纳，从而为人们提供一些规律性的认知。

科赫（Kochan）等人调查大学与中小学合作伙伴关系，发现其中存在的三个重要问题是：管理问题、承诺问题和合作问题。管理问题涉及政策的、后勤的、人力的和结构的问题；人力和结构问题包括人事变动、时间限制、负荷过重以及责任感问题。[②]

调查法中最常用的是问卷调查法，学者们针对自己的研究目的与内容，以调查问卷的方式搜集 U‐S 合作项目中的资料，请有关人员填写，然后回收整理、统计和研究。

张翔通过问卷调查的方式，了解当前我国 U‐S 共生性合作对中小学发展的效用以及中小学在 U‐S 合作过程中的态度和行为。问卷包括封闭题与开放题，从"合作效用""合作中的地位状况""合作的组织与管理"三个维度（指标）进行设计。问卷采用倾向性描述，利用 Likert 五级记分制计分。此外，通过分层抽样，将被

---

① 张翔：《教师教育 U‐S 共生性合作问题研究》，博士学位论文，西南大学，2012。

② Kochan, F. K., & Kunkel, R. C, "Professional development schools in partnership," *Journal of Teacher Education.* 1998, 9 (5), pp. 325~333.

调查的中小学分为部属大学的实践基地学校、省属大学的实践基地学校和地（州、市）属大学（学院）的实习基地学校三类，然后分别从每一个类中抽5所学校，共15所中小学，并在每一所学校中随机抽15位老师进行问卷调查。通过对问卷进行统计、分析得到相应的材料。[①]

（四）个案与案例研究

个案与案例研究是U‐S合作研究中近期使用较多的研究方法。随着大量U‐S合作项目的实践，许多大学的研究者进入项目学校，不断反思合作的各种问题。因此，许多学者采用个案或案例研究，对自己熟悉的项目进行研究，形成许多研究成果。检索到的英文文献中的有关著作有30余部，基本上都是针对大量的美国教师专业发展学校（即PDS）的研究，都使用了个案或案例方研究法。其他英文文献也有许多采用了案例和个案研究方法来研究自己所从事的U‐S合作项目。

随着我国U‐S合作项目的兴起与发展，中文文献中也出现了使用个案研究的论文。王凌、陈瑶通过云南省的个案研究，认为在U‐S合作项目中，大学指导者总习惯于以"专家"自居，中小学教师对大学教师的依赖性不强，合作研究的内容大多是"自上而下"等是U‐S合作出现困境的主要原因。[②] 尤其是较早进行U‐S合作本土实践的首都师范大学、华东师范大学、华中师范大学、东北师范大学、西北师范大学等师范院校的研究者，结合自己的实践项目，从多方面深入探讨了本土实践的理念与方法、困境与路径等。由台湾、香港、澳门、大陆的师范大学与教育学院举办

---

① 张翔：《教师教育U‐S共生性合作问题研究》，博士学位论文，西南大学，2012。

② 王凌、陈瑶：《大学与中小学合作伙伴关系的形成与发展——基于云南农村学校改革个案的分析》，载《民族教育研究》，2010（2）。

的两岸四地学校改进与伙伴协作学术研讨会汇集了大量这方面的论文。

（五）民族志研究

民族志研究实际上综合了上述文献、观察、访谈、个案等不同的研究方法，是人类学对社会科学研究在研究方法上的重大贡献。克里斯汀娜（Christina）等人通过民族志方法，研究 33 位大学音乐教育学生与教师和一所农村小学为期一年的合作项目。[①] 认为合作促进了墨西哥裔移民社区的小学生的对外交流与沟通，也给与大学生更多的实践机会。社瑞兹（Sherretz）等人通过职前教师的民族志研究等方法，描述了一个成功的大学与非常贫困的城市小学的PDS 合作，认为合作促进了学生的学业成绩提升。[②]

虽然有大陆学者建议使用人类学的田野工作，撰写民族志的方法，进行 U‒S 合作研究，但是研究成果并不多见。[③] 有的研究看似使用了田野工作的大部分研究方法，如参与观察、深度访谈、调查问卷等，但是尚未发现全面深入进行扎实的田野工作，在民族志

① Soto, Amanda Christina, "A University‒School Music Partnership for Music Education Majors in a Culturally Distinctive Community," *Journal of Research in Music Education*, v56 n4, pp. 338～356.

② Sherretz, Christine Kyle, "Improved learning for all partners: A school/university partnership for teacher preparation, teacher development, and student achievement," in: Investigating university‒school partnerships. Nath, Janice L. (Ed.); Guadarrama, Irma N. (Ed.); Ramsey, John (Ed.); Charlotte, NC, US: IAP Information Age Publishing, 2011. pp. 389.

③ 如：王嘉毅、程岭在《U‒S 合作及其多元化模式建构——兼述第五届两岸四地"学校改进与伙伴协作"学术研讨会》一文中，建议在 U‒S 合作研究中引入民族志方法。详见《教育发展研究》，2011（20）。

撰写的基础上，进行理论阐释的完整的人类学研究方法。[1]

三、U-S合作研究涉及的研究内容

关于U-S合作的研究内容基本上涉及了各个方面，如：U-S合作的概念及其内涵与外延、合作的目的及意义、合作的类型及过程、合作的问题与困境、解决的途径与对策等。根据本研究的主要目的及内容，笔者主要对U-S合作成功的要素与策略、合作中遇到的问题与困境等相关文献进行梳理。

（一）U-S合作成功的要素及策略

因为U-S合作项目的建构与类型极为复杂，研究者从不同角度对合作关系的影响因素进行了分析。

沃德（Ward）对大学与中小学合作伙伴的效能进行了描述，认为合作伙伴研究的理想特征表现在以下方面：大学研究者与中小学教师在研究过程中始终协同工作；研究结果不仅关注理论问题，而且关注真实世界；合作伙伴相互尊重与共同成长；伙伴研究过程之初就关注研究和实施问题。[2]

古德莱德认为如果要成功地实现"U-S"合作，学校与大学应该能够有效地分享双方的知识和资讯；澄清和传播共同的教育信念，并探讨其对各自机构的实践含义；分别持续地改善教师教育课

---

① 如：西南大学张翔在其2012年完成的博士论文《教师教育U-S共生性合作问题研究》中，运用了参与观察、深度访谈、调查问卷等方法进行研究，但是深入学校的参与观察只有20天，也没有形成教育民族志。

② Ward, B. A., "Educational Organizations as Loosely Coupled Systems," *Administrative Science Quarterly*. 1983, 21 (1), pp. 1~19.

程和学校的运作。①

富兰（Fullan）列举了维系合作的五方面重要条件：合作的依据，即确保双方的合作目标合宜；投入，即合作双方在时间、金钱和人力方面的投入；结构，即确立交流、决策、解决异议的机制；焦点，即发展双方共同的愿景，但又保持相对的独立性和创造性；过程，即发展积极的人际和专业关系。②

卡姆普伊（Campoy）认为，成功的教师专业发展学校（PDS）提供了五条有价值的经验：了解你的合作伙伴，了解合作固有的困难和所需要的投入；为合作的经费提供保障；在合作初期确立组织管理结构；在参与人员中建立共同远景和广泛的支持承诺；重视合作早期遇到的困难，避免教育再建构问题。③

朱嘉颖将影响合作的因素归纳为三类：背景因素，包括合作目标、合作焦点和合作期望；过程因素，包括拥有感、角色及职责决策、沟通、共同体的活力、合作的进程和步伐、资源及支援；人员因素，主要指校外伙伴的特征。④

香港学者李子建提出了 U – S 合作的 4R 工作策略，包括：关系建立（Relationship – building）：大学与学校成员建立愿景一致、平等互惠、相互依存的共生关系；概念重建（Reconceptualizing）：

① Goodlad, J. I, "School – University Partnerships for Educational Renewal：Rationale and Concepts." in *School – University Partnerships in Action：Concepts, Cases, and Concerns*, eds. by K. A. Sirotnik & J I. Goodlad, New York：Teacher College Press. pp. 84 ~ 89.

② Fullan M, Erskine – Cullen E, Watson N., "The Learning Consortium：A School – University Partnership Program. An Introduction," *School Effectiveness and School Improvement*, 1995, 6（3）, pp. 187 ~ 191.

③ Campoy R W. *A professional development school partnership：Conflict and collaboration*, Greenwood Publishing Group, 2000., pp. 132 ~ 147.

④ 朱嘉颖：《探讨伙伴合作对教师学习的影响：一个理论的视域》，第七届"两岸三地"课程理论研讨会论文集，香港中文大学教育学院，2005，转引自杨朝晖：《"U – S"伙伴合作关系问题研究评述》，载《首都师范大学学报》（社会科学版），2009（3）。

大学成员重视实际运用的学术成就，学校成员重视具有研究及理论基础的实践，并且双方强调校本脉络下基于协作探究的知识获得与理论重构；寻求资源（Resourcing）：双方积极地扩展资源，将周边的同事、学校和社区视为资源提供者；反躬自省（Reflecting）：大学和学校成员开诚布公、互为诤友，通过反思、对话和分享对理论的限制与误区进行修订，对实践的成效进行检讨，对理论与实践的落差做出调整。①

概括而言，大学与中小学合作效果的影响因素包括文化因素、组织因素、心理因素、情境因素、协作因素、制度因素等。因为U-S合作深入教育实际情境中，各国、各地区、各学校等都有不同的情境，因而，成功的合作因素是变化多端的，在进行我国的相关研究时，必须要结合项目实际情况。

（二）U-S合作中的困境与问题

U-S合作是一种跨组织的行动，由于这种合作的建构较为复杂，涉及许多方面，合作中出现问题，陷入困境在所难免，学者们认为，U-S合作中的困境与问题主要表现在以下方面。

首先，大学与中小学处于两种不同的文化生态中，大学文化重视反思、分析和科学研究，而中小学文化重视知识的行动和经验。在大学与中小学合作的过程中，两种不同文化的相遇，不可避免地存在文化误解与文化碰撞。在此过程中，由于大学教师拥有话语权优势，一般被视为专业权威，而中小学教师或自愿或被迫地处于追随者的地位，丧失了表达不同意见的话语权。于是，大学与中小学在合作过程中的权力关系不对等，影响合作顺利进行。对此，莱塞雷（Lesley）指出，"合作伙伴的投入与相关利益是紧密联系的，

① 李子建：《大学与学校伙伴协作式行动研究：从4P迈向4R》，载《上海教育研究》，2007（8）卷首语。

组织的权力以及实现目标的策略是模糊不清的，伙伴组织中必然会出现为达到目的而存在霸权现象"。①

利益与制度缺失也是 U – S 合作问题的一个重要问题。布利克纳（Brickner）提出阻碍合作实践成功的一级和二级障碍，认为"一级障碍"主要是指中小学教师的外在因素，如：没有足够的时间准备教学，没有足够的技术行政支援，不能充分利用电脑或其他设施等；而"二级障碍"则主要是教师的内在因素，如有关教学的信念、固有的课堂教学实践，以及抗拒改革的取向等。皮尔（Peel）等人对大学与中小学合作伙伴的有效与无效实践进行了比较，将无效实践归纳为 11 个方面：合作主体之间缺乏信任；缺乏共同的愿景或领导过于集权；个体利益至上，共同利益不真实；抵制教育变革；恪守和强化已有的政策；缺乏交流或交流不充分；合作主体之间存在竞争性；方案抽象，领导属于集权型；财力支持不足；忽视或者只关心已方的成功；缺乏合作双方的报酬体系等。②

许建美认为，教师教育 U – S 合作与我国现行的教师教育体制发生冲突，主要表现"师范院校目前的专业建制与之不相适应，修业年限限制大学与中小学合作，文化的冲突将阻碍彼此之间的合作。"③ 滕明兰认为，"现行大学与中小学的合作实践未能达到预期效果的主要原因是思想认同度低、组织机构不健全、合作目标不一致、合作领域狭窄、文化冲突以及支持环境脆弱等。"④ 宋敏从大

① Lesley，T. J. Collaborative and Non – collaborative Partnership Structures in Teacher Education. *Journal of Teacher Education.* 1992，43（4），pp. 257～261.

② Peel H. A.，Peel B. P. & Baker. School – University Partnerships：A Viable Mode. *The International Journal of Educational Management.* 2002，16（7），pp. 319～325.

③ 许建美：《关于我国建设专业发展学校的思考》，载《教师教育研究》，2006（1）。

④ 滕明兰：《从"协同合伙"走向"共同发展"——大学与中小学合作问题研究》，载《教育发展研究》，2008（22）。

学教师层面、中小学教师层面、中小学校长层面以及信息、资金、资源等几个方面论述我国大学与中小学合作所存在的问题。[①] 张翔认为，受大学以及中小学的路径依赖、评价方式和组织边界的约束，U-S共生性合作不可避免地面临诸多困境和矛盾，这种矛盾不仅困扰着大学，中小学也在所难免，构成了大学和中小学参与U-S合作的结构性障碍；加之，当前我国U-S共生性合作缺乏制度激励，所以合作过程中的异质性资源依赖感不强，合作主体对合作行为的合法性认同严重不足，合作协调机制缺位等等，构成了我国U-S共生性合作的新困境。[②]

概而言之，U-S合作因为是两个组织的合作、两群人的合作，因此会滋生许多意想不到的问题。有的合作出现因为认识不足，导致搁浅的现象也是正常的。[③]

第二节　文献评述

通过回顾和梳理已有文献，可以看到，为了促进教师教育发展，各国都在努力促进大学与中小学的合作。

从研究成果的数量上来看，明显呈现英文成果较多，中文成果较少的特点。中文文献中介绍性文章居多，尤以介绍美国教师专业发展学校的文章居多。这也说明了我国关于U-S合作的研究起步较晚，是在受到英美等相关研究的影响下才开始关注这一研究领域

---

① 宋敏：《大学与中小学合作研究现状、问题及思考》，硕士学位论文，北京，首都师范大学，2005。

② 张翔：《教师教育U-S共生性合作问题研究》，博士学位论文，西南大学，2012。

③ 如：牛瑞雪在《行动研究为什么搁浅了？》一文中，描述了一次合作的失败，并分析了原因。详见《课程·教材·教法》，2006（2）。

的。检索到的英文文献中有 30 余本专著，中文文献除了香港学者的专著，大陆专门论述本土 U－S 合作的学术著作很少，博士论文仅检索到的 4 篇。

从研究运用的理论来看，大部分文章是对项目的总结和经验的梳理，运用相关理论来阐述的文章较少。文献中运用较多的是生态学、管理学、经济学等理论视角，运用社会学理论研究 U－S 合作较少见，交换理论等均未出现在相关文献中。

从研究方法来看，已有文献涉及文献研究、比较研究、调查研究、参与观察、个案研究、民族志等多种。其中，文献研究、观察法、调查法、个案与案例研究较多，其他方法运用较少。中文文献早期以文献研究为主，近年随着 U－S 合作项目的增多，出现了一些个案研究，其他方法均少见。

从研究内容来看，已有文献涉及 U－S 合作的概念与内涵、历史与原因、类型与取向、策略与因素、问题与对策、效果与评估等，较为全面。尤其是英文文献，对合作的具体内容研究较多，如对参与项目的大学、中小学、学生、教师、社区、学区等，都有所涉及。但是中文文献更多集中在大学与中小学合作的宏观层面，对U－S 合作的具体问题研究相对较少，对本土化的合作实践过程关注较少，大多就事论事，缺少对合作的深层反思与理论提升。这一状况与我国 U－S 合作发展现状是比较吻合的。

综上所述，笔者认为就目前有关 U－S 合作的研究而言，还存在以下研究空间。

一、在理论阐释上存在较多视角

影响 U－S 合作的因素包括了组织因素、心理因素、制度因素、经济因素、管理因素、文化因素等许多方面，研究者都可以从某个理论视角揭示合作的一些特点与规律。尤其是对于本土实践的研究与反思，结合我国 U-S 合作的实际情况，可以有更多的理论阐释视角。比如：U-S 合作是两个组织的合作、两群人的合伙、两个个体的合作，这些都可以从社会学的不同的理论视角进行分析和研究，这在本土研究中并不多见；在对合作的微观研究中，心理学相关理论可以帮助我们理解教师的合作过程与心理等。而目前的研究大多停留在教育学内部，缺乏更多更广的理论阐释。

二、在研究方法上应注重个案研究

已有英文文献对本土的个案研究较多，从中产生了许多有价值的观点，发现了许多合作中的特点与规律，从而促进了所在国 U-S 合作实践的发展。注重个案研究，不仅因为教育是一门实践性学科，而且因为 U-S 合作对我国教师教育而言是一种新型的模式，更需要在实践中探索符合中国教育情景的有效合作。在这种情况下，对于 U-S 合作的个案研究显得尤为重要。各地区、各学校、各项目等都有不同的需求、境遇、脉络、文化、制度等，因而，合作因素是变化多端的。只有结合本土实际情况，才能找到适合我国的 U-S 合作模式，总结我们的有效经验，破解我们的困境与问题。虽然我国 U-S 合作项目起步较晚，但是也已经有了一些本土化的实践。人类学田野工作是进行本土个案研究的很好选择。田野工作本身就是个案研究，要求研究者深入田野，进行扎实的田野工作，通过文献搜集、参与观察、深度访谈、调查问卷等方法，撰写民族志，并在此基础上进行理论阐释。

三、在研究内容上有很大拓展空间

虽然已有文献的研究内容涉及了 U-S 合作的各个方面，但是，关于合作中大学教师与小学教师的互动行为研究较少，一般只是在研究中一带而过，缺乏深入的研究。教师互动可以说是 U－S 合作的根本，从某种意义上说，只有教师互动成功，才能有项目的成功。因此，研究大学教师与小学教师互动的动机、过程、结果等，可以帮助我们更好地认识 U－S 合作。同时，由于研究者大多来自大学，因此，已有研究的关注点大多在大学与大学教师一方，对小学及小学教师的研究较少，且流于表面，缺乏深入的研究。因此，U－S 合作的研究内容上还有很大的拓展空间。

第二章　本研究的理论视角与研究方法

第一节　理论视角与研究框架

一、理论视角与相关概念

"理论是胶水，把事实粘合成对某个给定时空的假设性描述，而这一描述接着又可以用于预言/解释另一个时间和/或空间的事件。"① 本研究拟采用的"胶水"是来自交换论的理论视角和相关概念。

（一）理论视角

自古以来，"天下熙熙，皆为利来，天下攘攘，皆为利往"。那么，当现代社会处于分化状态并且行动者追逐各自狭隘与个别利

① 斯蒂芬 L. 申苏尔、琼 J. 申苏尔著，康敏、李荣荣译：《民族志方法要义：观察、访谈与调查问卷》，8 页，重庆，重庆大学出版社，2012。

益之时，是什么或哪些力量使现代社会没有崩溃？这是亚当·斯密（Adam Smith）在 19 世纪提出的问题。他的答案是：理性行动者在公开和自由的市场里追逐自己利益时，伴随着道德和符号力量以及有关秩序的"看不见的手"。早在 1919 年，人类学家弗雷泽爵士（James Frazer）就在《圣经旧约中的民俗》（Folklore in the Old Testament）中的第二卷引导出了有关社会制度的第一次明晰的交换理论分析，来解释原始社会中的亲属和婚姻行为。[①] 人类学家马林诺夫斯基（Bronislaw Malinowski）则通过对特罗布里恩德岛民（the Trobriand Islanders）的民族志研究中，发现了一种被称为"库拉圈"（Kularing）的封闭性交换关系圈。在对这一独特交换网络进行解释时，马林诺夫斯基区分了物质性或经济性的交换与非物质性或符号的交换。库拉圈交换说明人们进行交换时，并非只按照经济学原则，而是含有心理因素。库拉圈交换的动机具有社会心理学意义，因为这种交换意味着社会和个人的双重需求。同时，交换关系也能具有超出当事人双方的意义，间接交换的复杂模式可以维持扩展和延伸社会网络。莫斯（Marcel Mauss）在《礼物》一书中对库拉圈进行了重新解释。他认为，人类的交换既不能像功利主义那样过分强调个人利益，也不能过分强调个人的心理需要，而应当认为个人是社会群体的代表。列维·斯特劳斯在其经典著作《亲属关系的基本结构》中通过分析交表婚姻模式，提出了三个交换原则，简要说明直接交换和间接交换活动是如何与不同的社会组织联系在一起的。[②]

上述社会文化人类学关于人类社会交换的理论，为现代社会交换理论奠定了坚实的基石。现代社会交换理论兴起于 20 世纪 60 年

① 乔纳森·H. 特纳著，邱泽奇、张茂元等译：《社会学理论的结构》（第七版），254～255 页，北京，华夏出版社，2006。

② 乔纳森·H. 特纳著，邱泽奇、张茂元等译：《社会学理论的结构》（第七版），258～261 页，北京，华夏出版社，2006。

代的美国，进而在全球范围内广泛传播。该理论除了吸取了社会文化人类学的一些概念，还融合了古典经济学、行为心理学等学科的概念和理论，主张人类的一切行为都受到某种能够带来奖励和报酬的交换活动的支配，因此，人类一切社会活动都可以归结为一种交换，人们在社会交换中所结成的社会关系也是一种交换关系。

考虑到本研究要探讨 U－S 合作中大学教师与小学教师的互动行为，梳理一下社会交换理论中关于什么是交换、交换什么、为什么进行交换和交换的过程四方面的理论观点，是十分必要的。

"交换"这一概念初看似乎比较简单。它通常被认为是：某物从甲方转移到乙方，以换取它物。E. 福阿（E. Foa）与 U. 福阿（U. Foa）认为，一次交换过程涉及一个前行动和一个后行动。甲方给予或拒绝给予乙方某一资源，这就是前行动；这一前行动引起乙方的某一反应，就是后行动。爱默森（Richard Emerson）指出，某些交换可以看作是在个人与其周围环境之间发生的，另外一些交换则涉及两个均有主动行为的人，他们分别构成对方的主要环境刺激。社会交换可能有许多不同的类型，其中至少有两大类：经济的和社会的。[①] 布劳（Peter M. Blau）指出了这两大类交换之间的区别。社会交换所涉及的义务是不明确的，对象通常不作讨价还价，交换基于彼此的信任，会产生人与人之间的义务感、感激和信任之情。他认为社会交换是个体之间的关系与群体之间的关系、权力分化与伙伴群体关系、对抗力量之间的冲突与合作、社区成员之间间接的联系与亲密依恋关系等的基础。社会的微观结构起源于个体期待社会报酬而发生的交换。个体之所以相互交往，是因为他们都从他们的相互交往中通过交换得到了某些需要的东西。他认为，社会

---

① 罗洛夫著，王江龙译：《人际传播：社会交换论》，12 页，上海，上海译文出版社，1991。

交换受到人际关系性质的影响，人际关系又随同社会交换而发展，社会环境会影响交换。他提出了使行为变为交换行为必须具备的两个条件：一是该行为的最终目标只有通过与他人互动才能达到；二是该行为必须采取有助于实现这些目的的手段。① 社会交换的最后一个必要条件是，人们通常总是自愿地进行社会交换的。虽然参与社会交换的人们可能受到外力的强制，认为自己别无选择，但是这些限制往往是心理因素造成的，而不是确实存在的。人们之所以有这种感觉，原因在于他们认为其他选择极可能更为不利。②

那么，人们在社会交换中交换了什么？一般来讲，交换理论认为人们付出了代价，得到了报酬（或称回报），代价与报酬都可称为资源，因此可以说人们交换了资源。马林诺夫斯基区分了物质的和非物质的交换，布劳概括了由低到高四种报酬：金钱、社会赞同、尊重与尊敬、服从。E. 福阿与 U. 福阿给资源下的定义是：可以通过人际行为传递的任何物质的或者符号的东西。他们将所有的资源归为六大类：爱、地位、服务、货物、信息以及金钱。爱是爱慕、温情或惬意的交流；地位是尊重、敬仰或名望的表现；服务涉及与身体、财产有关的活动；货物指有形的产品、物件或材料；信息表现为劝告、意见或教导；金钱则被定义为由社会赋予标准价值单位的硬币、纸币，或象征品。爱默森对这个定义作了补充。他把资源定义为"一名行为者拥有的使其能够奖赏（或惩罚）另一名特定的行为者的能力、财物或其他属性"。在社会交换中，还需要考虑某一资源是否使人得益。人们希望得到某些资源，而不想要另一些资源；那些想要得到的资源可以被视作是一些回报。蒂博特（Tibot）与凯利（Kelly）给回报下的定义是"给予某人的愉

① 彼得・M. 布劳著，李国武译：《社会生活中的交换与权力》，68 页，北京，商务印书馆，2012。
② 罗洛夫著，王江龙译：《人际传播：社会交换论》，15 页，上海，上海译文出版社，1991。

悦及满足感"。① 对于什么是"愉悦及满足感",参与交换的每个人的看法并不一致。并非所有的回报都受到同样的珍惜,有些资源受到珍惜并被认为是回报,有些资源则不然。社会交换理论者设想,回报能积极地增进交换,并会使与之有关的行为更有发生的可能。

那人们为什么要进行社会交换呢?社会交换理论家普遍认为,人们进行交换是为了获取自我利益。如,霍曼斯(George C. Homans)认为,社会交换受到追求利润或者说是追求扣除了代价的回报的指导,"人类交换的公开秘密是:给予对方的行为对对方的价值超过自己付出的代价;从对方获取的行为对我的价值超过他付出的代价。";蒂博特与凯利认为,人们谋求"有益的后果",或者说高回报低代价的后果;沃尔斯特(E. Walter)、贝尔·谢德(Bell Schaede)等则认为,"公平理论也认为人是自私的"。当然,社会交换理论家对自我利益这一概念的认识有四点是很重要的。首先,它假定了自我利益可以是恶意的,也可以是善意的,即有的人确实谋求有利可图的交换,他们所关心的只是回报越高越好、代价越低越好,而全然不顾他人的利益;但是还有的人希望得到公平的交换,他们不但关注自己的回报和代价,也关心他人的回报和代价。第二,人们未必意识到实现自我利益的最佳途径,因为人们在交换时有可能是根据不完全或不正确的信息做出判断的。第三,人们的预谋行为存在着差异,即在有些交换行为中,人们可以提前做出计划,但是在许多实际的互动情况中,人们做出的行为选择是无法提前计划的。第四,自我利益是会变化的,即随着人们改变态度或环境,其自我利益也会变化。因为我们的欲望会改变,我们所处的人

---

① 罗洛夫著,王江龙译:《人际传播:社会交换论》,18 页,上海,上海译文出版社,1991。

际关系中的对方也可能会改变。①

对于社会交换的基本过程也有不同的看法。R. 赖克（R. Ryker）与 S. 赖克（S. Ryker）引申了霍曼斯的理论，他们提出关系变化可以分阶段描述。第一阶段中人们对交换关系的对方不负有任何义务；人们在寻觅关系伴伙，以便建立某种交换关系。第二阶段称为严格交换阶段，双方同意相互施惠，但不过是纯粹的"公务"交易，彼此期待互惠的交换，期待相互及时地提供资源，如果一方不对收到的资源做出回报，交换关系就终止了。第三阶段称作信心阶段，在这一阶段中交换关系的一方愿意承受短期的损失，并相信在未来这一损失会得到补偿。交换双方也在留意有没有其他来源可获得回报，但他们将这种其他来源与现存关系的长期回报相比，而不是只与眼下的后果相比。不过，信心阶段更有可能回转到严格阶段，不大会进展到第四阶段。第四阶段称为人际互负义务阶段，双方不再考虑有没有其他来源可获得回报，他们完全为现存关系吸引了。莱文杰和他的同事们认为，人际关系处在不同的关系水准上。在零点关系水准上，双方对彼此的存在毫无所知。不过，环境或接触外界的需要使双方相互接近。他们的关系就会上升到一级水准，即有知水准。处在这一水准的时候，双方开始知道彼此的存在，但并不发生交往。双方可能彼此仰慕，并暗暗估计对方提供回报的潜在能力。如果决定交往，关系就上升到二级水准，即表面接触水准。双方的交流往往是非常礼仪性的，对对方的预测建立在对人的常规认识之上，指导这种交流的规则受文化规范的制约。当关系处于这一水准时，双方对关系的评估是根据彼此在关系中扮演角色的好坏决定的，而这好坏程度又是相对于其他潜在的关系伙伴而言的。假如在这一水准上的交往不能令人满意，关系就可能中止；

---

① 罗洛夫著，王江龙译：《人际传播：社会交换论》，20 页，上海，上海译文出版社，1991。

假如双方发现彼此在许多重要的方面有共同之处（如双方的需要、兴趣或爱好相同），双方的交往使彼此产生好感，并且（或者）有必要根据对方的人品，而不仅仅根据对方扮演的角色来理解对方，那么关系可能上升到三级水准，即相互关系水准。关系进入相互关系水准之后，双方开始相互作自我披露，这样双方不但了解了与彼此扮演角色有关的行为，而且知道了彼此的个人历史。双方交往的规则也往往由关系双方自己来提出。双方还对公平地获取利益承诺了义务。由于双方承诺的义务越来越多，所以万一要终止关系，所花的代价也越来越大。[①]

（二）相关概念

由于交换理论流派众多，概念层出，为了表达和理解便利，避免出现误解，特将与本研究论述关系密切的一些概念加以提出，并结合本研究进行界定。

交换动机：指交换行为的动力，具有发动交换行为的作用，能推动个体产生交换活动，同时具有维持和调节交换活动的功能。交换动机按照其来源，可分为外部动机和内部动机。外部动机指交换动机来自教师个体之外的领导命令、组织要求等外部动力；内部动机指交换行为来自教师自身的专业发展要求、教育信念、责任感等内部动力。

被动交换与主动交换：被动交换指交换行为的动力完全来自外部动机，教师本人是被动参与交换的；主动交换指交换行为的动力不仅来自外部动机，同时来自内部动机，甚至主要来自内部动机，教师本人主动参与到交换行为中的交换行为。

表达性交换与工具性交换：表达性交换指教师的交换行为具有

---

① 罗洛夫著，王江龙译：《人际传播：社会交换论》，65～68页，上海，上海译文出版社，1991。

表达性意义，并不打算获取特定的利益，意味着其行为是价值合理的，也就是说，定位于追求终极价值，如：对事业的热爱、对组织的忠诚、对朋友的情谊等；与之相对应的工具性交换，指教师的交换行为更多具有工具性意义，其交换行为追求直接的报酬，如：完成任务、得到酬金、得到领导的认可等。

代价与报酬：交换理论认为人们付出代价，得到报酬。代价与报酬是教师付出的资源和得到的资源，一个人对某种资源的重视程度决定了他对代价与报酬的衡量尺度，也是就说，付出同一种资源，对不同的人可能意味着不同的代价，而得到同一种资源，对不同的人也可能意味着不同的报酬。

内在报酬与外在报酬：所谓内在报酬，指所有人都同时受益于他们的社会互动，他们所要付出的唯一成本是间接成本，即由于把时间花在这种交往上而放弃了其他机会。① 就是说，由于交往本身具有满足感而得以增加互动的乐趣。与之相对应的外在报酬，指交换行为的报酬来自外部，如：酬金、领导的表扬等，而对交换行为本身没有感受到乐趣和满足感。

二、研究假设与研究框架

（一）研究假设

在本研究中，研究假设是基于交换理论的。

第一，研究者认为在 U–S 合作中，双方教师要有进行交换的动机。双方的教师如果在合作中没有交换动机，那么，他们之间的互动就不能形成长久有效的交换，自然就不能产生交换结果，互动

---

① 彼得·M. 布劳著，李国武译：《社会生活中的交换与权力》，54 页，北京，商务印书馆，2012。

就是失败的。双方的教师互动失败，U－S 合作就意味着失败。

　　第二，在互动过程中，双方只有进行了交换，互动才能延续下去，否则互动就会停止。大学教师与小学教师在互动中的交换越多，互动就会越频繁，合作的效果就越好。大学与小学制订的制度、计划、安排等，越是促进交换进行的，就越会对互动产生积极的作用；反之，就会对互动产生消极的反作用。

　　第三，双方在交换中都是遵循理性原则的，但是他们对自我利益的选择是存在个体差异的，即每个人都要达到自我利益最大化，但是每个人对于自我利益的理解是不同的。只有个体在互动中交换得到自己认可的利益，互动才能继续下去；反之，个体就会失去在互动中交换的动力。

　　（二）研究框架

　　基于交换理论，本研究将 D 师范大学与附小共建项目中大学教师与小学教师的互动研究界定为三方面的基本内容：交换动机分析、交换过程分析和交换结果分析。在交换动机分析中，区分为外部动机和内部动机；在交换过程分析中，根据不同互动阶段分析教师之间的交换；在交换结果分析中，划分为教师互动的直接结果和间接结果。在此基础之上，结合更多的田野资料，进一步反思和讨论交换动机、交换过程和交换结果对教师互动的影响，进而提出 U－S 合作的行动策略，即探索理想的 U－S 合作应该具有哪些特点，才能够促进大学教师与小学教师的互动，最终取得合作的成功。

　　因此，本研究的研究框架如下图所示：

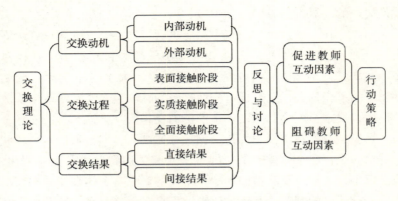

图 2－1　交换理论视域下 U－S 合作中的教师互动研究框架图

　　根据以上研究框架，本研究将从事实描述（What）、原因探究（Why）、行动策略（How）三个层面展开递进问题研究。

　　在事实描述（What）层面，描述 D 师范大学与附小共建项目中大学教师与小学教师互动的交换动机、交换过程和交换结果。同时，从交换理论的视角和概念出发，对相关描述加以概括，以便使这些材料重新结构化，为下一步的原因探究奠定基础。

　　在原因探究（Why）层面，首先从交换动机、交换过程、交换结果的事实描述出发，利用交换理论的相关概念分别进行分析，然后，将这三部分内容围绕"如何促进教师交换"进行有针对性的重点讨论，从而为行动策略的提出奠定基础。

　　在行动策略（How）层面，结合研究得出的相关结论，探讨 U－S 合作项目中促使大学教师与小学教师的互动产生大量交换的具体策略，为今后的 U－S 合作项目能够促进教师互动，取得合作成功提供行动借鉴。

　　因此，本研究从以上三方面，建立起自己的研究框架，根据事实建立解释性概念和解释性体系，形成自己的本土理论，从而完成从个案到一般通识认识的建构过程。

第二节　研究方法与研究过程

一、研究视角与研究方法

本研究采用的主要研究视角与研究方法是人类学的田野工作（Field work）。本研究的"田野"就是北京市 D 师范大学附小校园，是研究对象的活动场所和分析单位（互动行为）的发生场所。

（一）研究视角

田野工作强调点面结合，宏观与微观相结合的研究视角。因此，需要在调查中随时注意各个层面之间的联系，帮助研究者对研究对象达到全面了解以及深入理解。比如：在对教师的互动行为进行观察的同时，注意观察项目的整体情况，注意收集大学与小学对于教师考核与管理的各种文件与规定，这样才能更好地理解和分析教师的互动行为；同时，项目合作的背景以及项目合作取得的成果虽然并不直接与教师互动行为相关，但是与之有千丝万缕的影响和联系，也是本研究比可缺少的部分。只有点面结合、宏观与微观结合，才能更好地观察、理解、分析大学教师与小学教师的互动行为。

（二）研究方法

田野工作本身即个案研究（Case study）。在本研究中，既指 D 师范大学与 S 小学这样一个 U－S 合作项目，也指一组大学教师与小学教师的互动行为。个案研究的主要目的可能是描述性的，而对特定个案的深入研究也可以提供解释性的洞见，进而形成更一般的通则式理论的基础。① 本研究试图通过 D 师范大学与附属小学共建项目这一个案，探讨 U – S 合作中教师互动行为中的交换；通过教师互动的个案研究，探讨他们在互动中为什么交换、交换了什么以及如何交换等问题；进而运用交换理论探讨这样一种 U – S 合作的新模式，思考其对小学教师教育职前职后一体化的探索，对其他 U – S 合作项目的启示。

本研究的田野工作主要包含：参与观察法、深度访谈法和文献法。研究者在历时一年的参与观察中，既关注研究对象的互动行为、言语等，也关注未处于互动状态下的行为等。既关注个体的行为，也关注小群体的行为，关注大学与小学的组织行为等。深度访谈是本研究采取的主要方法。通过这种方法，可以更好地了解研究对象的所思、所感，进而理解他们的动机、情感。文献法贯穿于田野调查的始末，在调查之前的准备阶段、调查过程之中、调查结束撰写调查报告、研究成果阶段，都会运用到。本研究收集了大量有关的项目文件、计划总结、教师手记、听课评课记录等。

二、研究过程

（一）研究过程

1. 选题的确立与问题的聚焦

起初，我希望运用互动理论来解释 U – S 合作项目中大学教师与小学教师的行为，但是，在与一些参与项目的大学教师进行沟通之后，发现田野工作的难度太大。我很难观察到活动的初期阶段。如果仅凭访谈到的教师的回忆，恐怕材料不仅很少，也会失真，而

---

① 艾尔·巴比著，邱泽奇等译：《社会研究方法》（第十一版），297 页，北京，华夏出版社，2009。

且用互动理论分析会涉及教师大量的自我认知和心理活动，很难得到真实的材料。我终于决定把题目定为"交换理论视域下U－S合作中的教师互动研究"。题目中的"互动"已经与互动理论无内在关系，只是作为对教师行为的界定。

我研究的逻辑是：一个U－S合作项目能够取得成功，一定是建立在双方教师在互动中产生了大量交换的基础上，而教师之间要产生大量的交换，必然是充足的交换动机、交换过程顺利、交换结果满足需求。因此，本研究最终聚焦了如下的研究问题：

在U－S合作中，大学教师与小学教师的交换动机是什么？这些动机对教师互动有什么影响？

在U－S合作中，大学教师与小学教师的互动会经历哪些阶段？不同互动阶段的交换过程有什么特点？什么因素影响了交换过程？

在U－S合作中，大学教师与小学教师的交换结果是什么？影响交换结果的因素是什么？

理想的U－S合作，应该具备哪些特点，从而促进双方教师的交换？

2. 研究对象的选择

D师范大学与附小共建项目本身是U－S合作项目中非常特殊的个案：政府部门与D师范大学签署合作协议，S小学挂牌为"D师范大学附属小学"；作为北京市唯一一所专门培养小学教师的D师范大学C学院与附小签署专家工作计划书，成立了专家顾问团和学科专家组；大量的大学教师进入同一所小学，全面、深度介入附小的各方面工作……这种U－S合作模式很难复制。但是，正是这个项目，为本研究提供了难得的教师互动研究的"田野"，所有的大学教师和小学教师都是在同样的外部条件下进入互动的：他们互动开始和持续的时间相同（都开始自2010年9月，都延续至今），互动的外部环境相同（都是在附小的校园里），互动的任务相同（提升附小教师教育教学水平，促进学校发展），交换的外部动机大致相同（相同的大学、小学组织、领导和制度等），交换的间接结果基本相同（都是附小品牌建设的受益者）……那么，在如此多的"相同"中为什么会产生教师互动的"不同"呢？这不正是将研究聚焦到"教师互动"的最佳场所吗？这个项目汇聚了大量的教师互动行为，对于研究者来讲提供了很大的便利条件。

在附小建设项目中，双方各有一位主管领导负责相关事宜。在 C 学院专门设立了"小学教育协调发展中心"，由一名项目秘书负责日常的管理工作，包括收集学期工作计划、工作量、工作总结等材料，组织召开总结交流会、通知一些活动等。教师互动则是以一个个的"小圈子"形式进行的。这些"小圈子"以小学的学科为单位的，即按照语文、数学、英语、美术、音乐、科学、品德与社会（含心理）共 7 个学科。每个"小圈子"一般包含由大学选派的 1 ~ 2 位本专业教师，以学科专家的身份进入附小相应的学科组；小学方面基本包含 1 位学科组长和所有该学科任教教师，主要由学科组长与大学学科专家联系沟通相关事宜。教师互动的组织结构图如下：

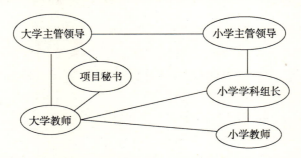

图 2 – 2　D 师范大学与附小共建项目教师互动组织结构图

因此，我的研究对象主要包括 10 名大学的学科专家以及和他们有互动的小学教师，具体情况如下：

表 2 - 1 研究对象基本情况一览表

学科	大学教师人数及性别	年龄	小学学科组长人数及性别	年龄	其他小学教师人数及性别
语文	2 女	52、38	1 女	38	12 女
数学	2 女	53、52	1 女	50	6 女 2 男
英语	1 女	42	1 女	38	13 女
美术	1 女	48	1 女	49	3 女 1 男
音乐	1 男	59	1 女	48	1 女
科学	1 女	48	1 男	45	3 女
品德与心理	2 女	40、34	1 女	42	3 女
合计	9 女 1 男		6 女 1 男		38 女 3 男

表中的"年龄"指到 2014 年的年龄，减去 4 岁，就是他们在 2010 年进入附小项目时的年龄。其中，美术和音乐学科最初进入附小的大学教师中途退出（美术原女教师在 2012 年退出，音乐原女教师在 2013 年退出），表中所列的是现在的大学教师情况。"其他小学教师"是指我接触到的小学教师，而不是学科组中的全体教师。这些研究对象基本能够满足我的研究要求。需要说明的一个问题是，研究对象大多数是女教师，虽然有个别男教师，但是，在田野工作的过程中，得到他们的资料较少。因为我本身也是女性，一方面使得研究者更容易理解女老师的行为和心理；另一方面，使得本研究无形中成为一个女性视角的研究。

3. 研究资料的收集

本研究的研究资料主要来自研究者在附小的田野工作，包括运用参与观察、深度访谈、文献法等收集到的各种资料。

我于 2013 年 5 月访谈了大学方面负责此项工作的 DP 院长，向她阐明了研究意图，取得了大学方面"守门人"的大力支持。① 她非常欢迎我将附小共建项目作为个案进行研究，希望通过研究，能够为项目改进提出意见和建议。她不仅将项目秘书介绍给我，为我提供了大量相关资料，而且向我介绍了合作的基本情况，帮我联系了小学方面的"守门人"DF 校长。我于 6 月与大部分参与附小共建工作的大学教师进行了交流，向他们阐明了研究目的，简要了解了他们与小学教师的互动情况，提出希望下学期开学有互动时联系我，让我同行，在他们互动时在一旁观察。他们都很爽快地答应了。

2013 年 10 月，我正式跟随大学教师进入附小，开始就某个学科进行教师互动的参与观察。在参与观察的过程中，一般由大学教师将我介绍给某个学科组的小学教师，我在一旁主要观察他们互动的言谈举止，在这个过程中尽量减少自己的存在感，征得双方同意后，进行了全程录音，避免信息记录缺失和记忆有误。离开附小之后，尽量在当天整理取得的资料，撰写田野日志，记录下当时的所见、所闻、所思、所感，有时时间紧张，就把田野日志以口述录音的方式完成，等有时间再整理成文字。

进行参与观察最密集的时间是 2014 年 2 月底到 6 月底，我大概每周至少去附小 3 次，有时甚至每天都去。一个原因是我开始进入到各个学科组进行参与观察，而不是像前一个学期，只进入了个别的学科组，这样必然需要观察更多的教师互动行为；另一个原因是与一些小学教师熟悉之后，我经常自己进入到学科组，而不是只跟随大学教师进入附小。在这个过程中，除了了解到更多的情况之外，我还找到两位小学的"关键报道人"：一位经过聊天儿，发现是我的一位关系很好的师弟的同学，从而交流增多，建立起更亲密的信任关系；另一位是在田野工作中互动较多，建立起较熟悉的关

① "守门人"指那些控制着信息获取，接触其他个人和进入现场权利的人。

系，她对项目合作的各方面都很了解，并且愿意表达自己和所了解的其他附小老师的想法。[①]

在较长时间的田野工作中，我进行了许多非正式访谈和非结构化访谈。这些访谈有的发生在教师休息室里，有的发生在餐厅共进午餐时，有的发生在去教室的路上，有的发生在碰巧遇到的公交车上……在与教师们建立起信任关系，同时了解了一些基本情况之后，我于2014年7月至10月完成了大部分深度访谈。

因此，本研究的研究资料主要包括田野日志、访谈录音以及收集到的各种与教师互动有关的电子版、纸版的文字、图片等资料。

4. 资料的分析与运用

面对大量的资料，我首先分门别类进行归纳整理，主要分为项目总体方面的材料，包括项目文件、双方领导的访谈、项目计划总结等；分学科教师互动材料，包括与之相关的田野日志、访谈录音、听评课录音、教案、教研材料等；双方组织的聘任、考核、职称评定等相关材料；周边社区的相关材料，包括房屋中介访谈、家长访谈、网上收集的社区资料等。

在此基础上，对获得的资料不断阅读，捕捉对研究有意义的信息。对于教师互动的材料分析尤为重要。我对在田野中取得的各方面材料进行三角验证，即通过对研究对象的访谈，听他们的想法；通过参与观察，看他们的做法；通过研究对象撰写的文字材料以及对他人的访谈，侧面了解研究对象……使用不同的方法或情境中搜集到的材料，得出对研究对象尽可能真实的描述和评价。

---

① "关键报道人"指那些对研究场景有广泛的了解，或者对研究的某方面有深刻的认识，与其他报道人比起来，与研究者的关系更持久、更亲密。

第三章 U–S合作中教师互动的交换动机分析

　　两个个体之间的交往模式当然会受到他所发生于其中的社会背景的强烈影响。因此，即使是在对两人的社会互动进行分析，也不能把这两个人看成好像是孤立于其他关系而存在的。

——布劳①

　　大学教师与小学教师在 U–S 合作项目中的交换行为首先受到其交换动机的影响。动机是一个概括性术语，它概括了所有引起、支配和维持生理和心理活动的内部过程。有人认为，动机是指行为的动力——人的行为开始、维持、导向和终止的动力。动机具有激活功能，即它具有发动行为的作用，能推动个体产生某种活动，使个体由静止状态转向活动状态；动机具有指向功能，即能将行为指向一定的对象或目标；动机具有维持和调整功能，即表现为行为的坚持性。动机是在需要的基础上产生的，同时动机必须有目标，引

---

　　① 彼得·M. 布劳著，李国武译：《社会生活中的交换与权力》，75 页，北京，商务印书馆，2012。

导个体行为的方向。① 通过对项目背景的了解，明晰项目双方的需要，进而理解双方的交换动机和交换目标，是非常必要的。

在本研究中，我将教师的交换动机区分为外部动机与内部动机。外部动机主要来自教师所在的"组织"要求。首先，Ｕ－Ｓ合作中教师"个体"之间的互动是建立在大学与小学全面合作的基础上的，教师"个体"事实上代表了学校"组织"，因此，了解大学与小学的发展状况，在时代发展中遇到的问题与困境，对于理解双方可以达成合作、形成交换非常必要。明晰两个"组织"间的合作背景、合作需求、合作愿景等，也必然会帮助我们深入理解双方教师"个体"之间的交换行为。其次，无论是大学教师还是小学教师，他们首先是学校"组织"的成员，有自己作为"组织员工"必须要完成的各种本职工作，接受"组织"对他们的评价与考核，评价与考核的结果与其薪金、聘任、职务职称晋升等存在直接的关系，他们是被"组织"要求执行Ｕ－Ｓ合作项目的"个体"。因此，了解学校对教师在附小共建项目中的要求与考核情况，对于理解大学教师与小学教师在互动中的交换动机非常重要。

教师互动的内部动机主要来自教师自身的专业发展需求。不论是大学教师还是小学教师都存在各自的专业发展问题。从个体角度看，教师专业发展被定义为：通过系统的努力来改变教师的专业实践、信念以及对学校和学生的理解，它"强调教师个体知识、技能的获得以及教师生命质量的成长"。② 了解教师在专业发展中遇到的问题与困境，可以帮助我们更好地理解教师在Ｕ－Ｓ合作中的交换行为。

本章从上述两个方面，分别阐释Ｕ－Ｓ合作中大学教师与小学

---

① 彭聃龄主编：《普通心理学》（第４版），368～375 页，北京，北京师范大学出版社，2012。

② 朱旭东、周钧：《教师专业发展研究评述》，载《中国教育学刊》，2007（1）。

教师的交换动机。

第一节　大学教师的交换动机分析

本研究论及的大学教师特指大学中的专任教师，即在普通高等师范院校中主要从事教学与科研工作的专业技术人员，是大学派遣到附小的"学科专家"。

一、大学教师的外部动机分析

大学教师在 D 师范大学与附小共建项目中首先代表了大学的"组织动机"。因为只有组织发展了，作为组织的成员才会有更好的发展，得到更多的回报。

（一）大学的合作需求

项目合作中的甲方是 D 师范大学，其中的 C 学院是北京市唯一一所专门面向小学教育，拥有本科、硕士、博士三个人才培养层次的教学研究型学院。学院由北京市两所市属中等师范学校于1999 年并入 D 师范大学成立，在人才培养、科学研究、社会服务等多方面做出了许多成绩。希望选择一所小学，更名为"D 师范大学附属小学"并将其建设成为北京市优质小学，是大学首先提出的。那么，大学为什么提出这样的合作目标？又是建立在怎样的合作需求之上呢？

在与附小共建之前，C 学院已经建立起一些 U－S 合作关系校。U－S 合作不仅仅是小学教师教育实践取向的一种保障，是当代国际教师教育的发展趋势，而且是小学教师专业成长与发展的重要途径。C 学院在与小学合作方面做了大量工作和努力，通过各种途径建立起各种合作关系，但是，随着时间的推移，这些合作都出现或多或少的问题，导致合作出现困境。

1. 旨在提高小学教师职前培养质量的 U－S 合作关系

在小学教师的职前培养过程中，教育见习、教育实习是人才培养非常重要的内容，是教育教学的重要组成部分，是提高师范生专业素质和专业能力的重要途径之一，同时在培养方案中是一门具有师范特色的综合实践课程，是小学教育专业的必修课。C 学院在本科一年级第二学期，二年级第二学期，各安排两周的教育见习，在本科三年级第二学期安排四周的远郊区县小学实习，在本科四年级第一学期安排六周的城区小学实习。

C 学院在教学管理办公室制定的《教育实习手册》中，非常明确地规定了教育实习的主要内容包括三方面：课堂教学、班主任工作和教育研究。主要包括：每位实习生听课不少于 15 节；观摩指导教师的示范课不少于 2 次；至少完成 5 个不同内容的教案与教学实施（四个主修方向、一个副修方向）；上一次一个教案的本学科方向的公开课；了解班级管理的日常规范，学习处理班级事务；深入了解班级学生，并与学生建立良好的师生关系；组织主题班队活动；学习处理班级特殊事情；观摩、参与学校大型学生活动；观察、搜集、整理教育教学案例，完成科研课题、毕业论文的资料收集工作；运用问卷调查法、观察法等，研究小学教育问题，撰写有关研究报告等。

我们可以看到，实习要求是非常具体详细又繁多的。在《教育实习手册》中，也非常明确地规定了实习学校及指导教师应尽的职责。实习学校的主要职责是：选定一名领导干部负责实习工作，负责实习工作计划的制定和落实；选派教育教学经验丰富的优秀教师，作为实习生的指导教师；每位指导教师指导 1 至 2 名实习生；提供支持条件确保各项实习工作的落实；尽量安排实习生集中活动地点，利于统一管理和实习生相互学习和交流等。指导教师的主要职责是：安排落实学生听课、授课；主动向实习生传授教育教学经验，及时剖析示范课的教学设计思想和实施方案；指导、审批实习生的教案和课前试讲，给实习生提供实践机会，检查、督促实习生完成实习任务；严格要求实习生，及时指出实习生教育教学实践中的不足，帮助实习生提高教育教学能力；协助校领导为实习生跨年级听课提供帮助；根据实际情况，评定实习生实习成绩，写出实习评语等。

这样重要的教师教育实践类课程，如此多的内容与要求都需要在小学校园和课堂上完成。如果没有小学和小学教师的支持与配合，根本无法开展，更不要说取得良好效果了。

目前，我国并没有形成类似美国的教师专业发展学校（Professional Development Schools 简称为 PDS）。在体制上，培养合格小学教育专业毕业生是大学的职责，小学并没有相应的义务。C 学院为了保证人才培养质量，保证教育见习与教育实习在人才培养中发挥充分的作用，继承原中等师范学校长期以来与小学建立的联系，精心呵护与教育见习、教育实习学校的关系。

这种 U‐S 合作关系更多是大学请小学帮忙，小学是友情出演，当小学觉得不方便接待实习时，大学只能另找别家。原本小学接受实习生，希望能够更多地考查学生，方便自己优先录用优秀的毕业生，但是，随着大学毕业生自主择业政策的实施和北京市教育系统内教师流动的便捷，优质小学可以吸引大量优秀学生求职，同时可以选择调入已经崭露头角的教师新秀和骨干教师，所以，依靠实习选择新教师的需求大大降低。同时，由于实习生到了小学后，实习工作完全由小学领导安排，学院在《教育实习手册》中，只能对小学的实习安排提出建议。

大学虽然有带队教师，但是没有更多的发言权，如果实习过程中安排有问题，带队教师到小学了解了情况，只能尝试与实习学校领导和指导教师沟通，甚至只能反馈给学院领导，再由学院领导与小学领导沟通，这时，实习时间也过去了大半。在这种情况下，学院《教育实习手册》中对实习学校和指导教师提出的职责要求难以保证。学院负责实习工作的老师提到：大多数实习校会按照我们的实习要求和建议做好工作，但是有的校长并不重视这项工作，毕竟我们是给人家添麻烦，也不好要求太多。到了指导教师那儿，问题就更多了。一般有两个极端：一个是有些指导教师把我们的学生当勤务兵用，只让干杂活儿，不让学生管班，怕把自己的班弄乱了；不让学生上课，怕学生教不好自己得返工。有的学生一节完完整整的课都没上过！另一个极端是指导教师不指导，把整个班和课都给学生，学生既没听过指导教师的课，指导教师也基本上没听过实习生的课，自己忙自己的事去了！实习生的成绩由指导教师给，实习生只要听话，最终基本上都是"优"。

由于大学的实习经费很少，小学的工作又非常繁忙，尤其是优质小学，所以，这种合作关系更多依靠多年以来双方建立起的情感，距离成为真正的 U－S 合作共同体还有很长的路要走。尤其是越来越多的研究生的学习、研究与实践，没有小学的合作，很难进行。

2. 旨在提升小学教师职后培训质量、促进小学校发展与改进的 U－S 合作关系

大学，作为人类社会的进步和发展的产物，不断拓展和完善自身的结构与功能，进而成为促进社会发展的原动力。大学的功能已从初始阶段单一的培养人功能演变为人才培养、科学研究和社会服务三大公认的功能。现代大学由于对社会发展所做出的特殊贡献，正在成为现代社会的"发展中心"。[①] D 师范大学作为一所市属师范大学，同样具有这三项功能，既要探求教育教学理论，又要培养

---

① 杨小英：《结构功能主义视域下的大学功能与结构调整》，载《当代教育与文化》，2014（6）。

满足时代与社会需求的合格教师，更要关注教育教学实践，为首都基础教育发展服务。要做到这三者的有机统一就要深入基础教育一线，深入到真实的教育情境中，如果脱离对基础教育发展的关注与研究，探求教育教学理论、培养合格的教师无异于"纸上谈兵"。在时代与社会的呼唤之下，D 师范大学充分利用自身教学与研究的优势与特征，为社会提供自己富有特色、卓有成效独特的服务，履行作为一所师范大学的社会服务责任。其中，参与教师职后培训、进行学校诊断、学校改进、教学改革实验等成为主要的社会服务途径。

原本，北京市各区县设有教师进修学校，负责本地区学前、小学、中学等各类教师进修与培训工作。当时间进入 21 世纪，全球化、国际竞争以及我国的经济转型等对基础教育提出了新的挑战，尤其是对人才培养提出了新的要求。为此，我国进行了一系列教育改革。尤其是本科层次小学教师的培养使计划经济体制下形成的教师培训机构陷入了尴尬的境地，急需借助大学的力量，改进小学教师职后培训的水平与方式。

2005 年 4 月，D 师范大学与顺义区委合作，以中小学教师的全员培训为工作基础，建立教师教育研究与教师专业发展研究实验校，提升教师专业发展水平。在"送培下校"的基础上，C 学院在顺义区建设了 11 所小学教师教育研究基地校。基地校建设的主旨是大学对小学的服务从教师培训提升到学校建设的层面，包括学校发展整体思路、核心竞争力、特色品牌的形成、学校管理、具体实施步骤等。

这种 U-S 合作模式大多由一名大学教师担任基地校的科研指导教师，全面负责指导、协调、联系与基地校的活动，学院也会根据实际情况进行统筹、协调，按照基地校的需求选派其他的教师辅助研究的开展，基地校也会辅助大学开展相应的教育教学研究活动。

但是，这些基地校地处郊区，大学教师往往要在路上耗费几个小时，付出的时间成本非常大。"如果第二天去顺义基地校，头一天要准备好所有需要的物品，因为一去就是一整天。一般早上5点就得起床，5点半就要出家门，才能保证8点准时到学校。如果再晚点走，就会堵车，更耗费时间。下午回城也是经常遇到堵车，到家经常天都黑了。"由于路途远，学院的学生、来校交流的教师、参加培训的学员等都不方便到基地校参加活动。

再者，一旦基地校校长更换，正在进行的项目与合作往往会搁浅。"我负责的学校项目进行了一半，校长进行调整，到其他学校去了。新来的校长还不熟悉学校情况，对项目根本顾不上，感觉也不太感兴趣，毕竟这是上一个校长的事。新校长有自己的想法。我已经很久没去学校了，也没人联系我。"

随着大学承担越来越多的教师培训任务，经常需要到小学的课堂中进行教学实践，开展诸如同课异构、展示课、研究课等形式的在职教师培训。培训项目的负责人需要动用自己私人的关系和人情，寻找适合的小学和小学教师配合完成这样的培训任务。而建立在郊区的基地校很难承担起在职教师培训的课堂实践活动。

因此，为了教育科学研究能够在真实的教育情景中进行，为了小学教师培养与培训能够真正做到"实践取向"，大学急需与小学建立稳定、长久、便捷、有效的关系，建立真正的小学教师教育合作共同体。

3. 解决教职工子弟入学问题

传统意义上的大学附小，都是为了解决教工子女的入学问题而建立的，诸如北京大学附小、清华大学附小、中国人民大学附小等。目前，北京小学适龄儿童实行就近入学政策，即按照户口所在地或者实际居住地进入小学接受教育。D 师范大学的教师原本大多居住在家属院，子女都在大学附近的一所海淀区知名小学就读。随着社会的变迁，1999 年开始，大学不再解决职工的住房问题，之后入职的大学教师都是自行买房。随着近些年北京房价不断攀升，大多数青年教师只能选择离市区较远的地段买房。这些地段多为新建住宅区，没有配套的基础教育设施，即使有小学，教育质量也与知名小学有天壤之别。大学教师大多通过择校，为子女选择更好的小学就读。但是，随着择校越来越难，择校花费越来越高，子女上学问题成为 D 师范大学教师们面临的现实问题，也成为学校领导一直致力于成立自己的附属小学重要因素。

（二）大学对教师的评价要求

1. 日常工作评价

目前，我国大部分大学对教师的评价主要包括两个方面：教学与科研。教学一直作为大学最重要的一项工作，这一点在 19 世纪自由教育的倡导者纽曼（John Henry Newman）那里得到了极致的强调，他认为大学是一个传授普遍知识的地方，大学的主要职能是教学，大学为传授知识而设。[①] D 师范大学按照有关规定明确了教学工作量以及以学生打分为主的教学考核制度。以副教授为例，在《D 师范大学校内岗位聘任方案（2009 年修订稿）》中，关于副教授和讲师的教学工作要求均是：每学年为本科生开设学分课程，其工作量必须满足学校、院（系）教学需要；指导或参与新专业建设。《D 师范大学本科课程教学质量评估标准与实施办法》中规定，每学期第 13～14 周，由学校教务处统一部署开展评估工作，为本科生授课教师均须接受"学生评估"，评估内容包括：教学内容、教学过程与方法、教学态度、教学效果等。学生对教师教学质量评估的匿名打分，如果低于 60 分（百分制），即一票否决，视为教学考核不合格。

---

① 约翰·纽曼著，徐辉、顾建新、何曙荣译：《大学的理想（节本）》，译者前言第 1 页，杭州，浙江教育出版社，2001。

科学研究无疑是对大学教师评价的重要内容。雅斯贝尔斯曾经作过精辟的论述：最好的研究者才是最优良的教师。只有这样的研究者才能带领人们接触真正的求知过程，乃至于科学的精神。只有他才是活学问的本身，跟他来往之后，科学的本来面目才得以呈现。通过他的循循善诱，在学生心中引发出同样的动机。只有自己从事研究的人，才有东西教别人。而一般教书匠只能传播僵硬的东西。① 魏红等从实证的角度研究了教学和科研的关系，结果表明有科研成果教师与无科研成果教师的教学效果存在着非常显著的差异，有科研成果的教师的教学效果显著好于无科研成果的教师，可见教师的科研对其教学有促进作用，因为教师参与科学研究，站在科学的前沿，就能不断地提出新的问题，发表新的研究成果，这样的教师，不管上一门基础课或者专业课，他都可以把学科最前沿的信息带到课堂上，教学内容也更加丰富多彩，他在研究中不断地挑战自己，也在教学中挑战学生，激发学生的求知欲和好奇心。这样的教师，比只能照本宣科的教师能够培养出更多有创造能力的学生。②

科学研究工作无疑是大学教师区别于中小学教师的重要方面。不认识到这一点，大学教师不仅不能立足于大学，而且也不能有效地完成教学工作，其教书育人工作便成为无根之木，无源之水。因此，大学尤其重视教师的科研成果。虽然"科研重于一切"的考核评价方式受到诟病，但是各类对大学的评价指标中，科研成果都占据重要地位，因此，大学教师不可避免地承担起这些工作，也承受着科研考核与评价。

在《D师范大学校内岗位聘任方案（2009年修订稿）》中，

---

① 卡尔·雅斯贝尔斯著，邹进译：《什么是教育》，152页，上海，三联书店，1991。

② 魏红、程学竹：《科研成果与大学教师教学效果的关系研究》，载《心理发展与教育》，2006（2）。

关于副教授的科研工作要求是：

聘期内至少完成下列诸项中 1 项：

（1）在国际学术期刊或 EI、ISTP 或国内核心期刊上至少发表学术论文 2 篇，其中在权威核心期刊（含）以上发表学术论文 1 篇。

（2）在国际学术期刊或 EI、ISTP 或国内核心期刊上发表学术论文 1 篇并出版学术著作或译著 1 部或专业教材 1 部（前 2 名）；

（3）国家级奖或省部级一等奖（第一署名单位为 D 师范大学）或省部级二等奖（第一署名单位为 D 师范大学）前 4 名；

（4）各类科研经费实际到位数额文科 10 万元/年，理科 25 万元/年，专项经费除外，学术论文要求减半；

（5）获得发明专利技术授权 1 项，学术论文要求减半。

关于讲师的科研工作要求是：聘期内至少完成下列诸项中 1 项：

（1）聘期内在核心期刊上发表学术论文 2 篇，或在权威核心期刊上发表学术论文 1 篇。

（2）各类科研经费实际到位数额文科 5 万元/年，理科 15 万元/年，专项经费除外，学术论文要求减半；

（3）获得发明专利技术授权 1 项，学术论文要求减半。

由此可见，对于大学教师的评价在科研成果上职称越高的教师需要完成的任务越多。

对于考核结果的应用,《D师范大学教职工考核办法》第十七条规定:

> 聘期考核被确定为合格等次的,按照下列规定办理:
> (一)具备在下一聘期继续受聘本岗位的资格;
> (二)具备在下一个聘期晋升岗位档次的必要条件。

第十八条规定:聘期考核被确定为不合格等次的,按照下列规定处理:

> (一)聘期考核不合格,则当年年度考核不得确定为合格以上等次;
> (二)聘期考核不合格,自下一聘期第一年度一月起扣发考核不合格聘期内本人全部"校内岗位津贴"的20%;
> (三)在聘期考核不合格,在下个聘期降低聘任档次,聘期为一年。

由此可见,如果大学教师在聘期内的教学评价或者科学研究成果未能达到考核要求的最低限度,就面临被降低聘任档次,甚至被调整工作岗位的可能。而在职称评定过程中,科研成果的多寡成为主要的评价指标。换言之,在同等条件下,谁的科研成果多,谁就更可能具有上一级任职资格,相应的工资、津贴、奖金等都与之挂钩。

2. 附小建设项目中对大学教师的要求

大学教师除了完成日常的教学与研究工作,还要完成"领导交办的其他工作",诸如参与社会服务工作等。接受并圆满地完成这些任务，不仅是大学教师作为组织成员对组织的"贡献"和对领导的"服从"的表现，而且这样的"贡献"与"服从"，是大学教师在组织内部得到更多发展机会的"付出"。

在 D 师范大学与附小共建项目中，为了保证附小建设工作的顺利进行，C 学院由一名熟悉和热爱小学教育的副院长负责附小建设工作，并专门成立了小学教育协调发展中心，配备一名秘书负责收集大学教师进入附小的工作计划、工作总结、工作量统计、酬金计发等日常管理工作。

《D 师范大学 C 学院与附属小学共建工程专家职责与工作计划书（2010—2013）》，规定：

工作重心

立足附小现状，研究小学教育教学中的现实问题，引领教育教学理念，促进附小教育教学质量提升。

一、工作方案

依据工作需要的阶段划分，未来三年，将采取"三步走"的专家指导方案：

（一）2010 年 9 月—2011 年 8 月，以开展全面教育诊断工作为主，同时辅之以细节上的工作指导。

结合附小的实际需要和 C 学院的专业优势，教育诊断工作主要在两个层面进行。

其一，对附小的教育理念、教学观念等各种教育价值观进行"上位"诊断，帮助学校确立清晰的、科学的教育发展观。

围绕"童心教育"，开展全方位的诊断。以问卷调查、工作档案审读、访谈、实地观察等方式对学校各项工作进行调研，找出附小进一步发展、打造附小品牌的学校发展路径。

以德育工作诊断为这一工作层面的核心。具体开展工作的形式有问卷普查、德育工作结构分析、定量与定性分析、相关工作的培训会等等。在开展德育诊断的同时，各学科专家对小学各学科教学观念等进行全方位诊断，在对各项工作的全面诊断基础上，为学校发展思路献计献策。

其二，走进课堂，走近每一位教师，进行一对一的教学诊断，帮助各门学科教师实现专业化的成长和发展，探索和发现建设附小特色学科的可能性和可行性。

以学科教师的分学科诊断工作为重心。专家职责是对学科教师进行教学、教法的诊断。在经过一段时间（至少半年以上）的观察和互动后，帮助各学科教师量身定制一份改进方向和建议。

此外，帮助附小建立"听课互助"制度，修订听课评课任务表，提高、推进各门学科的教学水平和教学改革。

（二）2011 年 9 月—2012 年 8 月，全面推行各项工作的改进工作，对重点工作领域进行跟踪指导。

在第一阶段工作的基础之上，依据诊断结果和建议，制定具体的学校改进计划，开展全方位的、有主次、有重点的学校改进活动。

以小学德育工作的改进，各学科教学质量的提升为重点。

主要工作是，完善"童心教育"理念；制定"童心教育"理念在学校各项工作中落实的行动计划；与附小师生一起实施计划；并形成一定的成果。

专家组的主要工作形式有：有选择的参与学校重要工作会议；协助校园文化建设；深度参与学校的主要科研活动；听课评课，组织教师交流活动等等。

（三）2012 年 9 月—2013 年 8 月，在继续推进指导工作的同时，开始对各项重点工作进行评价和总结。结合量化评价与质化评价两种手段，为下一步工作做准备。

在前两年诊断工作和改进工作的基础之上，第三年的工作将放在评价和总结之上。这对于学校改进工作十分有必要。我们将依据初期的前测数据，对这一时期的附小进行再一轮的全面考核，得出后测数据。总结经验、找出不足，打下坚实基础，为下一步的改进工作积蓄更多力量。

三、专家组工作要求及成员构成

（一）根据附小的需要选拔具有先进教育理念，了解小学且对参与建设附小的工作充满了热情和期待的学科优秀教师作为专家组成员；

（二）本着学习、研究、服务和引领的原则深入附小开展工作。学院教师与附小相对应的学科教师商议确定每周半日深入附小的时间，全面记录并适时交流听课、评课、教研等活动情况；

（三）协助附小教师制定出提高本学科课堂教学质量的计划。此计划要求体现对本学科课堂教学质量的现状、存在的问题、产生这些问题的原因，解决这些问题的途径与方法，预期达到的目标的分析。初步确定一年后成果体现形式。

（四）提倡教师采取多种形式和调动各方力量促进教师教育理念与教育实践的一致性，促进课堂教学的改进与提高。各学科可以在提高课堂教学质量研究过程中，拿出一节研究课或展示课或一个问题进行"会诊"，提倡双方每位教师坚持写教育随笔，教学案例，等等。

（五）在推进提高课堂教学质量的过程中，研究和建设具有学校特色的校本课程，同时力求在科学学科建设、书法艺术和学生成长袋建设上有所突破。

（六）经多方求证和讨论，初步拟制完毕初期的德育诊断问卷和学校诊断问卷，进一步梳理和建设体现童心教育理念的学校文化。

同时附上了 10 位专家组成员名单，分别对应进入附小的语文、数学、英语、科技、美术、音乐、品德、心理等学科组。2010 年 9 月，附小举办了学科专家见面会，10 位大学教师以学科专家的身份接过聘书，与相应的附小学科组长见面，商谈工作计划，正式进入互动阶段。

因此，大学教师的外部动机主要包括满足大学在项目中的合作需求，完成大学的考核评价，完成领导交给的附小学科专家任务。

二、大学教师的内部动机分析

大学教师的专业发展不仅关系到自身的利益与荣誉，而且关系到大学的利益与荣誉。一所大学水平如何，以其整体师资水平为重要的参考指标；一个专业建设的如何，同样离不开对本专业师资的评价。大学教师的专业发展则是提升一所大学教师质量的必然选择。但是，从事小学教师教育的大学教师在教学与科研方面大多会存在或多或少的发展困境。

在 D 师范大学，承担小学教师教育的大学教师主要有两个来源：一个是原中等师范学校的教师，经过相应的职称评定、学历提升等取得小学教育专业讲师、副教授资格；另一个是 C 学院成立之后引进、录用的师资。前者大多人过中年，大学本科毕业，成为大学教师后在职攻读研究生。因为中等师范学校对教师的考核以教学为主，所以这些教师中的大多数人没有经过严谨认真的科研训练，在完成考核中的科研任务时困难重重。后者大多年富力强，经过了严格的学术训练，但是很多人的专业与小学教育并无关联。无论是哪种情况，大学教师都要面对大学对专任教师的评价，评价的结果作为岗位聘任、岗位考核、评优、评职等基本依据，同时也与岗位津贴、效益津贴、奖金等挂钩。他们在自身的专业发展之路上，面临着各自的困境。

（一）教学困境

自现代大学产生之日起，培养人才始终是其根本使命和中心工作，大学教师则是这项活动的直接承担者，所以，大学教师的教学水平直接决定了大学人才培养的质量。

C 学院小学教育专业本科生培养目标是：培养德、智、体、美、劳全面发展，学有专长，具备小学教育专业的基本理论和基本技能，胜任小学教育、教学和管理工作，具有现代教育理念并能从事教育科研的教育工作者。各方向的学生既有本专业方向课程教学专长，同时能够兼任其他课程教学。① 对于这样的培养目标，对于实践性非常强的小学教育专业，大学教师如果只是蜗居象牙塔的"教书匠"，不了解日新月异的基础教育改革，不深入小学课堂，不了解小学及小学教师，就很难获得真实的、鲜活的、生动的教育素材和案例，当然也很难培养出适应小学教育的合格毕业生。不论是开设教师教育类课程②的教师，还是开设学科类课程③的教师，如果不了解小学，不了解小学生，不了解小学教师，那么，其课堂教学内容或是毫无小学教育专业特色，或是远离小学真实的教育教

① 摘自 D 师范大学 2009 年招生简章。
② 如：教育原理、课程与教学论、教育科学研究方法、小学生心理学、小学班级管理、教育社会学、教育哲学等课程。
③ 以中文方向为例，学科必修课主要有：古代汉语、现代汉语、文学概论、中国古代文学、中国现当代文学、外国文学、儿童文学等；学科选修课主要有：小学语文教育史、儿童文学经典作品赏析、小学生作文指导等。

学。对于指导本科生论文，很多情况下教师也会难以胜任。以2014届中文方向的本科生为例：本科论文共114篇，其中涉及教育心理方面的论文48篇，涉及小学语文方面的论文48篇，涉及文学研究的仅有18篇（中国现当代文学方面论文9篇，中国古代文学方面4篇，儿童文学方面4篇，外国文学方面1篇），仅占全体论文的16%。

作为分科培养模式的C学院，聘任的教师专业众多。如果教师被评上副教授，具备硕士生导师资格，就面临着给硕士生开设什么课程的问题。学院的硕士研究生课程在"课程与教学论"二级学科下设立"小学课程与教学论"方向，下设小学语文课程与教学论、小学数学课程与教学论、小学英语课程与教学论、小学科学课程与教学论、小学音乐课程与教学论、小学美术课程与教学论、小学信息技术与教育等七个研究方向，在"初等教育学"二级学科下设立初等教育基本理论、儿童心理发展与辅导、小学教师教育、生命发展与德育四个研究方向等，都与小学密切相关。如果教师对小学相关领域没有研究，就不能为硕士生开设相关课程。教师能否胜任指导硕士生论文工作的问题更为突出。

以2014年中文方向硕士研究生论文为例：

表3-1 D师范大学2014年涉及中文方向硕士研究生论文题目一览表

专业方向	论文题目
课程与教学论	小学生阅读能力的测试工具开发
课程与教学论	两岸小学语文教材古诗编写体例比较研究
课程与教学论	小学生在家庭中的儿童文学阅读活动研究
课程与教学论	明清时期蒙学教学方法研究
课程与教学论	以字理为基础的小学低年级识字教学研究——以北京市骨干教师低年级识字教学为例
课程与教学论	小学中年级阅读课学生口头言语行为的观察与研究

专业方向	论文题目
小学教育	新世纪儿童阅读的社会支持系统研究
小学教育	小学四年级阅读教学课堂朗读活动的观察与研究
小学教育	教师用书在古诗解读方面的成就与不足
小学教育	基于儿童本位视角的小学语文教科书寓言改编情况研究——以苏教版小学语文教科书为例
小学教育	少数民族民间故事与小学低年级语文课程资源开发
小学教育	小学中高年级语文有效朗读的教学现状及实施策略的案例研究

不论是学科教学论专业,还是小学教育专业,学生的论文都是与小学密切相关的,如果教师没有小学的相关研究,就不能很好地完成指导学生论文的任务。

由此可见,如果不能深入了解小学、研究小学,大学教师的专业发展在 C 学院是没有前景的。因此,不仅学院鼓励教师将自己的原有专业与小学教育相结合,鼓励教师深入小学、与小学教师建立亲密关系,从而改进课堂教学,提升人才培养质量,而且大学教师也逐渐认识到,"要发展,就要去小学"的重要性。

近些年来,我国基础教育改革如火如荼,既取得了许多成绩,也招致了许多批评。中小学校的自主办学使得小学早已打破了千校一面的统一形象,许多教育改革与创新正在小学校园进行着。毋庸置疑,作为实践性非常强的学科,小学教师教育职前培养的课堂应该是与时俱进的,应该跟上甚至引领小学教育前沿。因此,对于从事小学教师教育的大学教师来说,更应该转变研究方式,走出书斋,走向田野研究,到真实的小学校园中去,到真实的小学课堂中去,感受现场,体验课堂,体会小学生和小学教师的实际生活,积累教育实践的鲜活案例,让枯燥的理论与丰富多彩的实践相结合,才能切实提高人才培养质量，同时给自己的专业发展奠定基础。但是，北京的小学大多门禁森严，加上小学工作繁忙，大学教师很难真正进入小学的真实课堂，真正了解小学，进而正确地研究小学，有效地服务小学。

（二）科研的困境

长期以来，由于西学东进的历史进程，尤其是20世纪80年代后国门打开，大量学习西方现代文明成果的影响，研究者大多受到西方理性认识论的影响，形成了主客二分的思维模式。在现实的社会中，一方面形成了专门生产教育理论知识的大学、科研院所的理论工作者，另一方面形成了专门从事教育实践的中小学实践工作者。前者大多站在客观的立场上，专注于教育理论的建构与批判，后者则忙碌于现实的操作性工作，无暇顾及理论的反思与探索。应该说，这种分离的状态严重制约我国基础教育实践的发展和富有生命力的教与学的建构，甚至出现以理论研究者为顾问团的教育政策与教育实践严重脱节，影响正常的教育实践工作的状况。作为从事小学教师教育的大学教师，更需要转变"理论"与"实践"二元对立的思维模式，从小学教育教学实践中丰富自身的实践性知识，找到理论知识与实践知识的结合点，找到科学研究的生长点，促进自己的专业发展。

随着"教师教育""教师专业发展""教师教育职前职后一体化"等概念的提出，倡导U-S合作的兴起，大学教师需要与小学教师一起合作进行小学教师教育研究。以往仅依靠大学教师个体，仅在大学校园、图书馆就进行的研究的书斋式教育研究方式对于小学教师教育研究早已力不从心。这对大学教师专业发展提出新的挑战，要求从事教师教育的大学教师改变以往自我封闭的视野，突破相对固定和狭窄的研究机制，与小学教师共同构建基于理论性知识与实践性知识分享型的开放的科研创新团队。

对于大学教师的考核，科研成果的分量越来越重，职称评定更是以科研成果为主要指标。换言之，在基本条件符合的情况下，谁的科研成果多、分量重，谁就更可能得获得上一级别职称的聘任资格；没有足够的科研成果，大学教师就没有职业发展前景，甚至会失去教学岗位。对于大学教师来说，所研究的专业方向与所教课程对口是一件幸福的事。这意味着大学教师在科研中得到的成果可以迅速在教学中向学生展示，同时，在教学中碰撞出的火花可以激发科研灵感，进而促进科学研究。对于从事小学教师教育专业的大多数教师来讲，往往面临如何将自己在研究生阶段的研究领域与所教的小学教育专业研究领域相结合的问题。这个问题在分科培养模式下，更是大多数大学教师不可回避的。对于从事小学教师教育的大学教师来说，进入真实的小学教育"场域"，敏锐发现问题，静心研究问题，才能真正解决问题。"到小学去"既应该是大学教师科研工作的起点，也应该是其科研成果转化的终点。

（三）社会服务的困境

"学者的使命主要是为社会服务，因为他是学者，所以他比任何阶层都更能真正通过社会而存在，为社会而存在。因此，学者特别担负着这样一个职责：优先地、充分地发展他本身的社会才能、敏感性和传授技能。"[①] 大学教师有权利、有义务通过自身的专业知识和专业能力，参与社会活动，为社会提供各种服务，为社会进步和人类发展提供智力支持和文化动力。时代赋予了大学教师一项重大的使命：如何根据社会发展需要，增强教学学术水平，提高科学研发能力，以及国际交流与合作能力。这不仅满足了社会发展的客观要求，符合高深知识发展的内在逻辑，更是大学教师专业发展

---

① 费希特著，梁学志、沈真译：《论学者的使命，人的使命》，42 页，北京，商务印书馆，2003。

的伦理责任的必要诉求，真正体现了大学教师专业发展的价值。大学教师只有通过优良的专业服务，才能帮助教师实现专业能力的提升，教师的专业发展才算完整。服务社会是大学教师专业伦理的必然要求，有利于帮助其实现从社会边缘地位走向社会中心舞台的角色转变。① 师范大学的教师，作为掌握教育教学理论的群体，必然负有对基础教育发展与改革、教师职后培训与提升、教材改革与编写等各方面工作起指导或咨询作用，改变大学教师专业知识发展与教育教学实践要求互相脱离的"象牙塔"现状，尽可能帮助解决教育发展中遇到的各种理论和实际问题，成为引领教育发展的"灯塔"。

为贯彻落实《北京市教育委员会关于北京市中小学教师"十一五"时期继续教育工作的意见》，加强对全市中小学教师继续教育的管理，保证继续教育的质量，特制《北京市中小学教师"十一五"时期继续教育管理办法》，要求各师资培训中心要对培训资源进行统筹管理，建立教师培训专家库和课程资源库；建立北京市中小学教师培训专家指导委员会，成立培训专家组，统筹协调培训专家队伍。② 同时提出在建设《关于加强区县教师培训基地建设的指导意见》中要求：根据区县教师培训基地的性质和任务，广泛聘请有关高等学校、科研和科研单位的专家学者，社会各行业专业人员以及优秀中小学教师作为兼职教师和顾问，参与本地区中小学继续教育工作。③

---

① 周光迅、方建中、吴小英：《哲学视野中的高等教育》，231页，青岛，中国海洋大学出版社，2006。

② 北京市教育文员会网站：《北京市中小学教师"十一五"时期继续教育管理办法》，http：//www. bjte. net/edu/portal/news_ view. jsp？id = 212&tag = % E6% 94% BF% E7% AD% 96% E6% B3% 95% E8% A7% 84，2010 年 3 月 12 日。

③ 北京教育人才网：《北京市教育委员会关于加强区县教师培训基地建设的指导意见》，http：//www. jyrc. com. cn/agent/detail. php？id = 3599，2009 年 11 月 16 日。

于是，与教师培养机构一样，我国教师培训机构由此也进入了制度重建之中，许多教师进修学校与师范大学合并或合作，使得许多师范大学的教师成为教师职后培训、学校发展改进的"同路人"。教育学院的许多教师承担起在职小学教师的培训工作。

与大学的课堂不同，区县教委对于教师培训非常注重实际效果，在合作中，大多采取了"以我为主"的主动姿态。比如：顺义教委要求专家在培训中要"阵地前移，重心下移，下位教学，有效互动"。"阵地前移"指将教师培训场所由教研中心前移至中小学校，使培训课堂与学员教学课堂紧连在一起；"重心下移"指将向学员单向传授知识的培训，转变为关注改变学员的课堂教学行为，着力解决学员比较困惑的一两个问题；"下位教学"指培训过程中，专家以学员常态课分析为切入点，深入剖析学员教学中现存的问题，并阐述相关的理论；"有效互动"指专家在培训教学过程中，让学员真正参与到培训中，在反思与交流的过程中完成培训学习。① 事实上，一直以大学生为授课对象的大学教师能够做到这些要求的非常少。要满足区县教委对教师培训的要求，大学教师首先要做的就是了解培训学员，了解小学教师的工作、生活、学习现状及对培训的需求。

以上涉及教学、科研和社会服务等大学教师的日常工作都需要他们了解小学、深入小学、熟悉小学，进而才能做到理解小学、研究小学，更好地完成自己的本职工作，促进自己的专业成长与发展。

因此，大学教师的内部动机主要来自教师的专业发展需求，来自教师对教学、科研和社会服务等工作胜任力的提升愿望。

---

① 蔡继乐、王超群：《借梯登高著华章》，载《中国教育报》，第 3 版，2011 年 12 月 5 日。

第二节 小学教师的交换动机分析

本研究论及的小学教师特指小学中的专任教师，即在 S 小学主要从事教学工作的专业技术人员。本节主要从小学教师在 U‒S 合作项目中的外部动机和内部动机分别阐释附小教师在互动中的交换动机。

一、小学教师的外部动机分析

小学教师的外部动机与大学教师一样，首先来自小学的"组织动机"。和大学教师相比，小学教师的外部组织动机要更强烈。因为小学的发展状况与教师个人的发展息息相关，尤其是与小学教师的福利待遇息息相关。优质小学往往得到社会机构、家长更多的办学赞助，教师的福利待遇远远高出普通小学，也得到教育主管部门更多的专项资金与发展机会，为教师创造更好的工作环境与条件。

项目合作中的乙方 S 小学是位于海淀区城乡结合部的一所中等规模的小学。学校由 X 小学、Y 小学和 Z 小学三所农村小学于1994 年合并成立，在办学理念、校园文化、素质教育、课程改革等方面做出了许多有益的尝试与努力，取得了一定的成绩。学校DF 校长在得知 D 师范大学希望成立和建设附属小学的消息后，非常积极主动地联系大学，表达出强烈的合作意愿。那么，小学为什么会为什么迫切地希望成为大学的附属小学？S 小学在发展中遇到哪些困境呢？

（一）小学的合作需求

1. 生源数量减少，质量不高

S 小学所在的 S 镇常住外省市来京人口为 11 万人。从外省市来京人口占常住人口的比重来看，这个地区的占比也高达 60% 以上，每 5 个人中就有 3 个是外省市来京人口。S 地区北京市常住人口中大专及以上学历人口比重均不足 20%，低于全区平均水平。这个地区人口受教育程度主要为初中水平。① 2008 年经济普查数据显示，S 镇法人单位共有从业人员 44195 人，主要集中在批发和零售业、建筑业、工业。S 镇共有个体经营户 5113 户，从业人员 9968 人，个体经营户主要分布在批发和零售业、居民服务和其他服务业、住宿和餐饮业。2009 年全区农村居民抽样调查数据显示，S 镇农村居民人均纯收入达到 17857.4 元，比全区平均水平高出 1846.3 元，在全区 7 个乡镇中排在第三位，农村居民收入水平较高。②

这样一所处在城乡结合部的小学，其入学登记范围充分体现了这一特点：包括：Z 别墅区、L 小区、T 小区、P 小区、J 小区、C 小区、B 小区、E 小区、某研究院家属区、武警 M 支队、S 村、Y 村、D 村、X 村、A 村、D 小区。

其中，L 小区、T 小区、P 小区、J 小区等为每平方米售价高达 5—6 万的高档住宅小区；D 小区、B 小区为当地农民回迁房；S 村、Y 村、D 村、X 村、A 村等均为当地农民形成的自然村。以 L 小区为例，小区居住环境优雅，配套设施齐全，包含会所、网球场、篮球场、电影院、超市等，自有 500 平方米花园水景，45% 绿化率。日本设计师设计的住宅楼外形俊朗、挺拔，建筑细节动感十

---

① 海淀统计信息网：《海淀区人口特征分析》，http：//www. hdtjj. gov. cn/HDTJJ WEB/S_ 48880. html，2012 年 7 月 20 日，有删节。

② 海淀统计信息网：《S 镇》，http：//www. hdtjj. gov. cn/HDTJJWEB/S_ 33562. html，2010 年 10 月 12 日，有删节。

足，简洁明快的楼体外观成为当地的标志性建筑。而与其紧邻的 X
村常住人口户数 1205 户，总人口 2529 人，流动人口一万余人。村
内自有企业单位 3 个，分别是制冷厂、印刷厂、商贸中心；事业单
位 4 个，分别是绿化队、巡逻队、保洁队、物业；租赁企业大小
40 余家，主营第三产业。①

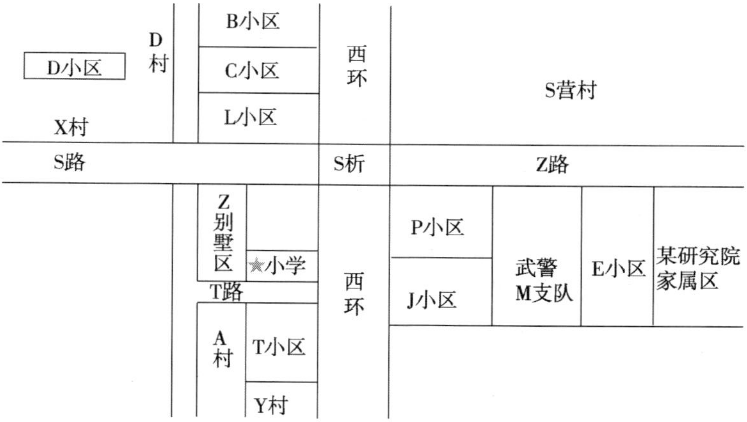

图 3 - 1　S 小学 2010 年入学登记范围示意图

　　S 小学的本地生源主要来自 D 村、X 村、D 小区、B 小区等。
由于生源的结构性缺失，导致学校办学规模小。学校校长回忆起当
时的生源情况，还记得非常清楚。

　　　　那几年我们非常不容易，生源情况越来越复杂。很多
　　有文化的高知居民住到这个地方来，为争取生源我们也做
　　了非常多的努力。从教育系统内部来看，应该说还是很认

---

　　① 《X 村简介》，http：//sjq. bjhd. gov. cn/zjsjq/sqcw/201008/t20100830_214549.
htm，2011 年 9 月 16 日。

可这所学校的。从这个学校前一任老校长开始做了很多的努力，而且也扎扎实实做了很多事，成为农村的龙头校。我们在 2008 年被评为海淀区第二批素质优秀学校，海淀区一共评选了 26 所优质小学，我们是其中之一。但是没有社会认可度，新居民的孩子不来，农村的生源又在减少，生存都成了问题。我们现在的校区是为周边社区配套建的，但是，这么大的学校，6 栋楼，才七八百的学生，生源太少了！教委的经费是按照学生人头下拨的，没有学生就没有经费。所以我们从 2003 年开始办寄宿学校，主要招收外地在京经商人员的子女，有财力但是没时间照顾孩子，也是为了解决学校的生存问题。后来我开始研究周边的生源，因为学校刚刚搬到这儿的时候，四周是空的，几乎什么都没有，除了原有的农村。但是随着四周建起了高档社区别墅区，我发现新居民带着自己的孩子到处求人择校，就是不来这儿。

在 L 小区业主论坛上的讨论，印证了 DF 校长的话。

问：我是新业主，我的孩子想上附近的小学，听说世纪城的 R 大学附小要 10 万元赞助费。而 OS 小区南侧的 S 小学，业主的孩子可以上（不要赞助费）。请问哪位业主了解？该小学水平如何？谢谢！

答：最好不考虑，我还没听说小区有人上的。①

DF 校长注意到了这个问题，开始对这个问题进行调研。

---

① L 小区业主论坛，http：//house. focus. cn/msgview/639/41460206. html，2005 年 10 月 22 日。

　　刚开始我并没有亲自调研，把这个任务分配给了班子成员，大家深入到社区，搞了很多活动。比如'六一'儿童节的时候，请这些适龄的儿童到学校来参加活动。把这些家长和孩子们请进来，让他们了解学校。我们还花了不少钱搞这些活动，比如给孩子买书包、文具、送小礼品，希望他们能够感受到这个学校是非常不错的。第一次孩子还是相当多的，我当时印象非常深，得有200多个孩子。但是最终只来了20多个学生。这是2008年，是我们成为了海淀区优质小学之后。我当时就思考，为什么生源还没有什么变化呢？这周边到底有多少生源呢？到了2009年，学校一共招了4个本地班1个住宿班。之所以还继续招住宿班，就是考虑到生源的问题。这一次，周边高档社区的孩子也只有20来个。我就开始亲自调研，到附近的高档社区找适龄家长聊天，比如L小区，T小区之类的。跟家长一聊，家长说，我们觉得孩子上学离家近，确实特别好，学校环境各方面也都是不错的，但是感觉还是农村校，担心师资都是原来的农村教师，孩子的同学都是农村的孩子或者是外地打工子弟的孩子。

　　这就是当时学校的发展状况：一方面，学校领导和老师们不断进取、努力工作，取得了许多成绩，学校有了很大发展，得到教育系统内部的认可；另一方面，随着城镇化进程的加快，农村生源不断减少，周边高档社区的新居民依然把学校当作农村小学，转而选择城里的优质小学，导致生源不足，学校长久发展严重受限。

　　如前所述，S小学的本地生源大多是附近D村、X村的农民子女。原本这一地区有X、Y和Z三所小学。1988年，X小学的校长发动学生访问家长，投票选出了X村"十大能人"，其中有S乡的党委书记、开发公司的总经理、某中学的书记等，还有许多的优秀干部、教师毕业于 X 小学。原名 D 村小学的 Y 小学曾于 1972 年接待美国总统尼克松及夫人来校访问，被评为海淀区小学示范校，毕业生中大批学生进入重点中学，成为名校本科生、研究生，成为国家的栋梁之才，S 地区的领导干部也大多毕业于 Y 小学。然而，随着社会的变迁，高素质的人才涌进城中心，搬进现代化的住宅小区。现在还留在 D 村和 X 村的住户大多学历层次低、没有一技之长。一位班主任老师回忆起以前带班的情形：

> 我们班的学生家长基本上都是农民和个体工商户，他们的文化水平不高，也不关心孩子的学习。表现在学生的见识少，读书少。平常节假日家长很少带孩子出去游玩，给孩子买的课外书没有具体的指导，什么内容家长也不过问。与孩子的沟通少，家长在教育孩子的文明礼貌、尊老爱幼等方面很欠缺。有些家长没有能力辅导或检查孩子的作业。平时我基本见不到学生父母，也没人跟我主动沟通。有一次家长会后，我留一位差生的爸爸谈话。我还没说什么呢，家长就说："老师，您不说我也知道我们家孩子学习差。我就是小学毕业的。我也管不了。您也甭说我。"我很无语。关键是我的班里基本上都是这样的家长，想找个榜样都没有。大多数孩子家里经济也不困难，有的还挺有钱，跟我们小时候没法比。但是他们也丢失了原来农村孩子朴实、能吃苦的特点。家庭教育的缺失对于小学生成长的重要性毋庸置疑，这导致 S 小学家长素质不高、生源水平较低。

生源数量严重不足、家长素质较低、生源质量不高等问题严重制约着学校的长久发展。

2. 师资质量与重点小学差距大

众所周知，20 世纪 80 年代初为了应对社会多出人才快出人才的迫切需求，当时的教育行政部门做出了将学校划分为重点学校与非重点学校的决定，并根据学校的不同划分，进行差异悬殊的经费投入。正是由于这种差异性政策，造成了学校间不可逆转的差异，以至于在一定程度上形成了教育系统内的"马太效应"。在"马太效应"的影响下，S 小学师资力量明显弱于城市重点小学。

S 小学的师资合并了三所农村小学的原有师资。这些教师大多数是原中等师范学校以及普通高中代办的师范班的毕业生。由于当时各区县都有自己的师范学校，就近招收当地初中生，毕业后按照生源所在地分配工作，所以这些教师基本上都是海淀人，甚至就是土生土长的 S 镇人。在 2009 年以前，S 小学不仅很少接收优秀的中等师范学校毕业生，也没有能力吸引 D 师范大学 C 学院小学教育专业的优秀本科毕业生。这说明，这所小学在师资的入口就没有能够吸引到具有优秀素质的新教师。学校的教师大多经过在职学习，取得专科和本科学历，但是，学科素质大多欠缺，教研能力更是有限。这当中经过自己的努力，取得较好发展的教师，有些调离了学校，去往教师待遇、福利更好的重点小学。

这样的师资队伍，虽然在一位有思想、有干劲的校长的带领下，勤奋、刻苦、认真、敬业，但是，在面临基础教育课程改革的诸多要求时，依然力不从心。尤其是 2001 年《基础教育课程改革纲要（试行）》的颁布，一方面改变了大一统的办学模式，改变了"千校一面"的学校发展状况，另一方面也给原来的非重点学校的自主发展带来诸多难题和挑战。

3. 发展变革中出现盲从与迷茫

经过几年的新课改理念的学习与实践，海淀区的小学教师们基本接受了新课改的理念，但教师对新课程理念尚未真正内化。尚未能以之指导自身教育、教学实践，尤其是转化为切实有效的教育、教学行为，提高自身的教育、教学能力。① 我们知道，再好的理念，如果没有教师的有效实践，就会流于形式，起不到指导实践的作用，也难以达到教育改革的目的。随着学校自主发展以及新课程改革，出现了许多新名词、新理念。S 小学组织老师学习过诸如"生本教育""优势教育""小组合作学习""新教育"等。到底学习什么、为什么要学习这个、怎么学习才适合本校等一系列问题摆在面前。发展中的迷茫急需外界的智库给予方向性指点。

4. 校本培训缺乏系统、流于形式

对北京市小学教师希望接受的培训方式进行调研时，绝大多数被调查的小学教师喜欢"脱产进修""教育专家现场指导""名师指导"等，并不喜欢"校本培训"。有学者分析其原因，认为：一是大多数小学教师觉得教学工作负担很重，难以有时间集中精力来学习、提升；二是小学教师本身已有较为丰富的实际教学体验和教学经验，需要一定的时间专门接受强化学习与训练；三是教师缺乏对校本培训本身的理解与研究，在实际操作中往往流于形式，存在一定的问题。② 校本培训是为了满足学校和教师发展的需求，由学校发起和规划的、主要在学校进行的一种教师培训形式。这种培训有利于充分发挥学校和教师的自主性，有利于学校发展，有利于教师专业发展，有利于理论与教学实践的结合，有利于减少培训成本，提高培训实效。③ 但是，学校缺乏长期的规划与有效的模式，特别是缺少能够长驻的专家，进行培训指导，校本培训的效果自然大打折扣。

① 李玉华、俞劼：《课程改革背景下小学教师专业发展状况的实证研究——以北京市海淀区 18 所小学的调查为例》，载《当代教育科学》，2009（17）。
② 刘慧、夏京颖：《新课改对小学教师专业发展影响因素分析——基于北京市朝阳区小学教师的问卷调查》，载《中国教育学刊》，2009（12）。
③ 敖国儒：《实施教师校本培训的策略研究》，载《教育探索》，2005（6）。

5. 校本课程开发缺乏理论指导

长期以来，学校和教师完全执行指令性的课程计划、使用统一的教学大纲和教材，不可能也不需要具备多少课程意识和课程开发能力，教师的职前职后教育也缺少应有的课程知识和培训。小学教师的主要任务是讲授别人编写的甚至连教学参考书也齐备的教科书。而新课程改革中重要的一点：校本课程的开发，无疑给小学教师提出了极具挑战性的问题。如何开发校本课程、如何确定校本课程目标、如何选择与组织课程内容、如何评价课程等，都需要一定的课程知识与能力。因此，学校在面临校本课程开发的任务时，只能把一些体育、科技、艺术等原来的课外兴趣小组开发成校本课程。虽然叫做校本课程，但是存在许多问题。首先是专业师资缺乏，多是在某方面有特长的老师兼任或是外聘培训机构的教师；其次是没有系统完整的教学计划、教学大纲，更没有校本教材。

因此，当S小学的DF校长偶然得知D师范大学要挑选一所小学建立附小的消息后，立即向海淀区教委和大学领导表达了强烈的合作意愿。希望通过与大学的合作，进行学校的品牌建设，在学校自主发展中得到大学的支持和专家的指导，提高师资水平，全面提升学校品质。

（二）小学对教师的评价与要求

1. 日常工作评价

相对于大学对教师的评价，小学并没有学校单独的评价标准，都是遵从区县教育主管部门的要求，甚至是遵从市教育主管部门和教育部的要求。

2009年北京市教委颁布《北京市义务教育学校教职工绩效考核试行办法》，规范全市的中小学教师考核工作，各区县教委和各小学都按照其中的要求对教师进行考核。其中考核内容主要包括：职业道德、工作表现和工作绩效。职业道德：包括政治表现和师德师风。对于教师主要考查执行《中小学教师职业道德规范》的情况。工作表现：包括工作态度、业务能力、研究能力。对于教师主要考查教学能力、教研能力及履行《教师法》、《义务教育法》规定的教师义务的情况。工作绩效：包括完成工作的数量、时效、质量、取得效益及业务发展。对于教师主要考查教学效果、教研成果、育人成效、专业发展的情况。其中，承担班主任工作的教师，还须参加班主任工作考核，其考核结果作为发放班主任津贴的依据。教师的考核结果分为优秀、合格、基本合格、不合格，与基础性、奖励性绩效工资的分配相结合，与按月发放的绩效工资相结合，与学年奖发放相结合。学年度考核中被确定为优秀、合格等次的教师，才能具有教师资格认定、岗位聘任、职务晋升、工资晋升、培养培训、表彰奖励的资格。

在学年度考核结果评定为不合格的情况中，有一条是"拒不接受培训、交流、支教、班主任、教学安排及其他工作任务，情节严重的"，[1] 也就是说，教师必须按照领导的工作安排，完成相关工作，没有太多个人的选择权利。

长期以来，我国小学教师的职称评聘基本只与学历和工作年限有关。2009 年才开始启动的中小学教师职称制度改革试点，2011年起试点范围开始扩大。这项改革的重点是将原来独立的中学教师职务系列与小学教师职务系列统一并入新设置的中小学教师职称（职务）系列。在职称等级上，设置从正高级职称到员级 5 个等级，依次为正高级教师、高级教师、一级教师、二级教师、三级教师，与职称的正高、副高、中级、助理、员级相对应，并完善与之相配套的评价标准和办法。原来的小学职称系列中，原"小学评

---

① 北京市教育委员会网站：北京市教育委员会、北京市人力资源和社会保障局关于印发《北京市义务教育学校教职工绩效考核试行办法》的通知，2009 年 10 月 28 日，http：//www. bjedu. cn/publish/portal0/tab67/info11514. htm 附件 1，2010 年 3 月 5日。

中学高级教师"对应"高级教师",原"小学高级教师"对应
"一级教师",原"小学一级教师"对应"二级教师"。这就为小
学教师申请评聘高级职称打开了通道,不再只能有极个别的教师借
助中学教师的职称评聘。2012年北京市教委颁布《北京市中小学
教师职称(职务)水平评价试行标准及条件》,各区县教委参照
执行。[①]

对高级教师的要求主要有:

1. 教书育人

根据所教学段学生的年龄特征和思想实际,能有效进
行思想道德教育,积极引导学生健康成长。比较出色地完
成班主任、辅导员等工作,教书育人成果比较突出。

2. 课程教学

具有所教学科坚实的理论基础、专业知识,系统地掌
握所教学科课程体系。具有很强的专业技能,能够对本学
科、课程的教育教学方法进行改革试验。教学经验丰富,
并形成个人的教学风格,得到同行和学生普遍认可,教学
效果突出。

3. 教育教学研究

(1)具有指导与开展教育教学研究的能力。在课程
改革、教学方法等方面取得显著的成果,在素质教育创新
实践中取得比较突出的成绩。

(2)除具备上述条件外,还需具备以下条件中的
两项:

---

① 《北京市中小学教师职称(职务)水平评价试行标准及条件》,2012年11月26
日,http://www. bj94zhong. cn/bj94zhong/document. jhtml? viewId = 681,2013年3月26
日。

①近5年内参与两项区级及以上课题，取得比较有创新性的教育教学研究成果，并比较善于把成果转化为教育教学实践行为。

②近5年内获得区级教育教学论文评比二等及以上奖项或市级三等及以上奖项。

③近5年内参与编著教育教学类学术著作、教材、教学参考书。

④近5年内撰写具有一定研究深度、有实际教学指导意义，得到相应层次专家认可的学术论文、经验总结、科研报告、交流材料等。

4. 影响力

（1）在本教学领域享有较高的知名度。在指导、培养二级、三级教师方面发挥了重要作用，取得了明显成效。

（2）近5年内讲授区级及以上公开课，或在区级及以上课堂教学大赛中获得二等及以上奖项。

对一级教师的要求主要有：

1. 教书育人

具有正确教育学生的能力，能根据所教学段学生年龄特征和思想实际进行思想道德教育。有比较丰富的班主任、辅导员工作经验，并较好地完成任务。

2. 课程教学

（1）对所教学科具有比较扎实的基础理论和专业知识。掌握所教学科课程体系。有较强的专业技能，独立掌握所教学科的课程标准、教材、教学原则和教学方法，参与教学实践和校本课程开发。教学经验比较丰富，并形成一定的教学特色，得到学生认可，教学效果好。

（2）在区级及以上课堂教学大赛中获三等及以上奖项或承担过区级公开课、示范课等。

3. 教育教学研究

（1）具有一定的组织和开展教育教学研究的能力，并承担一定的教学研究任务，在素质教育创新实践中积累了一定经验。

（2）任二级教师岗位以来，参与过区级课题，取得一定的研究成果；或根据自身教育教学经验撰写过学术论文、经验总结、科研报告、交流材料等；或在区级及以上教育教学论文评比中获奖。

由此可见，职称越高的教师对教学的要求越高，需要"形成个人的教学风格"，在教学研究上，职称越高的教师要求越多。小学教师要想在专业上取得发展和认可，必须从这两方面努力。

2003年，北京市教委发布实施《北京市幼儿园、中小学、中等职业学校学科教学带头人、骨干教师选拔和管理暂行办法》，规定了市级骨干教师和学科带头人的选拔范围：

市级骨干教师选拔对象在区县级骨干教师中产生；市级学科教学带头人选拔对象在市级骨干教师中产生；前一任期的市级学科教学带头人、骨干教师符合条件者可再次被推荐选拔。

选拔条件中的硬性指标主要有：

1. 小学教师具有小学高级教师职务，学科基础理论和基本技能扎实，熟悉并掌握学科课程标准（教学大纲），教学效果好，5 年内承担过市级以上公开课、研究课或承担区级公开课、研究课并获一等奖。

2. 有一定的教育理论修养，具有较强的教育科研能力。5 年内承担或参与市级科研课题有阶段性成果，并在区级及以上刊物发表本人撰写的有关文章；5 年内在市级以上正式刊物上发表过与专业有关的教育教学文章；5 年内论文获市级以上奖励。[①]

之后，各区县教委按照市教委的文件，严格规范了各自的区级学科带头人和区级骨干教师的评选办法、岗位职责、待遇等。海淀教委于 2006 年下发文件选拔本区的小学骨干教师的学科带头人。文件规定：

选拔区级骨干教师、区级带头人，每两年进行一次，实行动态管理，不搞终身制。

区级骨干教师的基本条件主要有：

学科基础理论和基本技能扎实，能够全面系统地掌握所任学科的课程标准（教学大纲），教学效果好。小学教师近 2 年内承担过中心学区及以上公开课、研究课或在中心学区及以上教学竞赛中获奖。

有一定的教育理论修养，具有较强的教育科研能力。具备以下条件之一：近 2 年内承担或参与校级及以上科研

---

① 北京市教育委员会人事处：《北京市幼儿园、中小学、中等职业学校学科教学带头人、骨干教师选拔和管理暂行办法》，2003 年 5 月 12 日，http：//rsc.bjedu.gov.cn/details.jsp？articleID=222，2003 年 5 月 13 日。

课题取得阶段性成果，在校级及以上刊物上发表本人撰写的相关文章；近2年内在区级及以上刊物上发表过与专业有关的教育教学文章；近2年内论文获区级及以上奖励；所辅导的学生近2年内在市级及以上教育行政部门组织、参与的竞赛中获得市级一等奖及以上奖励。

积极参与校本教研、校本培训，近2年承担有学校或中心学区或区级及以上教学改革项目，在带领学科群体或在指导青年教师提高专业知识水平、教学能力和指导青年教师开展教科研工作方面发挥重要作用，并取得一定成果。

主要职责是：

认真完成学校和教育行政部门安排的教育教学任务，保持较高的教学水平和教学质量。积极探索课堂教学改革，主动承担示范课、观摩课、研究课等公开教学任务，每年至少承担一次校级及以上公开课或教学观摩活动。积极参加教育教学改革实验，结合本校、本区实际，参加科研课题，研究解决教育教学中的实际问题，2年任期内至少有一篇校级一等奖论文或区级及以上刊物上公开发表或获奖的论文。自觉承担青年教师的培养任务，每年有计划地带1—2名青年教师，帮助他们提高师德水平和教育教学能力，使其尽快成长。

区级学科带头人的选拔要求和工作职责在教学和教研方面要更高一些。

对被评为市骨干、市学科带头人、区骨干、区学科带头人的教师，每年考核一次，不合格就会被取消资格。当然，主管部门也给与这些教师更多更好的专业发展机会和平台，奖励金额也逐年增加。2013 年，海淀区教委在《进一步加强骨干教师队伍管理的补充意见》中，规定，考核合格的骨干教师享受特殊人才奖励：市级学科带头人 10800 元/年，市级骨干教师 9400 元/年，区级学科带头人 7800 元/年，区级骨干教师 6300 元/年。[①] 这些规定为优秀的小学高级教师在参评中学高级教师之外，增加了专业发展的平台。S 小学在 2010 年共有 22 名区级以上骨干教师和学科带头人，其中有些教师因为没有教研成果，虽然还拥有这个荣誉称号，但实际上已经不再享受相应的待遇。

小学一般会按照上级主管部门的文件要求，成立相应的考核、聘任、职评等领导小组，负责对本学校的教师进行评价。因此，学校领导的意见对于小学教师的评价至关重要，这里的"领导"不仅包括校长、副校长，而且包括学科组长、年级组长等。

2. 附小建设项目中对小学教师的要求

在 D 师范大学与附小共建项目中，小学领导指派各学科组长负责与相应的大学教师联系，安排组内校本教研、听评课等活动，普通教师一般是接受学科组长的安排，完成领导分配的任务。由于小学领导非常重视大学教师对小学教师的评价，小学教师也非常在意领导的看法，所以，小学教师在项目合作过程中被要求服从和配合学科组长的工作安排。

二、小学教师的内部动机分析

与大学教师一样，小学教师的专业发展不仅关系到自身的利益

---

① 海淀区教委：《进一步加强骨干教师队伍管理的补充意见》，2013 年 5 月 27 日，http://info.yuxinschool.com.cn/xiaoxue/ShowArticle.asp? ArticleID = 1479，2014 年 12 月 8 日。

与荣誉，而且关系到学校的利益与荣誉。评价一所小学，其整体师资水平无疑是重要的参考指标，教师的学历水平、获奖情况、教学研究成果等都是反映师资水平的重要方面。提升小学教师的专业水平是提升一所小学教师质量的必然选择。

在S小学，小学教师的来源大体反映了北京地区小学教师培养的历程。30岁以上的教师大多数是原中等师范毕业生。由于当时各区县都有自己的师范学校，就近招收当地初中生，毕业后按照生源所在地分配工作，所以这些教师基本都是海淀人，岁数更大些的教师甚至就是土生土长的S镇人。30岁以下的教师来源相对复杂，既有师范院校的本科毕业生，也有非师范专业的毕业生，取得教师资格证后进入小学工作。前者大多经过在职学习，取得专科和本科学历，但是，学科素质大多欠缺；后者大多学科知识基础好，但是缺乏原来中等师范严格的教师基本素质训练。这样的教师专业背景使得小学教师在面对基础教育改革提出的新思想、新观念、新方法下，茫然失措；同时在面对学校自主发展带来的校本课程建设、校本教研等工作时经常束手无策。

（一）教学方面存在的发展困境

2009年，李玉华等人调查采用分层、整群随机抽样的方法，共选取海淀区18所小学的1011名教师参与调查。调查结果显示，海淀区教师对新课改的学生观最为认同，其次是教学观和教师观，对课程观的认同最低。这个结论一方面可能是由于新课改倡导的学生观自身契合了小学教学改革中的实际问题，更加容易被教师接受，另一方面也与课程观改革对于小学教师挑战最大有关，因为大多数教师可能习惯于课程安排属于教育管理上层、专家的事，而教师自己不需要承担课程内容选择、设计等任务，因而对于新课改的课程观认同感较低。整体上看，教师越年轻，对新课改理念的认同感越高；教师年龄越大，对课改的实际态度也呈下降趋势。也可以说，随着年龄增加，教师对新课改理念的认同感和实际态度均呈下降趋势。海淀区小学教师对自身的发展意识和知识、能力、情意的评价处于中等水平，也可以说，海淀区小学教师对自我这四个方面的发展并不感到满意。其中，专业发展意识得分最高，也仅为3.770（满分为5）；最低为专业能力，均分只有3.621，似乎是"心有余而力不足"；四项中除专业情意的标准差稍高一些外，其余三项的标准差都不太高，由此可以看出老师们在这些问题上的评价比较接近。上述结果表明，海淀区小学老师们自身基本专业素质尚不能完全满足新课程改革的发展要求，教师专业发展水平需要进一步提高。① 以上的调查结果应该说可以描述 S 小学教师的状况：对自己的专业能力没有信心，对课程选择、课程设计、教材编写等任务存在畏难情绪。

"我就是按要求完成正常的教学任务，让学生满意，家长不找我的麻烦就行了。课程开发什么的跟我也没多大关系。领导的新要求由教学主任去理解，再告诉我们该怎么做就行了。高深的事儿我也做不了。"一位中年教师这样表达她的工作状态。

（二）教学研究方面存在的困境

"教师即研究者"的趋势逐渐得到各界的认同，研究者普遍认为教师处于研究的最佳位置，拥有研究的最佳机会和资源。学者们也在大力提倡教师进行行动研究和反思性研究等各种研究活动，却忽视小学教师和专门研究人员的区别，小学教师的教学研究能力提升仍然举步维艰。将教师的教学研究与教师的课程教学、学校的课程改革深入结合起来是教师专业发展的难点，也是最佳途径。但是，许多小学教师并不认为自己应该进行教学研究工作，或是对教

---

① 李玉华、邓艳红、俞劼：《课程改革背景下小学教师专业发展状况的实证研究——以北京市海淀区 18 所小学的调查为例》，载《当代教育科学》，2009（17）。

学研究有错误的认识。一位小学教师这样说：

> 学校里工作太忙，一堆事儿等着。小学老师说白了就是'孩子王'，教的年头长了就是一种简单的重复劳动，没有什么可研究的。话说回来，研究得再好，教学不行，有什么用啊！还浪费宝贵的时间……写论文是大学老师干的事，跟我们的教学差距太远，让小学老师干这个有什么用？让我们写教学反思，包括让写教学论文，交上去也没人看，看了没反馈，东拼西凑呗……没有时间看期刊和专业书，有时候有时间也看不下去。

她并没有意识到，教师的日常工作其实就是教育研究的组成部分。关键问题在于教师是否以研究的态度对待自己的工作，是否在日常工作中不断地学习、积累、总结、创新。近年来，行动研究、教育叙事、质性研究等适宜一线小学教师的研究理念与方法受到重视。比如：在教师教育领域，人们认识到，叙事能切实有助于表达教师个人思想、观念、解决问题的方法和过程，并对日常教育实践的效果进行反思，因而作为改进教师专业生活、丰富实践知识的途径，日益受到学者和一线实践者特别的重视。[①] 但是，许多一线的小学教师并没有得到相应的指导，不知道自己的教学反思、教学案例、学生的错误分析等都可以成为论文的选材，总以为教学研究是"高大上"的事，与自己很遥远。在被要求写论文时，也经常是把许多"高大上"的理论堆在自己的文章中，不知道如何与自己的教学实践相结合。这些都需要大学的专家进行指点与引领。

---

① 常永才、杨小英：《叙事与教师的理论与实践：布鲁纳文化心理学的启示》，载《湖南师范大学教育科学学报》，2012（3）。

　　小学教师在合作中的内部动机主要体现在他们对自身专业发展的追求。相对于大学教师，他们的专业发展更多与学校发展联系在一起，使得他们的内部动机与外部动机联系紧密。

第四章 U–S合作中教师互动的交换过程分析

社会交往指的是不同利益的个体推动他们去形成社会单位时所产生的广泛变动的形式。在这些社会单位中，个体实现这些——感官的或理想的，持久的或转瞬即逝的、有意识的或无意识的、心血来潮的或受目的论诱使的——利益。

——齐美尔①

每一个 U–S 合作项目在经历了双方领导的沟通、协议的签订、制度的建立之后，都面临着双方教师进入项目中，各司其职，从而使项目进入实质性实施阶段。在这一阶段中，大学教师与小学教师在项目的推动下，形成一个个的"小圈子"，在互动中共同完成项目规定的任务。

在上一章，我分析了 D 师范大学与附小共建项目中的大学教

① 彼得·M. 布劳著，李国武译：《社会生活中的交换与权力》，53 页，商务印书馆，2012。

师与小学教师的交换动机。在本章中，我将观察和访谈到的这些
"小圈子"中有代表性的教师互动情况——道来，希望通过"他们
的故事"深入分析在这些"小圈子"里大学教师与小学教师不同
互动阶段中的交换过程。

　　按照教师互动的状态，我将双方的互动分为三个阶段：表面接
触阶段、实质接触阶段和全面接触阶段，并分析处在不同互动阶段
的教师交换了什么。当然，教师互动是一个动态的发展过程，既不
是直线前进的，也很难清晰的阶段化，因此，我只能做大体的
划分。

第一节　互动处于
"表面接触阶段"的交换

　　所谓"表面接触"阶段，指大学教师与小学教师在双方领导
的指派下，完全按照各自的既定任务和工作制度进行互动，而不涉
及其他领域的互动，并且互动频率较低。在这一阶段，双方处于类
似哈贝马斯认为的"制度世界"中，即：大学教师与小学教师在
合作协议的约定下，按照双方领导的指派和要求而进行的互动，双
方处于制度化、组织化以及科层制化的"制度世界"。这是大部分
U‑S 合作中教师互动的起始阶段和必经阶段。事实上，当我进入
附小，对教师互动进行观察的时候，已经是 2013 年了，虽然中间
有的教师退出，有的教师进入，我也并不能观察到最初的互动。但
是我发现，一些大学教师与小学教师经过 3 年多的互动，依然停留
在表面接触阶段，或者退回到表面接触阶段。我们可以从下面的个
案看到一些端倪。

一、ZQ 老师与 ZH 老师的个案

（一）背景介绍

ZQ 老师，1961 年出生，1983 年汉语言文学专业本科毕业，进入某中等师范学校担任中文教师。1999 年，随着学校并入 D 师范大学，成立 C 学院，ZQ 老师经过申报，于 2000 年由中专高级讲师职称转为副教授职称，并按照 D 师范大学对教师的聘任、考核等要求完成本职工作。成为大学教师后，ZQ 老师主要教授现代汉语等本科课程，课程本身没有迫切的与小学教育实践相结合的要求，学生对 ZQ 老师教学的打分虽然不是很高，但是也可以达到考核要求。在科研方面，ZQ 老师面临较大的困难。在中等师范学校工作时，教学工作是教师主要的考核指标，虽然学校也倡导教师做科研，但是并没有硬性规定。成为大学教师后，ZQ 老师首先面临大学教师必须做科研的工作要求。因为小学教育是本科的新专业，学院会组织自己的老师编写专用教材，所以 ZQ 老师有机会参加编写本科教材等工作，勉强完成科研考核的要求。ZQ 老师对自己的专业发展已经没有太多的期望，只是希望自己能够考核合格，顺利退休。

ZH 老师，1976 年出生，毕业于原某中等师范学校文科大专班，是当时师范生中的佼佼者。她毕业后进入朝阳区某优质小学工作，2006 年被评为小学高级教师，被评为朝阳区骨干教师。因为老公的工作调动到海淀区，又考虑到海淀的整体教育水平更高，孩子可以接受更好的教育等现实问题，她在 2010 年上半年，决定把家搬到海淀区 S 镇的一个住宅小区，孩子于 9 月份进入一所优质小学就读一年级。由于孩子就读的优质小学当年没有引进语文教师的计划，ZH 老师只好考察了附近的几所学校，认为附小发展前景看好，最终选择调到附小工作。她在附小担任低年级段两个班的语文教学工作和其中一个班的班主任工作。

（二）被动参与，相互适应

考虑到 2010 年时 ZQ 老师的教学工作量并不饱满，中文教研室的主任派她作为语文学科专家，和另一位教师一起进入附小语文组。ZQ 老师回忆说：

> 这个工作是硬派到我头上的，我以前对小学了解也不多，教的课程跟小学也没多大关系。刚开始就是按照领导的要求和计划做。按照工作计划，2010 年 9 月—2011 年 8 月，以开展全面教育诊断工作为主，同时辅之以细节上的工作指导。以学科教师的分学科诊断工作为重心。专家职责是对学科教师进行教学、教法的诊断。在经过一段时间（至少半年以上）的观察和互动后，帮助各学科教师量身定制一份改进方向和建议。
>
> 我们本来最开始想进常规课堂做一个诊断，把所有语文老师的常规课听一遍。但是组长每次都给我们特意安排几节课，老师们就会很紧张，会带有一定的感情因素，而且是我们主动要求的，人家也不好拒绝。我们发现这个情绪之后，就不主动要求听课了。

ZH 老师记起当时的情况：

> 刚成为附小，就说大学专家要来听课，很多老师很紧张，感觉多了一个婆婆。在那个学期，学校搞了教师教学大赛，在这个大赛的过程当中，他们把大部分老师的课都听了。后来基本上就是上一周通知要被听课的老师，下一

周 ZQ 老师来听课。刚开始的时候很多老师特别紧张，因为说听推门课，就是你不知道什么时候会有人来听你的课。有的老师都睡不着觉。我还好。首先我觉得自己教学还行，另外还有一个原因，我是后调进来的，这个学校成为大学附小我也没有太激动，或者说没有有的老师那么强的荣誉感吧。我觉得我是什么样就什么样，不像有的老师，特怕大学老师说不好，让领导知道了。领导很重视大学老师的说法。

作为教师素质和课堂教学还不错的老师，ZH 老师每学期都会被组长安排接受大学教师的听、评课。他们的互动过程基本是这样的：

首先，附小的语文组长通过电话或短信告诉 ZQ 老师听课的时间和班级，有时会沟通上什么内容、什么主题、哪个老师；同时通过校内教师系统的下周工作安排，通知 ZH 老师下周星期几、第几节有 ZQ 老师来听课。ZQ 老师如果有别的安排，就会与组长沟通，取消听课，或者再协调其他的时间。ZH 老师则没有选择的自由，完全按照组长的安排准备自己的教学。

因为 ZQ 老师大多来附小一次，听两个老师的课，语文课又大多在上午第一、二节，所以 ZQ 老师在 8 点前就要到达约定的教室。有时语文组长跟着一起听课，有时只有 ZQ 老师一个人听。ZH 老师则是稍稍做些准备，和 ZQ 老师在课前打个招呼，就开始自己的教学。

听完课后，ZQ 老师与 ZH 老师约定评课的时间和地点，大多会约在第三节课或第四节课评课，地点大多在教师阅览室或者会客室。

ZH 老师一学期大概听 1~2 次 ZQ 老师面向全体语文老师开设的讲座，被 ZQ 老师听一节课，并单独进行大概一节课时间的点评，其余并没有太多别的接触和互动。这是大多数普通数学老师和语文老师与学科专家互动的状态和频率。

（三）互不认可，中断互动

"您认为大学教师对小学教师这种听评课方式的教学指导有效果吗？为什么？"面对同一个问题，他们给出了各自的思考。

ZQ 老师认为：

> 效果并不明显，主要的原因在小学老师，一个很大的原因是小学的文化。小学的文化就是一种非常专注集权的文化，要听领导的话，这个领导不止包括书记、校长、副校长，甚至包括他们的组长，甚至包括年纪长的老师。所以在这种文化之下，他们听领导的话，听年长人的话，也要求小学生要听他们的话，老师们已经习惯了领导或者是上头让干什么就干什么，没有自我的思考，或者说他们已经习惯了没有思考，只是按部就班地该干什么就干什么。大学老师带着大学的文化冲击进来，希望小学老师能有自我、有思考，但事实上他们是做不到的。很多时候大学老师给他们讲过了，但是他们并不过脑子、不动脑子、也不改，好像只是应付完这件事就可以了。
>
> 第二个方面的原因是小学老师确实事务性工作非常多，这些事务性工作在语文老师的身上体现的更突出。因为大部分语文老师要做班主任，他们一早就要进入到班里，管理班级，要负责学生全天在校的生活，孩子上操的时候他们也要跟着，有一些活动的时候班主任都要跟着，学校搞任何活动几乎都是班主任的事。所以在这种情况之下，语文老师做班主任，完全没有自己的时间去思考我的课到底该怎么上，这确实是客观存在的问题。

第三点就是和其他小学科相比，大学老师在语文和数学的互动当中缺乏话语权，因为我们不能够进入到老师们的办公室当中去。语文和数学是按照年级分办公室的。因为组太多了，我们基本上只能和负责的大组长沟通，很难和普通的老师建立起比较密切、或者说互动比较多的关系，这一点上也就导致我们和组长沟通的大部分都是事务性的事，比如说什么时候来听课，听谁的课等等。感觉组长并不太关心大学老师听下面老师课的反馈，可能认为那是老师自己的事情，组长只要做好自己的管理工作就可以了。

ZH 老师认为：

ZQ 老师一般针对具体的上课内容和方法评课，也有更上位一点儿的理论方面的评课。都是一点一点地针对点，不是特别系统，而且理论的层面要更多一些，没有放在小学低年级、中年级、高年级不同学段的衔接上讲，也不会注意到和幼儿园、初中接轨。而且她经常会告诉我们应该是什么样的，应该到达一个什么样的状态，但是怎么样才能达到这样的水平，怎么样才能把学生培养到这个状态，就没有了。我们能够明显的听出来，哪些是来自大学老师的评课，哪些是来自教研员的评课。

我觉得她不够了解我们的小学课堂，也不够了解我们的小学生。有的时候说的还好，有的时候她说的一些方法不适合用在我们的学生身上，也不能用在我们的课堂上。她说的更多针对理想状态下的课堂和学生。

附小长期聘任了一位退休的资深语文老师，每周都会到附小来。可能组长为了减少老师的负担，ZQ 老师会被安排和这位老师一起听同一节课。

"他们对那个老教师什么态度我不知道。但我认为她都 68 岁了，再回来讲，都是一些旧的东西、旧的经验，我觉得她讲的基本都是老的东西。"这是 ZQ 老师的看法。

但是我在校园里，看到刚刚参加工作一年的语文新教师，一路追着这位老教师，请她给自己评课。ZH 老师说，"那个老教师对小学非常熟悉，对小学生会是什么反应非常了解。她就会关注到学段衔接这些问题。我印象特别深的是我讲《我的名字》那一课，我设计了一个框架，'谁叫我什么'，请学生来说。这个老教师就评价说，这个环节设计得非常好，为中年级做了一个铺垫和准备。她一般会就具体的授课环节讲好还是不好。如果好，好在哪里；如果不好，不好在哪里。你应该怎么做，她会给你一些具体的有用的办法。"

"ZQ 老师和这位老教师提过什么你的课上需要加强或是改进的地方吗？"面对我的这个问题，ZH 老师认真地想了一下，表示，"当时可能还记得，我现在已经记不清了。我觉得大学老师应该更擅长理论方面的，指导教研啊、指导课题啊、写论文呀这类的活儿。来指导我们的课堂教学，呵呵。"很明显，ZH 老师认为 ZQ 老师在课堂实践指导方面没有优势，并不能得到 ZH 老师的认可。而 ZH 老师认为 ZQ 老师有优势的方面，ZQ 老师却不这么认为：

一开始他们说，您带着我们做课题吧。开始我还是挺感兴趣的，但是后来我发现那些所谓的课题都是他们已经定好的，然后让我们帮着她做，指导她做。如果我觉得这个课题还可以的话，那么我也会参与进来，但是课题的内容四六不靠，按我的话说那个课题的框架思路都是不清晰的。就是觉得没法跟他们交流。说白了，他们把课题方案拿来让我看，我都看不懂他们在说什么。第一，我没法做。第二，我要是做了这样的课题，我感觉也别扭，这么蹩脚的课题，最后说是我带出来的，那我肯定不干。后来我也看了一些专门发小学老师写的一些期刊上的论文，也是这样。他平时跟我们说过好几次让我带着他们做课题。我就说我做不了。语文组长特别希望我能够帮助她完成校长派给她的活儿，比如说教研之类的。她说过那么几次，我都拒绝了，因为她那个教研方案不是我们制定的，我也没参与，这是其一；第二，我一看那个教研方案，就是一些乱七八糟的资料，我也不能说你们这东西不对，我这个对，照我说的这个做，这是不可能的。有一个老师有一阵儿老是来找我，但是我没理她，她写了得有十几万字的东西让我给她看，然后我说这我看不了，因为我也确实看不了。她给我的教学案例至少不是我擅长的东西。

由于双方互不认可，在一年之后，ZQ 老师每学期到附小只去两三次，甚至在学科组长在开学初和她沟通工作计划时，她表示，只有周三下午有时间，但是小学的语文课通常都是在上午前三节的，单独为 ZQ 老师安排在下午听课，小学非常不好安排，只好不再邀请 ZQ 老师来听课。附小的语文学科主任去另外的学校挂职锻炼之后，就没有人联系 ZQ 老师去听课了，双方在这段时间中断了互动。

（四）迫于外力，恢复互动

由于专门成立的小学教育协调中心办公室负责项目的管理工作，在每学期会进行工作总结。ZQ 老师在中断互动近一个学期后，主动打电话，将情况告诉了主管的大学领导。"我主要是怕期末总结的时候什么都没的说，领导怪罪下来，我没反映情况。"大学领导与附小领导沟通后，发现小学的前任学科组长没有把大学的学科专家每周半日工作制的事跟新来的学科组长交接。新来的学科组长是从外地调动进入附小的，并不知道有学科专家到附小听评课的事。于是，新来的学科组长又开始按照领导的要求联系 ZQ 老师，并安排 ZH 等老师准备课，双方恢复了之前形成的互动模式。

在我的观察中，ZH 老师大多数时间只是听 ZQ 老师的点评，没有太多回应。等 ZQ 老师点评结束，就匆匆忙忙地回到自己的班里了。语文组长并没有跟着一起听点评，她也要去上课。"我们之间就是见面打个招呼的关系，也没聊过任何私人话题，没时间，也没必要。"ZH 老师觉得自己的时间很紧张，不愿意再把时间花费在这方面。

虽然 ZQ 老师表示，到小学课堂让自己沉到底，发现了自己的研究方向，也为承担培训课程收集了大量案例，愿意到小学来听课，但是，经过第一年大量的听课，她已经对小学语文的常态课堂有了一定的了解，再次恢复互动之后，她表现出了并不愿意与更多的小学教师互动，也不愿意到小学去的倾向。比如：当恢复听评课两个月之后，新任语文组长又跟她联系来听课时，她表示学院有其他工作，她一个月都来不了小学。但事实上，ZQ 老师只有一次学院安排的 4 课时的培训讲座，内容是她非常熟悉和擅长的内容。这说明，她现在并不愿意到小学去。

ZQ 老师与 ZH 老师的互动也只停留在表面接触阶段，双方都没有意愿深入展开互动。如果没有领导的要求，双方都会很愿意结束互动。

二、分析与思考

（一）交换动机缺乏导致交换过程动力不足

虽然这个合作项目从双方领导有意向，经历了将近一年的不断磨合、沟通，最终达成了共识，签订了合作协议。但是，在这个过程中，双方的教师是没有机会沟通的，双方的教师是在完全"陌生"的情况下，进入项目合作的。他们的互动完全建立在各自领导的要求之下，按照领导给出的"剧本"进行互动。因此，在ZQ与ZH老师的互动中，双方的交换动机都是来自外部的：完成领导交办的工作。ZQ老师因为工作量不饱满，不能推脱，只能接受；ZH老师没有选择权，在小学的科层化体系中，作为一名普通的老师，她处于最底层，只能接受学科组长的安排，并且没有任何讨价还价的余地。虽然双方的领导都向教师讲解了附小共建项目学科专家进课堂的意义与项目对自身组织的重要性，但是作为一名快退休的教师和一名刚刚调入附小的教师，对于"组织发展"并没有形成强烈的外部动机。

在双方的互动过程中，也没有激发出教师的内在动机。"我还有几年就退休了，保证考核合格就行了。如果附小的学科专家工作结束了，我当然很高兴，因为少了一个活儿。"ZQ老师不可能进一步参评教授资格，她对自己的专业要求就是完成分内的事。因为没有针对学科专家在附小工作的具体评价，她对这项工作完全是被动听从安排，不合适就推掉不去。ZH老师对自己的专业发展是这样认为的，"大部分小学老师评上小学高级就到头了。想要再往上走一步，至少累得呕出几升血，也不一定评得上中学高级。所以我早就放弃了，到小高就行了。我调到这个学校，主要为了离家近，照顾家里方便，孩子上学方便。"ZH老师毫不避讳自己目前的工作状况。"因为我们这样的没什么追求了，领导一般也不会给我们机会去参加区里、市里的比赛。领导更关注年轻人和骨干。在这个学校尤其重视年轻教师，像我这样过了35岁也不是骨干的，基本上就是自己顾自己了。对于教学，我对得起我教的孩子就行了。"ZH老师因为工作的调动，以家庭和孩子为主要考虑对象，认为自己在专业发展上已经没有"光明前途"，自然也没有交换的内在动机。

ZQ 老师与 ZH 老师在互动中的动力仅仅是并不强烈的外在动机，导致他们的交换过程动力不足，他们双方在交换的过程中也没有感受到任何的乐趣，所以，经过了 3 年多的时间，他们的交换只停留在表面接触阶段，双方都没有进一步交往的意愿和动力。

（二）咨询模式的交换过程

ZQ 与 ZH 老师所处的表面接触阶段可以认为是咨询模式的交换过程。

"当一个工作群体中的某些成员需要别人对他们的工作进行帮助，而其他人有能力提供这种帮助时，咨询关系往往会发展起来，在这种关系中用建议和帮助来交换尊重和服从。发展起来的初始咨询关系可以被试想为双边垄断的情况，在这种情况下双方会就一方提供多少建议、另一方回报多少服从达成一个隐含的协定。"① ZQ 老师与 ZH 老师以及她所在的语文学科组因为附小建设项目形成一个工作群体，进而形成双边垄断的咨询关系。ZQ 老师以前从未深入到小学的语文课堂，也很少接触小学教师，对小学语文课堂教学了解不多，她拥有的是汉语言文学的理论知识；ZH 老师没有接受过正规的本科教育，以前也没有接触过大学教师，她自工作后一直沉浸在小学语文的课堂教学之中，并且成为一名小学高级教师，拥有小学语文教学的实践性知识。她们的资源"垄断"使得在最初的咨询关系中，双方具有一定的吸引性。虽然大学教师被认为是"学科专家"，但事实上，没有小学教学的实践性知识，大学教师的理论性知识并不能起到指导作用。因此，大学教师在与小学教师的交流过程中，小学教师向大学教师讲述小学生的情况、小学教材

---

① 彼得·M. 布劳著，李国武译：《社会生活中的交换与权力》，292 页，北京，商务印书馆，2012。

的情况、课堂教学实践的情况等，大学教师根据这些，提供自己的意见与建议。

　　咨询模式的交换过程可以用下图表示：

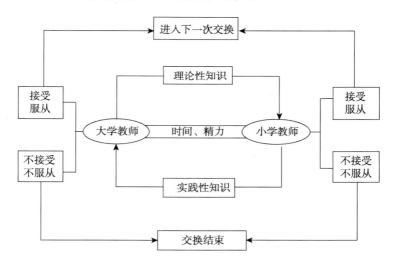

图4-1　咨询模式教师互动交换过程示意图

　　在这个交换过程中，存在三种情况：

　　第一种情况：双方都接受和服从对方的意见和建议，则顺利进入下一次交换；

　　第二种情况：双方都不接受和服从对方的意见和建议，交换结束，即使因为外力进入下一次交换，也增加了再次结束的可能性；

　　第三种情况：一方接受和服从对方的意见和建议，而另一方不接受和服从对方的意见和建议，也会进入到下一次交换，但是增加了第二种情况出现的可能性。

　　也就是说，如果大学教师接受小学教师的教学思考，按照小学教师提出的学生情况和教材情况提出自己的意见和建议，小学教师接受大学教师的理论指导，按照大学教师的意见和建议修正自己的教学，那么，双方才能建立起交换关系。否则，双方的互动并没有取得交换结果，如果没有外力，就会结束互动。

（三）咨询模式的交换代价与报酬

在处于表面接触阶段的咨询模式中，双方的付出的代价与得到的报酬是什么呢？

ZQ 老师与 ZH 老师在交换过程中，都付出了时间和精力。ZQ 老师作为大学教师是不用坐班的，也就是说，接受与小学教师合作的任务，她需要拿出额外的时间来到小学校园，进行交换活动。她的时间成本包括从家出门到小学的时间、在小学课堂听评课的时间、离开小学回到家的时间以及参加项目的一些计划会、总结会、交流会、撰写每次活动纪要等文字材料的时间。她付出的精力更多放在如何利用自己已有的学科理论知识对小学教师的课堂教学实践进行指导。而 ZH 老师的时间成本从表面上看，似乎并不多。她本来就需要每天按时上下班，每天上课。但是，通过对她一天工作的观察，ZH 老师付出的时间成本也是很大的。ZQ 老师和 ZH 老师都提到小学教师没有时间，事务性工作多，具体情况如何呢？我做了 ZH 老师的一日观察。她的日常工作如下：

2014 年 5 月 19 日，星期一。

ZH 老师现在带的这个班，从一年级入校一直带到现在的三年级，她已经和学生及家长非常熟悉，班级管理也已经非常得心应手。

ZH 老师一般在 6：20 起床，事实上她 6：20 起床只是做好自己的准备工作，自己的孩子是顾不上的，由父母帮助照顾。

7：10，ZH 老师走进了学校的大门，去餐厅吃早饭。一般在小学都会给老师提供早餐，附小的餐厅早上 7：00

就开饭。我们进去的时候，已经有很多老师就餐，也已经有一些老师吃完饭往外走了。

　　7∶26，ZH老师吃完早餐，来到班里。ZH老师在推教室门的时候，发现教室的门被椅子从里面顶住了，ZH老师推开了门缝就问：是谁干的？为什么这样？他们班已经有5个孩子到了，5个孩子谁都不承认。ZH老师没有再追究，就指令一个小男孩把椅子放好，同时让其他的孩子打开窗子，她自己也在开窗，给教室通气。ZH老师把自己的包放在前面的教师台上，就走到教室后面的矮柜前，整理上面学生放的作业和其他的物品。问孩子：美术书为什么少了一本？因为美术书都是不发给每个孩子的，只是孩子们轮流用。在他们班，星期五下午上完美术课，美术书交到后面来，今天就要还给美术老师的，孩子们也没有说清楚。

　　7∶30，学校广播升旗仪式。每周一，附小先升校门口的国旗，仪式在广播中播报，早操的时候再举行操场上的升旗仪式。这个时候，孩子们已经到了7个，老师提醒孩子们要肃立、要脱帽敬礼。升旗结束后，ZH老师拿自己的电热水壶去打一些水，要烧水，同时打开电脑，放上投影，请孩子们背诵曹操的《短歌行》。这个是附小的一项传统活动：晨诵。早到的孩子可以提前背，规定的到校时间是7∶50之前，8∶00开始一日的学习生活。但是经常有孩子早来，班主任就不能太晚来，因为如果班主任晚来，孩子出现意外伤害等问题，班主任是要负责的。ZH老师也表示，她很体谅有些孩子的父母没有办法，自己上班早，只能先把孩子带过来。之后，ZH老师去了一趟三年级的办公室，他们的办公室在二楼，她的教室在一楼，把自己的书包放回到办公室去，又把自己的笔记本电脑、笔袋等拿到班里来。当她重新回到班里，到校的学生越来越多，学生也在不断地和她打招呼，她也在和学生打招呼，不时提醒和督促学生们进行晨诵。一个小女生和她打招呼，她顺便问了一句："你的校服后来找到了吗？"在此期间，ZH 老师在查看上课的课件，她让学生们自己互相查，凡是《短歌行》能背下来的都向班主任汇报一下。

7：45，学校广播通知：请各班派一名学生到操场的领奖台准备早操领奖。可能在班里已经形成习惯了，听到了广播，愿意去领奖的孩子迅速举起了手，ZH 老师看了看，指明了一个学生去，和其他学生说，是因为他上一周表现非常好。ZH 老师又巡视了一下教室，看见有两架航模飞机放在课桌上，就问：这个是谁的？学生回答：这个是要参加比赛的。ZH 老师说：不能现在就放到桌上，同学都看它了，下午才比赛，现在先把它放到后面的矮柜上，如果不放心，怕被同学碰坏了，可以放到老师的办公室去。学生考虑了一下，决定放到老师的办公室去。ZH 老师新换了两首诗，一首是《迢迢牵牛星》，还有一首曹操的《龟虽寿》。她首先带领学生认字、诵读，纠正学生的错字、错音，进行了简单的释义，和学生有一个简单的互动，再请学生读。

8：00，上早操。铃声响起，学生们迅速到教室外面去排队。ZH 老师一边督促学生，一边让没戴红领巾的学生来找她。ZH 老师对其中一个学生说："你为什么又没戴红领巾，我不是和你说过了吗，如果你总是忘，就把一条红领巾放到书包里不要拿出来。"可见这个学生是经常不带红领巾，ZH 老师找出了一条备用的领巾给学生拿走。另外两个学生 ZH 老师也问了他们为什么没有带，也找了两条领巾给学生带上。她提醒最后走的同学要关灯关门。到教室外面之后，有小干部在整队，ZH老师提醒学生们，把衣服整理好，把领巾整理好。这时候，班里的副班主任来和ZH老师商量"六一"节目的事。所谓副班主任就是每个没有当班主任的老师，都要兼任一个班的副班主任，协助班主任做一些班级的日常管理的工作，当班主任不在的时候，副班主任就要担任起班里同学的纪律等日常生活的管理工作。本周五，学校要有一个"六一"活动的文艺演出，每个班要出两个节目，之前ZH老师和副班主任已经打招呼了，副班主任就过来和她商量如何从班里面选出两个节目来。两位老师和学生一起，走到操场上站好队，ZH老师在操场上帮着孩子们整了一下队，提醒他们整衣服、整领巾，个别做不好的孩子，ZH老师又上前去帮他们把衣服和领巾整理好，然后她和副班主任走到队伍后，继续商讨节目的事情。今天的升旗仪式结束后，有发奖、还有见习老师到学校来，有两周的见习，ZH老师班里也要来两位见习老师。副班主任和ZH老师协商，最终确定今天下午的时候排练节目。

8：30，下操。两位见习老师跟着回到教室，ZH老师让学生去其他的房间搬两把椅子给见习老师坐，再让一名学生去把值周表送给学生处，这个值周表是上一周他们班做值周班，给其他班打的分，要每周一的时候送到学生处去。她让学生去做这件事的时候，叮嘱学生要和学生处的老师说清楚、讲清楚，之后她又嘱咐学生们喝一点水，收拾好自己学习上课的用具。学生们在喝水、收拾用具的时候，ZH老师在翻查字典，有一个学生质疑一个字音，所以她要翻查字典，告诉学生答案。这时候又有一个学生上前，跟老师说没带语文书，ZH老师又批评教育了学生，把自己的语文书借给他。

8：40，第一节课上课，共 50 分钟。ZH 老师首先向同学们介绍了两位实习老师，也请实习老师自我介绍一下，然后 ZH 老师回顾了国旗下的讲话，今天国旗下的讲话是关于自我管理和自我约束的，她请学生们说了说什么是自我管理，什么是自我约束，对学生进行了一次再教育。ZH 老师向全班反馈了上一周其他值周班对自己班的反映，一是有迟到的同学，二是有同学红领巾系的不整齐或者没有系的，ZH 老师提醒这一周同学们注意。ZH 老师叮嘱学生，在课间的时候要做四点，第一点要准备好下节课的用具；第二点要小声说话；第三点在楼道出行的时候要靠右行；第四点是在课间玩耍的时候要文明，不要打架。之后，正式上课。这是一节新授课。刚一上课没多久，ZH 老师就发现有一个组的学生基本上全都没有预习，这是上周五留的预习作业。班主任表示请学生回家和家长说一下，方便的时候找班主任谈话，因为上周五下午刚刚开完的家长会，ZH 老师特别强调了家长要关注学生的预习问题。

9：30，第一节课下课。广播响起：请各班班长巡导楼道的纪律，请班主任上报"六一"的节目。ZH 老师赶紧坐在电脑前，整理早操时刚刚和副班主任协商好的节目。这时候，一个学生走到她面前，要求去校门口找一下送东西的家长。之后，又有好几个孩子都上前来围着 ZH 老师问这问那。ZH 老师记起来要收上周五让孩子带回家的《致中小学家长的一封信》的回执，是教委统一发给家长关于预防孩子溺水的一封信。ZH 老师指定一名学生收齐回执并交到学生处去，之后，赶紧把"六一"的两个节目的名称明确了之后，从内部的邮件系统发给了学生处的老师。

她匆匆地喝了一口水，就去了另外一个班的教室，第二节是这个班的语文课。她到了教室，把从自己班抱过去的田格本交给了班里的小干部，要他们课前发给同学们，马上就有几个同学上前来举着田格本给ZH老师，是上一次因病或者是因事没有交作业的孩子，ZH老师就在课间现场给他们判作业。这个过程中又有两个孩子找ZH老师给他们评理，因为他们两个在楼道里打起架来了，互相都认为自己有理。ZH老师询问了缘由，请他们安静下来坐在椅子上。

9：40，第二节课上课，共50分钟。上课铃响后，两个孩子从教室外走进来，还大声说笑着，ZH老师问这两个孩子：你们两个听到铃响了吗？学生说：听到了。ZH老师：为什么还大声说笑？学生说：好玩。ZH老师就问其他同学：你们觉得他们好玩吗？有一个学生居然应答：很好玩。ZH老师看到这两个学生很皮，就说：那你们两个到外面说够了再回来吧。然后这两个学生就站到门口去了。ZH老师向同学们讲了要填写的语文评价表，每日分为自我评价、家长评价和老师评价，都评价什么，如何填写等，这是学校统一要求填写的。她提醒没有准备好书的同学准备好书，这是一节复习加新授，与第一节课进度并不一样。

10：30，第二节课下课，随后是眼保健操时间。ZH老师在黑板上留下了今天的作业，一是背诵和默写好句子，二是查找有关巴金的资料，明天要讲巴金的课文，三是选择周六至周四发生的一个场景，准备修改作文。在这个过程中，不时有学生过来，"老师，有人拿我的东西""老师，他踢我的椅子"等等。老师一边回应一边在黑板上继续写字。ZH 老师念了 6 个同学的名字，请他们今天有时间找她一下，这 6 个同学是没做完作业的同学或者是作业做得非常差的，要求今天要全部补全才能够放学。之后，她回到自己的班里，看学生做眼保健操，提醒学生的纪律。学生做眼保健操的时候她就翻看了一下前面学生的作文本，因为第三节课还是他们班的课，她要讲作文。

10：45，第三节课上课，共 30 分钟。第三节课是一节作文修改课，老师首先复习了之前讲的好作文的要点，然后依次读了 3 名学生的作文，大家评价、老师评价，然后总结哪里写得好，哪里写得不好。之后，ZH 老师把所有作文本发给学生，请学生自己修改。她坐在前面的椅子上，挨个叫相对比较差的学生，拿着作文本，进行单独辅导。

11：15，第三节课下课。ZH 老师要求明天早晨上操前把修改好的作文本交回来。下课之后，ZH 老师指导学生打扫讲台前面的地面，地面上有一些灰土。

11：25，第四节课上课，共 30 分钟。ZH 老师去餐厅吃饭。一般来讲，班主任第四节课都是没有课的，保证在第四节课的时候班主任就餐结束，中午要回到班里看学生吃午餐。在中午就餐的时候，ZH 老师遇到了负责发校服的老师，问询了今年不同校服的价格，提到班里面有同学要买校服、订校服。

11：55，第四节课下课。ZH 老师叫值日班长到外面楼道去取餐，小干部们分餐。因为学生自我管理、分工已经很有秩序了，所以 ZH 老师在这个过程中偶尔维持一下秩序，主要在查看自己的手机，回复家长、学校、个人等一些事宜。学生午餐期间，不时有学生上前问询一些事情，比如：一个学生端着自己带的水让 ZH 老师闻闻是不是变质了；一个学生带了自己的水果，让老师看一看能不能吃等等。她也不时抬起头来看看学生，制止学生大声喧哗，要求学生安静就餐。分餐到最后的时候，有几个孩子没有汤，ZH 老师安排一个小干部去找送餐的叔叔要一些回来。

12：25，学生午餐结束。学生们陆陆续续吃完饭，值日学生在收拾地面、收拾桌面，ZH 老师提醒值日班长检查午餐后的卫生。她一直惦记着"六一"节目，问一个吹黑管的孩子能不能单独表演，问舞蹈团的一共有几个同学，可不可以跳一个独舞等等。这时候，门口有其他班的小干部在查学生们的领巾，有的学生中间把领巾摘下来了，ZH 老师提醒学生戴上，提醒孩子们安静做事，不要大声喧哗，表扬做得好的孩子，提醒孩子们要进行自我管理、自我约束。

12：30，学生午休。熄灯后，孩子们趴在桌子上休息，ZH 老师主要在维持秩序，批评做得不好的小组，请小组长、小干部维持纪律，总说话的孩子，ZH 老师要走过去再次提醒他。孩子们安静下来了，ZH 老师在前面判作业。

13：10，午休结束。副班主任来班里，和 ZH 老师一起挑选了 10 个孩子到教学楼外练合唱；参加飞机航模比赛的 4 个孩子回来了，和 ZH 老师交流了一下比赛情况。学生们都坐起来开始修改老师判过的作业，ZH 老师坐在前面挨个叫学生们来改错、复查。在这个过程中，ZH 老师会把错的多的题写在黑板上讲解。

13：20，听广播。广播要求下午第一节课后必须上报"六一"的节目，排练节目的时间由班主任自行安排；今天下午的社团活动暂停一次，由班主任安排；周五中午是三年级演出专场，各班要选大众评委 7 名，给其他班打分。ZH 老师请每个小组各出一名大众评委，学生们选出来之后就到前面告诉 ZH 老师。在这个过程当中，ZH 老师继续叫学生改错，同时提醒纪律。一会儿，各组的小组长来报他们组的大众评委，其中一个组可能经常报的是同一个人或小干部，ZH 老师就提醒他，要多给别人机会，要换一个人，不要总是一个人。之后 ZH 老师又陆续提醒不同的学生，比如提醒一个女生，不要随便动别的同学桌上的东西，提醒一个男生不要在教室里大声喧哗，提醒一个学生喝完水要把水杯放好。见习老师回到班里，ZH 老师指导他们如何给学生批改作业，然后把听写本和默写本交给实习老师去批改。唱歌的同学回到了班里，唱给 ZH 老师听一下，ZH 老师夸奖孩子们很不错，继续练一练，周五中午的时候演出争取得到好成绩。

13：40，第五节课上课，共 30 分钟。孩子们陆续去写字教室上课，教室安静了，ZH 老师继续在教室里判作业，同时把每一个学生的完成情况登记在她的表格上。学生的作业本基本上有这样几种：一个是统一购买印刷的作业《小学教材全练》，学生基本上每天做一页，教师每天改一次，学生第二天要修改头一天做错的作业；听写本、默写本，大概一单元做一次，做完了之后也要反馈给孩子，错的再修改；作文本，这个学期有 8 次作文，讲完之后孩子们先写，写完再修改，有的改一遍，有的改两遍，甚至改三遍，作文大多需要单独辅导，非常耗费老师的时间和精力。ZH 老师同时交两个班的语文，每个班都是 42 名学生，批改作业的工作量非常大。

14：10，第五节课下课。第一个回班的小男孩是用脚使劲踢开门，闯进教室的，把 ZH 老师吓了一跳。ZH 老

师教育了他，让他重新到外面去开门、关门。之后，ZH
老师给家长编辑短信，通过短信平台，通知家长"六一"
活动需要准备的物品，注意的事项，请家长配合完成等
等。在这个过程中，有一个小男孩找班主任接受教育，这
个孩子学习等各个方面都很不错，但是经常别人午睡的时
候他闹，今天中午总是说笑或者大声喧哗，纪律方面较
差，ZH老师表示如果还是不能自我约束和管理，下一次
大家在选小干部的时候没选上你，老师就不会再为你说话
了。刚教育完这个小男孩，又有两个男生来找班主任讲
理，说他们在楼道里的时候言语不和大闹起来，还有一个
女生来找老师说她的作文。总之，一下课，老师就会被孩
子们围起来，解决或是回答各种各样的问题。

14：20，第六节课上课，共30分钟。因为是别的老
师在班里上课，ZH老师来到她在二楼的办公室接着判作
业。这个三年级的老师办公室，包括四个数学老师、四个
语文老师。这个时间有四位老师在，其中一个老师还约了
家长在谈话。其他老师们也只能判判作业这些，不能静下
心来做别的事情。

14：50，第六节课下课，又是眼保健操时间。ZH老
师回到班里，刚一到门口，就发现很多孩子在打闹，还有
打哭的。ZH老师非常有经验，并没有搭理哭的同学和打
闹的孩子，要求他们马上回到座位做眼保健操，然后问今
天值日的小干部，眼保健操开始之后都谁表现好，谁在认
真做。小干部表示只有三个同学认真做，他大声和同学们
说，同学们都不听。ZH老师就要求所有的同学，做完眼
保健操之后全都到楼外站队，三名认真做操的同学可以自
由活动、自由玩耍，其他的同学站成了四队，自己一边喊
一边做眼保健操。ZH老师让一名非常不认真做操的同学

让他回家之后查一查眼保健操这几节操都有什么作用，明天要讲给同学们听。ZH 老师在一旁和副班主任协商了练习节目的时间，她打了三个电话才把调课的事情说好。学生做完眼保健操后，就可以自由活动了。在孩子们自由活动的时候，班主任坐在旁边的椅子上，看着同学，这个是学校的规定。如果班主任没有看着，出现了意外事故，学校就要负全责的；如果班主任看护了，还出现问题，学校的责任就要轻一些。在这期间，不时有学生上前来打扰 ZH 老师，比如说从后面捅一下 ZH 老师，或者和 ZH 老师说我们家小猫怎么怎么样了，我妈妈又让我怎么怎么样了等等，ZH 老师大部分的时间在回应学生。因为这个班她已经带了三年，所以对于每个孩子都非常熟悉、非常了解，可以看出来她和孩子们的感情是很好的，孩子们很愿意和她聊天儿。

15：25，自由活动时间结束。老师和孩子们一起回到班里，选出了表演舞蹈的学生，由副班主任带走去练。ZH 老师通知了几个学校发的通知，比如：管乐团今天下午还上课，合唱团停一次。之后，ZH 老师向学生们宣传了学校的"六一"活动安排：第一个活动是文艺演出，在周五中午；第二个活动是观看杂技表演；第三个活动是"大家一起过六一"的义卖活动。她提出一些要求，让孩子们以组为单位讨论交流，教室里立刻热火朝天，孩子们讨论的过程当中 ZH 老师一直在判作业。

15：45，ZH 老师组织学生们安静下来，一起来听小组长来汇报。每一个组说完了之后就进行点评，哪些合适，哪些不合适，有的组都不是很合适，让学生回家和家长再商量商量，集思广益。讨论结束了，ZH 老师找一个小干部，让他把在外面练舞蹈的同学叫回班。

16：00，准备放学。ZH老师逐项给孩子们解释了家庭作业，比如：要查巴金的资料，要从不同的方面查，大家如果都从同一个方面查，他的出生年月和作品，那么明天上课来汇报的时候别人说过了你就没的说了，再提醒他们修改作文，要写自己熟悉的场景，明天改好上交。然后组织学生安静地收拾书包，收拾好自己的物品和桌椅，到楼外站队，准备放学。在这个过程中，ZH老师不时提醒学生不要丢东西，最后她巡视了一下教室，拿了一件学生的衣服出去，找到丢失衣服的学生，送学生出校门口，和学生家长打招呼，和之前约好的家委交流"六一"活动，大概有十分钟左右，有两个孩子还没有人接，ZH老师就带着这两个孩子回到校门里，让孩子在校门里等着家长，她和家委回到教室继续交流。

16：15，家长找谈话。这个家长是上周五下午开完家长会约好的，ZH老师向家长反映了学生最大的两个问题，一是上课不听讲，自己看书画画，和周围的同学闲聊，影响其他同学。第二是不做作业，说了之后也不做，ZH老师和家长沟通了孩子的情况，提醒家长孩子并不是学不会，而是没有一个良好的习惯和规矩，也不认真做，所以成绩非常差。班里也有不认真做作业的孩子，或者上课不够认真听讲的孩子，但是如果他成绩很好，不影响别人，ZH老师一般来说是不会管他的。但是这个孩子是不听讲、影响别人、不做作业、成绩还很差，就和家长沟通表示每天都给孩子写清作业是什么，这个由ZH老师负责，查清楚孩子的作业，然后每天ZH老师给孩子的评价表上写上孩子的表现，然后和家长沟通要共同抓孩子的情况。

16：35，ZH老师和家长结束了谈话，谈话的时间大概 20 分钟。和两名家委会的家长一起协商"六一"的活动。因为每个班会有一个摊位，需要家长来协助，他们协商了各种办法，比如批发文具、玩具，买一些原材料组织大家做等。

16：50，ZH 老师和家委沟通完"六一"的活动，终于可以收拾自己的东西结束一天的工作了。

17：00，ZH 老师离开了学校。

这就是一个小学语文老师兼班主任忙碌而平凡的一天。

由此我们可以看到，小学教师的时间确实非常紧张，尤其是担任班主任工作的语文和数学教师，几乎没有空闲的时候，也没有能够静下心来的环境。因此，ZH 老师需要在接到被听课的任务之后的几天，拿出一定的时间用于准备上课用的教案、课件等；在与 ZQ 老师互动的当天，需要拿出专门的时间（一般是一节课的时间）听 ZQ 老师评课，时间成本也是很高的。ZH 老师付出的精力主要放在如何利用自己已有的实践性知识准备并完成一节有水平的课。

在互动初期，大学教师和小学教师都不希望让对方认为自己的专业不行，所以他们都会花费一定的时间和精力，认真做准备。但是随着互动的增加，如果双方互不认可对方，互动仅仅依靠外力，那么，他们的成本基本上只剩必须花费的时间成本，精力的投入大大减少。

咨询模式的回报主要是外在报酬。大学教师从交换中获得小学教师的实践性知识，获得按照时间计算的咨询费，完成了领导交给的任务；小学教师从交换中获得理论性知识，提升自己的教学水平，配合了学校的工作。如果双方都得到对方的认可，那么他们的互动将可能进入到实质性接触阶段，而像 ZQ 与 ZH 老师这样互不认可，那么他们的互动依然停留在表面接触阶段，没有外力的情况下就会中断互动。他们付出得越来越少，回报也越来越少，最终，他们的互动行为本身已经没有回报，只剩下"完成领导交办的工作"，得到组织内部的回报。如图所示：

图4-2　教师互动处于表面接触阶段的交换过程示意图

（四）小　结

在表面接触阶段，双方保留着对对方的"刻板印象（stereotype）"，即由于在互动过程中，没有花费更多时间和精力对对方进行深入的了解，而只能在听评课的过程中，了解对方的一部分特点，因此，只能用所接触到的部分，去推知对方的全部，并且会对对方的认知过程产生很大的影响。ZQ老师与ZH老师首次见面就是在特意举行的学科专家见面会上，ZH老师看到台上的ZQ老师接过聘书和鲜花。此时，这个"仪式"已经拉开了她们之间的"距离"：一个是高高在上的"专家"，一个是被认为需要被指导提高的"学生"。随着咨询的增加，ZH老师感到并没有从咨询中得到太多对她有帮助的指导，因此，她对ZQ老师的尊重与服从显然是不断降低的。而ZQ老师在咨询关系中，感觉不到ZH老师对她咨询意见的接受，也不能看到ZH老师的教学按照她的意见和建议的改变，所以，她在双方的咨询关系中，没有得到回报，导致她对咨询不再有热情。他们的互动并没有拉近彼此的距离，使得互动停留在了表面接触阶段：ZQ老师以学科专家的身份对ZH老师的课进行点评，提出自己的意见和建议，完成领导交给的任务，得到按照时间计量的专家咨询费；ZH老师以被指导者的身份展示一节接受学科专家评价的课，听取专家的意见和建议，完成学科组长交给的任务，配合了学校的工作。

表面接触阶段的交换过程总结如下：

表 4 – 1　教师互动处于表面接触阶段的交换过程一览表

互动阶段：	表面接触阶段	大学教师与小学教师在双方领导的指派下，完全按照各自的既定任务和工作制度进行互动，而不涉及其他领域的互动。
交换频次：	低	有的迫于外力的互动没有产生交换，能够产生交换的互动频次较低，导致相互不熟悉，态度生疏客气。
交换动机：	外部动机	完成领导交办的工作。
交换类型：	被动交换	双方的交换完全属于被动交换：如果没有外部的领导要求，就会中断互动。
交换模式：	咨询模式	相互交换各自的专业知识，建立咨询关系。大学教师在与小学教师的交流过程中，小学教师向大学教师讲述小学生的情况、小学教材的情况、课堂教学实践、校本教研等情况，大学教师据此提供自己的意见与建议。
代价：	时间和精力	互动初期，大学教师和小学教师都会花费一定的时间和精力，认真做准备。 如果互动长期停留在表面接触阶段，一般来讲双方互不认可对方，互动仅仅依靠外力，他们的代价基本上只剩必须花费的时间成本，精力的投入大大减少。
报酬：	外在报酬	大学教师从交换中获得小学教师的实践性知识，获得按照时间计算的咨询费，完成了领导交给的任务；小学教师从交换中获得理论性知识，提升自己的教学水平，配合了学校的工作。如果他们的互动长期停留在表面接触阶段，那么，报酬会越来越少，最终，他们的互动行为本身已经没有报酬，只剩下组织内部因完成工作得到的报酬。
交换功能：	工具性交换	互动行为只具有完成"领导交办的工作"的工具性功能，没有任何其他功能。

第二节　互动处于
"实质接触阶段"的交换

"实质接触阶段"指大学教师与小学教师经过表面接触阶段之后，相互接受和认可对方，互动较频繁，付出的代价与取得的报酬均随着互动增多而增加的阶段。经过3年多的互动，大多数的大学教师与附小学科组长的互动都进入到实质接触阶段。我选取SQ老师和SH老师的故事，作为这个阶段的个案进行分析。

一、SQ老师与SH老师的个案

（一）背景介绍

SQ老师，1972年出生，2001年毕业于北京师范大学，获英语语言文学硕士学位；曾在美国德州达拉斯大学人文学院和北京外国语大学中国外语教育研究中心做访问学者；主要研究方向为翻译学。2010年7月，英语教研室主任请SQ老师负责附小英语学科的共建工作，担任英语学科专家。

SH老师，1979年出生，1998年毕业于中等师范学校，之后一直在小学担任英语教师的工作。她在课余，进修了专科和本科的课程，2007年取得小学高级教师资格，开始担任英语学科的组长。

（二）被动接受，主动适应

对SQ老师来说，这个工作是一个指派的新工作，对这个额外的任务她虽然并不想接受，但是又不好意思推托。

　　我就跟教研室主任谈，到小学课堂、指导小学教师这不是我的擅长，而且，我对小学一点儿都不了解。这个应该是课程与教学论方向的人来担任才比较合适。但是当时教研室没有其他更适合的老师，我只好硬着头皮接下来了。

　　在到附小之前，我参加过本科生教育实习工作，也就是能够进到小学校园里，知道小学校大概什么样子，非常偶尔听一下实习生的课。我还参加了好几次远郊区县小学英语教师培训工作，包括顺义、昌平、密云、延庆等。这些培训只是从理论上给小学教师们讲讲我自己学科的内容。后来，要求我们培训要结合小学的实际，我们就邀请北京市的英语特级教师、教研员去给学员上课。我经常陪着他们去，听他们上课，听他们怎么给小学老师上课、评课，也会听学员讲讲小学什么样子，小学生什么样子。那时候完全没有意识要去学习这方面的内容，因为这不是我的专业。

　　在欢迎仪式上，SQ 老师接过了红灿灿的专家聘任书，第一次见到了以后经常要打交道的英语组长 SH 老师，从她的手中接过一捧鲜花。

　　我没有真正上过大学，对大学老师没怎么接触过，也不太了解。刚开始听说学校要为每个学科配备一名专家，期望挺高的，感觉自己找到了可以帮助自己的人。在那之前英语口儿的除了教研员就是个别的特级教师，教研员都有时有晌的，一个学期可能就有活动能见到，或者平时有机会一起研究什么课题的时候能见到，所以英语老师很长时间都是我们自己来教研，特别希望能有个长期跟着我们的专家来为我们的教研把把关，这对老师的成长是很好的一件事情。

SH 老师作为英语这样一个大团队的组长，不仅负责所有的教研活动，还要负责许多事务性工作，比如：统计成绩、审核试卷、撰写计划总结等。

在学校更名时，她写道：

弹指一挥间，我在 S 小学工作已有十个年头了，从开始的不知道什么是教育，到现在能够说出很多切合实际的教学方法，能够在课堂教学中和孩子们一起研究，一起学习，一起进步；从一个乳臭未干的学生成长为现在的海淀区英语学科带头人。我经历了学校的很多大的变迁，我爱我的学校。我不得不说，是 S 小学锻炼了我，我是和这所学校、这里的学生一起成长起来的。十年后的今天，学校即将更名为 D 师范大学附属小学，我们每一名 S 小学的教师都知道这个名字的分量有多重，更明白它对学校今后的发展有多么重要。作为学校的老员工，我认为我们还需要明确自己的教师职责：

第一，对学生负责。学生是学校的生命源泉，对每一个学生负责就是对每一个家庭负责，对社会负责。教师要细化自己的日常教学工作，做一个有心人。

第二，对学生家长负责。学生家长把自己的孩子托付给学校和老师，是出于对学校和老师的信任和希望。我们学校现在很多的学生家长把自己所有对孩子的教育希望全部寄托在教师身上，所以我们的责任光荣而艰巨，我们对家长有不可推卸的责任。

第三，对教师集体的负责。学生的成长与成才不仅是教师个别劳动的结果，而更是教师集体劳动的结果，学生是在不同教师的共同培养下进步成长的。所以教师之间要互相配合，教师个人要服从教师集体，对教师集体负责，按教师集体制定的培养方案和具体要求去教育学生、培养学生，对教师集体负责，就是对学生负责。

学校更名在即，更名意味着学校将开始一个新的纪元，而我们这些"老同志"则是改写学校历史的人。我希望自己今后要这样工作：

1. 做一名有理想、有思想的教师。

教育的每一天都是新的，每一天的内涵与主题都不同，只有具有强烈的冲动、愿望、使命感、责任感，才能够提出问题，才会自找"麻烦"，也才能拥有诗意的教育生活。写诗是要有灵感、悟性和冲动的，真正的教育家也应具备这样的品格，永远憧憬明天。一个优秀的教师，必须具有远大的理想，不断地给自己提出追求目标，同时又要有激情。优秀的教师要永远伴随着自己的梦想。当生活没有梦时，生命的意义也就完结了，教育就没有了意义。

2. 理想的教师，应该是自信、自强，不断挑战自我的教师。

一个理想的教师，应善于认识自己，发现自己。生活中的一些人，为什么没激情，因为他发现不了自己的可爱之处和伟大之处。一个人永远不会超过他追求的目标。同样，一个人也永远不会超过对自己的评价。一个人对自我的评价，往往是这个人事业能否成功的标志。自信使人自强，适当的"骄傲"使人成功。只有自信，才能使一个人的潜能、才华发挥至极致，也只有自信才能使人得到"高峰体验"。所以校长应该保护教师的这种自信，甚至于带有"骄傲性"的自信。作为教师也应珍视这种自信，不因一时挫折而丧失自信。我认为一个人要取得成功有两个重要的前提：一个是追求成功，一个是相信自己能够成功。

相信学校，相信自己，相信学生，我们学校的明天会更好。十年之前，我不认识你，你不属于我，我们还是一样，陪在一个陌生人左右，走过渐渐熟悉的街头，十年之后，我们是朋友，还可以问候，我们为了共同的目标而不断奋斗。

她爱她的学校，敬佩她的校长。在她的工作中，执行力非常强，会严格按照领导的要求，做好分给自己的任务。"可能和人的性格有关系，做一件事情我就把它做好，不愿意让人在背后说。可能是遗传吧，父母带给自己骨子里的这种性格是这样的，不管最后结果怎么样，过程我是认真走过来的，我能用多大力我就用多大力。"

两位认真的老师共同协商，按照专家工作计划的要求，SQ 老师进行了广泛的听课。SH 老师回忆起当时的情形：

最开始 SQ 老师听我的课是很有压力的，感觉是来检查我们，是督导。因为校长期望很高，我们刚成立附小，生怕名字在我们学校挂不住，老师都使劲往前跑，压力都很大。但是 SQ 老师特别谦虚，说和我们一起学习，而且我也能感觉到她也紧张，后来熟识了就好多了。

经过了一段时间的听课，SQ 老师一边观察，一边思考：

到附小是第一次接触城区的英语老师，发现城区老师还是比郊区老师有水平的，所以开始我是比较紧张的，着急上火，嘴上起了大泡。当时我对自己的认识就是对于小学英语教育完全没有知识储备，只有英语学科专业知识上的优势。我认清自己的不足之后，刚开始只在学科知识上，对他们的课进行点评，比如，语音、语调、语法的错误等。后来我觉得我必须要了解小学英语教育，否则我无法胜任这个工作。所以我开始学习小学英语课程与教学论的很多知识，还有小学生心理学、小学生英语教学、双语教学的特点、规律、第二语言学习特点等方面的书籍，我还看了所有海淀区世纪杯的英语赛课录像。通过这些，希望自己能够尽快了解小学英语课堂的教与学，能够在评课当中有的放矢，能够做到不仅仅只从学科知识上指出了小学老师的不足。后来又开始学习教师专业发展，特别是小学英语教师专业成长方面的知识。

在把所有附小老师的课都听了一遍之后，SQ 老师经过与 SH 老师沟通，共同制定了下一阶段工作计划：

1. 继续参与附小的教研活动，包括每周的校内活动和每月的学区活动，与老师们一起听课和评课，共同提高。随后根据每个老师的问题，整理出文字记录档案，及时反馈给老师。

2. 要求附小老师每人交一份详细的教案供 SQ 老师研读，以此为基础进一步研究大家课堂问题的根源和解决办法。

3. 4 月份做一至两场关于语法知识的讲座，结合老师们课堂中出现的语法问题，整理和分析原因，提出学习建议，以提高老师的语言规范意识和不断学习的意识。

4. 5 月份，安排一场关于文化知识和提高文化意识的讲座，以提高教师的跨文化交际意识和能力；安排一场关于阅读教学的讲座。

5. 6 月份，结合童心教育目标和小学英语教学特点，结合老师们的课堂教学，共同研讨如何提高教学有效性，如何提高学生参与课堂活动的兴趣的问题。

　　SQ老师给我们做了两个讲座，因为一些老师课堂用语方面可能有些错误，帮我们去改正，讲座后还给我们找了一些练习题，帮助我们巩固讲座中涉及的语法知识。我们搞什么活动她都跟着参与，她很谦虚说跟着我们学习，她接触小学教育也不是很多，在学习过程中去探讨这些事情，然后把一些英语语言文化、阅读教学方面的专家请进来给我们做讲座。这些对我们帮助挺大的，因为SQ老师专业很强，个人素质特别好，我们虽然有一线的教学经验，但理论方面很欠缺，所走的那条路就不专业，像我中师毕业就进学校，英语学科知识和能力就不系统、不扎实。

　　在这个过程中，SQ老师按照领导最初布置工作时的说法，邀请教研室的其他专业方向的老师一起来参加教研活动，但是，因为报酬很少，有些老师并不乐意来小学。"我当时是没办法，已经被领导点名了，必须来这个学校。其他老师来听评课，没有多少报酬我也没办法，所以后来也就慢慢的不叫他们来了。自己努力学习，尽量做好工作吧。"

　　（三）相互认可，互动频繁

　　经过近一年的不断学习英语教学论方面的知识，SQ老师感觉自己在听课的时候可以听出一些问题了，也能表达出来了。这一点得到SH老师的认同。

　　大概一年以后吧，SQ老师对我们课的点评感觉就是说的都是'门内话'了，不再只是语法哪儿不对、用词不正确之类那些学科知识上的了。当然，我觉得我们也在学科知识上不断学习、不断提升了，这些毛病比以前少了许多。

　　SQ 老师从附小成立，一直跟着我们学校的英语教研。附小刚成立的时候，校长也在摸索，我们应该走什么样的路。看到生本教学，觉得很好，又看到学习优势，小组合作也很好，这个也想弄那个也想弄，到底应该怎么做？附小成立的时候，童心教育课程还没有提出来，第三年才提出来。在这个过程当中，我不断和 SQ 老师在讨论：英语我们应该怎么去学、去教？全自主学习的话学生肯定有一定困难，我们不断摸索研讨，SQ 老师也和我们一起。到现在我们至少知道课前可以让孩子做一些自主学习，自主学习的东西我们在课堂上怎么去用？在哪个地方用？用到什么程度？不能上课一股脑就全出来，小组合作应该是需要合作再合作，不需要就不合作，目的性比以前更强了。慢慢地在我们互动的过程中，SQ 老师也知道我们的教研是个什么样的思路，所以在评课时感觉和我们老师的实际情况比较贴近，换个专家来可能不了解我们。可以说，她是跟着我们童心课堂一直这样成长起来的。而且，每个学期都大量听我们老师的课，对我们每一个人心里都很了解。评课的时候我们俩在一起，互相弥补特别好。比如她从专业角度对这个课有她的想法，然后我可能就从老师课堂脉络、结构去分析，对老师触动是不同方面的。

对于 SQ 老师对自己在理论方面的指导，SH 老师感受深刻。

　　SQ 老师理论方面比较强，研究意识也很强。她要求我们带着研究主题上课，带着目的教研。平时我们要做很多事情，SQ 老师要求老师们把它弄成一条线，就是在一个理论基础上，把这些都串起来。我记得去年世纪杯评优课，教案设计要求写理论基础，我就把一些大理论写上了，但是如何和后边的教学过程相联系，我就写不好了。SQ 老师帮我理顺它，非常认真，一次次给我打电话，告诉我应该怎么改，为什么这么改。通过那次反复的磨合，对我很有帮助，一个理论如何与我的实际教学相联系方面自己有了感觉。我教案里面的文字错误、语言问题，SQ 老师都会帮我去改。这种严谨认真的态度非常值得我学习。

SQ 老师和 SH 老师都是对自己的工作非常认真负责的人，她们通常在开学初就制定好一学期的教研计划，按照计划推进自己的工作，安排自己的时间。SQ 老师一般上午听两节英语课，中午和 SH 老师一起在餐厅就餐，餐后两位老师和上午上课的老师、组里其他的老师一起到会议室，进行评课交流。以 2013 年 9 月这个学期为例，SQ 老师与 SH 老师共同参加的教研活动如下：

表4-2　2013 年 9 月至 12 月 SQ 与 SH 老师共同参加的教研活动一览表

2013 年 9 月 17 日上午	听评 X 老师、L 老师常态课
2013 年 9 月 24 日上午	听评 G 老师、H 老师常态课
2013 年 10 月 15 日上午	听评 Z 老师、B 老师常态课
2013 年 10 月 22 日上午	听评 S 老师、W 老师常态课
2013 年 10 月 22 日下午	总结前期听课中发现的问题，并提出建议
2013 年 10 月 29 日上午	听评 W 老师、S 老师常态课
2013 年 11 月 8 日上午	听评 Z 老师、Y 老师、W 老师常态课

续表

2013 年 11 月 20 日上午	听评 W 老师课
2013 年 11 月 9 日上午	听评 X 老师、H 老师常态课
2013 年 12 月 3 日上午	听评 J 老师、L 老师常态课
2013 年 12 月 6 日上午	听评 Y 老师、W 老师常态课
2013 年 12 月 13 日上午	听评 G 老师课
2013 年 12 月 20 日上午	听评 Z 老师课

她们每次上午听完课后，都一起在附小餐厅就餐，边吃边聊，餐后到会议室进行点评、交流，一般会在下午一点半上课前结束，有时没有课，她们讨论起来时间会更长。

（四）成为伙伴，扩大合作

随着互动频次的增多，SQ 老师和 SH 老师相处日见和谐，少了最初的礼貌与客套，在沟通一些事情的时候，畅所欲言，可以充分表达自己的意愿。同时，双方在领导给定的"剧本"之外不断增加新的互动的内容和形式。

场景一：协商本学期的工作计划

SH 老师表示学校希望教研室要申报与校级课题相应的课题，她想以新授课为切入点，研究主题定为新授课中的前置学习与小组合作。SQ 老师一边点头，一边很肯定地说可以，但是要跟老师们讲清楚，展示的课堂实践要紧密围绕这个主题，老师们预先设计的前置学习作业也要考虑到在课堂上的使用问题。在课堂评价的这一部分，她们沟通了评价的方法，比如建立教师档案袋，但是 SH 老师向 SQ 老师抱怨，说有的老师不要求也会认真做，有的则是要求了也不会认真做，不知道会是什么效果。还交流了本学期英语组要搞的全校大型学生活动，今年复活节的一周时间里，要学唱一首英文歌、学习复活节相关的背景知识、学画彩蛋等，请 SQ 老师给出出主意，到时候要找在校的研究生来帮忙。SQ 老师点头同意，说可以提供关于复活节的小故事，是她女儿刚刚用过的，非常适合小学生，下次来的时候给 SH 老师带过来。SQ 老师也提出来，希望所有的英语老师应该注重一下教学反思，这对于专业的成长会有很大的促进作用。SH 老师请 SQ 老师给出具体反思哪些方面，SQ 老师答应给大家一个模板，她做好之后拿过来给附小的老师们用。

场景二：共同指导研究生教学观摩活动

附小在一天的时间里，要举行英语学科 35 岁以下青年教师赛课，上午三节课，下午两节。SQ 老师提前和 SH 老师沟通好，让 12 位英语学科与教学论方向的研究生一起来听课，作为他们小学英语课堂实践课程的教学观摩活动。SH 老师提前联系了学校的会议室，上午听课结束后，和研究生一起来到了学校的会议室进行点评。首先，SH 老师介绍了这次赛课活动的设计背景和设计理念，然后请做课的教师谈自己的教学设计和教学反思。这时候，SQ 老师提出，不要说太多，因为时间有限，每个老师只讲两点：第一，你认为你这个课成功的是什么，第二，你认为你的课不足的是什么。最后，研究生和两位老师进行了互动，更多是 SH 老师在回答学生的问题。研究生也可以再听下午的两节课。

场景三：共同指导职后教师培训

SQ 老师本学期负责怀柔小学英语骨干教师的培训工作，她在制订培训计划时就和 SH 老师沟通好，请 SH 老师为培训班的学员讲一讲附小英语教学的特色，并做一节展示课。SH 老师目前是北京市骨干教师、海淀区学科带头人，完全符合培训师资要求，她也一口答应下来。活动当天，SH 老师不仅很好地按照 SQ 老师的要求，为培训学员介绍附小的英语教学特色，指导青年教师为学员展示了一节精彩的英语课，而且提前与学校联系，做好接待学员的工作，包括联系听课教室、联系摄像、中午就餐等。SQ 老师向学员们介绍了 SH 老师，并请她向学员们介绍附小英语教研活动的情况。这无形中也是对附小品牌的推广，让更多的骨干教师了解附小，了解 SH 老师。

（五）专业发展，共同进步

经过这样频繁、深入的实质性互动，SH 老师进步非常大，她做的公开课、撰写的论文多次在学区、海淀区、北京市获奖。2010年，SH 老师被评为海淀区英语学科带头人；2011 年，被评为北京市小学英语骨干教师，参加了为期一年、每周一次的高级研修班；2012 年，得到海淀区唯一的一个名额去伦敦进修三周。"在伦敦的收获挺大的，非常锻炼自己的能力，全程和英国小学老师交流，对自己眼界的开阔和教育的理解都有所改变。他们的老师注重能力培养，关注学生差异，给我留下很深的印象，包括每个教室的布置，充满人文关怀，设身处地去理解孩子的情感和需求，真正做到以学生为中心，以学生为本，这些都给我的触动很大。回来以后和老师分享，把我在那儿的所见所闻做了一个特别长的 PPT 和大家汇报，我还提交了论文。"

　　校长也在着力培养她承担对外交流、教学管理等方面的工作。"校长开始说，SH，国际化这块儿活儿全给你了啊。我以为国际化没有什么，但其实事儿特别多，包括聘请外教、审查外教资质、写出国培训方案、联系国外的合作学校、做预算、还有社区英语合作等等。今年刚放暑假，校长找到我说，给我报了一个 MBA 的考前辅导班，是北师大专门针对学校的教学管理干部的，让我 10 月参加入学考试。如果这个没考上，我就以后考个首师大的在职教育硕士。"SH 老师在小学英语教学方面也小有名气。"在北京大学小学英语教师的国培项目中，我为偏远地区的老师网上授课，做了一期关于小学英语听力的讲座，录制了视频。后期每个月一次两个小时，为新疆、陕西、甘肃、河北的各地参加培训的老师网上答疑。今年海淀区英语教研员找到我，也是一个国培项目，大概有 150 多个老师，请我结合海淀区的英语教研活动，结合自己学校的英语特色，做一个讲座，关于小学英语课程如何整合的，包括有哪些资源、英语学科文化做了哪些活动、学生作业布置有哪些特点等。"

　　SQ 老师的转变也非常大。她在 2013 年成为院学术委员会聘任的硕士研究生导师，介绍资料写道：SQ，熟悉小学英语课堂教学，并不懈探索小学英语教育和教师专业发展问题。主持和参加北京市教师培训项目数期；主持在研北京市人才强校中青年骨干教师项目 1 项；主持完成校级项目 3 项；参与各级科研项目多项。出版译著 8 部，主编和参编英语教辅书籍 3 部，发表学术论文 20 余篇。

　　　我这几年发的文章中，有一篇是关于小学英语老师课堂教师话语分析的，就来自听课之后的总结反思；一篇是关于小学英语教材分析的；还有一篇是关于小学英语教师培训的，就是反思我们这种模式，我开始不知道这种合作叫什么，后来查查资料，才知道搞教育的一帮人在研究这个，叫院校协作，U‑S 合作；还有一篇现在正在写作过程中。我觉得自己的收获呢，主要是找到了一个科研的生长点。以前关注的那些东西就不能再关注了，是一个取舍吧。我以前是专门学翻译的，原来写的文章都是关于翻译方面的，现在我的工作和这个完全不搭界了。我现在的工作迫切要求我去学语言教学这一套，必须去学，学进去了，慢慢的我就觉得还挺有意思的，也感兴趣了，也能够找出来哪些是值得研究的东西了。我们上周去参加全国英语专业教学的一个研讨会，我们教研室好几个人都去了。当时分会场也有关于翻译的，我说我不去翻译了，就听教学了，现在用得着，而且我自己也能够钻进去了。能够找到研究点，文章也能发，我觉得付出还是有收获的，虽然说也是挺辛苦的，也是挺累的。我就是尽量让这个事情变得有意义，有意义你就会慢慢觉得有乐趣了。而且，我感觉小学老师本身对我们大学老师是非常尊重的，所以我非常认真地对待这项工作，对待他们，从不敷衍，为此，我做出了非常多的努力，好在，也很有收获。

如果项目结束了，SH 老师表示，"教研组的事可能就不会麻烦 SQ 老师了，但是我个人的事可能还会和她联系，请她帮忙。她也肯定会帮我的。"SQ 老师也表达了相似的意思，"学校的事可能就不会管了，毕竟不再是学科专家的身份了；我们之间个人的事还是会帮忙的。"

二、分析与思考

（一）从被动交换到主动交换

SQ 与 SH 老师的互动都源于外部动机。SQ 老师作为一名非课程与教学论专业的大学教师，对于成为附小的"学科专家"完全没有思想准备。"研究生毕业后，我一直教授大学英语、翻译、泛读等大学课程。我很喜欢这份工作，也希望做好自己的教学和科研工作，做一名普通的大学教师，并不想承担更多的额外工作。"而SH老师在附小成立初，刚刚承担英语学科组长的工作。"学校要求，要借助大学力量帮助我们办学，提高老师教学水平，了解老师教学现状，要求每个学科组长把每个专家的电话留了，自己和专家联系，原则上每个学期请专家来，形式自己定，根据教学现状，研究哪些，做哪些事情，和专家进行联系，听课或其他形式的教研都可以。"

　　他们两个人之间的互动虽然源自双方领导指派的任务，但是因为对工作一贯的认真负责，他们都在主动适应对方。"我这个人就是干什么都希望努力做好。虽然这工作是分配下来的，不是我主动想干的，但是我就转变观念嘛，既然要做，要付出时间和精力，就不能不认真，否则时间都投进去了，什么也没做好，就太难受了。"于是，SQ老师拿出大量的时间和精力学习英语教学方面的知识，包括小学英语课程与教学论、小学生心理学、双语教学的特点、规律、第二语言学习特点等方面的书籍，还看了大量优秀的小学英语赛课录像。

　　SH老师经历了学校的很多大的变迁，正如她在更名的思考中提到的，她非常热爱她的学校，当学校更名为D师范大学附属小学之后，她深刻地意识到了这个名字的分量有多重，更明白它对学校今后的发展有多么重要。因此，作为教师，她要求自己对学生负责、对学生家长负责，作为学科组长，就要对教师集体负责。对组织的热爱和忠诚，激发了她变被动为主动的激情。虽然刚开始接触SQ老师，了解到并不是她理想中的可以"为校本教研把关""可以引领教师发展"的有指导小学教师经验的大学教师，但是，她一方面认真对待SQ老师提出的学科知识性错误，一方面和SQ老师一起琢磨如何做好校本教研。

虽然 SQ 与 SH 老师的互动开始于被动，但是，因为她们对工作的认真负责、对组织的忠诚和服从，使她们变被动为主动，积极投入到工作中去。这样的态度同时影响了对方，使得她们的互动向着更多的专业合作领域发展和深入。

（二）专业合作模式的交换过程

SQ 与 SH 老师最开始只是专家咨询模式的交换：SQ 老师作为学科专家，为 SH 老师提供专业的理论知识；SH 老师作为被指导者，呈现自己在工作中的状态和问题，请 SQ 老师指导。随着互动的深入，尤其是随着两位老师自身不断的学习、成长和提高，两位老师之间的互动进入实质性接触阶段，在这一阶段，她们进入了专业合作模式的交换过程。

"每个人都放弃他过多拥有的东西来换取他拥有很少的东西"使所有人都会获益。专业化为每个人提供的某些资源比他能够使用的要多，而提供的另一些资源比他所需要的要少。因此，专业化使交换成为必要。没有专业化的交换是不可能的，没有交换的专业化是愚蠢的。[①] SQ 老师拥有精深的英语语言学知识，可以为 SH 老师的学科知识把关；她刻苦学习的英语教学论、第二语言习得等知识可以为 SH 老师的课堂教学和校本教研指引方向。SH 老师丰富的课堂实践知识可以让 SQ 老师认识到实践的多元与多彩，进而思考理论在 SH 老师课堂中实践的适切性。因此，双方因为各自拥有较多的专业化资源，这些资源又具有互补性，使她们之间的交换顺理成章。

---

① 彼得·M. 布劳：《社会生活中的交换与权力》，李国武译，260 页，商务印书馆，2012，其中"每个人都放弃他过多拥有的东西来换取他拥有很少的东西"使所有人都会获益；"没有专业化的交换是不可能的，没有交换的专业化是愚蠢的"引自博尔丁。

前文提到的一些互动事件和场景，都建立在 SQ 老师与 SH 老师专业资源互补的基础之上，这样产生的交换往往是双赢的。换言之，这种交换双方都是用各自所拥有的多的资源换取了自己拥有的少的资源，解决了各自的专业问题。比如：SQ 老师拥有较精深的学科知识和较多的理论知识，可以纠正 SH 老师的学科性错误，指导 SH 老师带着研究主题上课、带着目的教研，指导 SH 老师写教案设计的理论基础时，如何使一个大理论与自己的实际教学相联系，同时，SH 老师在交流中帮助 SQ 老师了解小学生和小学英语课堂教学，为她的科研提供了丰富鲜活的案例，给她的研究生和培训学员提供课堂教学实践基地。SQ 老师为 SH 老师提供本科生和研究生，帮助 SH 老师组织学校的大型活动，同时也是为学生提供熟悉小学的机会，提升学生培养质量。

SQ 与 SH 老师在专业合作模式的交换过程中，相互交换各自的专业资源，成为联系紧密的合作者。SQ 老师为 SH 老师指导课题研究、校本教研、助力她的专业成长；SH 老师为 SQ 老师提供生动的课堂案例，承担本科生、研究生实习的教学实践工作，成为在职教师的培训的合作者。

（三）专业合作模式的交换代价与报酬

韦伯指出，人们的行动，不管对他们来说可能的成本是什么，他们都要将他们所确信的似乎是由义务、荣誉、对美的追求、某种宗教的召唤、个人的忠诚、或者某种不管是由什么构成的"事业"的重要性所要求的东西付诸实践。布劳认为，人们既定的行动具有表达性意义，并不打算获取特定的利益，这一事实并不一定意味着他们的行为是非理性的，而可能意味着它是价值合理的，而不是工

具合理的，也就是说，定位于追求终极价值，而不是追求直接
报酬。①

　　在 SQ 老师的叙述中经常听到她的理性思考，同时，她的严谨
认真、一丝不苟等品质令人印象深刻。她对学科专家的工作非常的
投入，她认为既然做了这项工作，就要把它做好。她所花费的时间
和精力很多是表面上看不到的。比如，每次来听课前，她都会把今
天要听课的老师以前上课的录像翻出来再看一遍，这样，在评课的
时候就可以根据这个老师的实际情况、自身特点等进行有的放矢的
点评，也会让被听课的老师感到被尊重、被关注。ZQ 老师给老师
们提供的教学反思模板是她根据自己看到的英文原版书籍中的内容
翻译过来的，在翻译的过程中还和 SH 老师一起根据老师们的实际
情况进行了修改。这样的事情还有很多，都花费了 SQ 老师大量的
时间和精力。这样的工作并没有在以时间为计量的专家咨询费中得
到体现，但是 SQ 老师并没有因为这些付出没有专家咨询费——这
种直接报酬而放弃。

　　SH 老师非常繁忙，在我和她打交道的半年多的时间里，经常
见到她手脚利索的在做各种各样的事，大到组织学区所有英语教师
的教研活动、主持全校性大型英语活动，小到登录学生成绩、和差
生的家长交流学生情况。即使是这样，每次 SQ 老师来听课、进行
教研活动前，她都会给要上课的老师把关，提前指导教案，甚至提
前听一次老师的课，提出改进意见，拿出相对成熟的课堂给 SQ 老
师看，避免有的年轻教师因为一些的常规性教学问题，影响上课效
果，进而影响整个教研效果。当我问她为什么这么投入工作时，她
表示去参评高级教师非常难，她的希望不大，之所以对教研工作这
么认真，自己认为是性格使然，同时也是对校长、对同事信任的

---

　　① 彼得·M. 布劳著，李国武译：《社会生活中的交换与权力》，40～41 页，北
京，商务印书馆，2012。

回报。

他们之间的交换过程达到了 U–S 合作的成熟状态，双方都投入了大量的时间和精力，脱离了简单的专家咨询模式，实现了专业合作模式，从表面接触阶段的交换各自的专业知识，上升为交换各自的专业资源。如图所示：

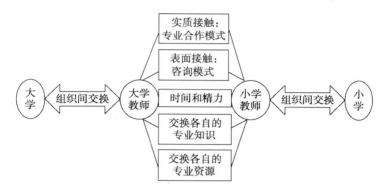

图 4 – 3　教师互动处于实质接触阶段的交换过程示意图

在这一阶段，SQ 老师在与大学的组织间交换中包含了完成领导任务、获得报酬等工具性交换，也渗入了表达性交换，包括领导对 SQ 老师投入工作的赞赏、认可，进而提供更多的专业发展机会，如：破格聘为硕士研究生导师。SH 老师与小学的组织间交换同样包含了完成任务等工具性交换，同时包含了对领导的崇敬之情和对同事的信任。应该说，SQ 老师与 SH 老师这样的专业合作模式，实现了双方领导对教师合作的期待，双方教师与各自的组织都进行了交换。

（四）小　结

在实质接触阶段，大学教师与小学教师互动频次增加，对对方的了解加深，因而逐渐改变了对对方的"刻板印象"，即由于在互动过程中，花费了大量的时间和精力对对方进行深入的了解，因此，对对方的性格、工作作风、工作态度等都加深了了解。SQ 老师在学科专家见面会上，从 SH 老师的手中接过鲜花，开始了她们之间的互动。随着互动的增加，因"仪式"而拉开的"距离"逐渐在缩小：在 SH 老师的眼中，SQ 老师不再是一个是高高在上的"专家"，而是一位尊重小学教师、认真学习小学英语教学理论与实践的大学教师；在 SQ 老师眼中，SH 老师也不是一个需要被指导提高的"学生"，而是努力学习理论知识、不断改进英语教学、不断反思校本教研的小学教师。随着咨询的增加，SH 老师从中得到了学科知识的指导和教学理论的指引，因此，她对 SQ 老师的尊重是不断增加的；而 SQ 老师在咨询关系中，感觉到 SH 老师对她的尊重，对咨询意见的接受，也能看到 SH 老师的教学和教研按照她的意见和建议的改变，所以，她们都在咨询关系中，得到回报，进而引发她们对更多专业合作的热情。她们的互动拉近了彼此的距离，使得互动经过表面接触阶段之后进入实质接触阶段：SQ 老师与 SH 老师在课堂教学改进、校本教研、课题研究、职前教师培养、职后教师培训等多方面进行专业合作，交换过程与表面接触阶段有较大的变化。

实质接触阶段的交换过程总结如下：

表 4－3　教师互动处于实质接触阶段的交换过程一览表

互动阶段：	实质接触阶段	大学教师与小学教师经过表面接触阶段之后，相互接受和认可对方，互动较频繁，付出的代价与取得的报酬均随着互动增多而增加，由咨询模式进入专业合作模式的互动阶段。
交换频次：	高	产生交换的互动频次较高，相互熟悉，沟通顺畅。

交换动机：	外部动机为主 内部动机为辅	希望高质量完成领导交办的工作，得到领导认可，同时希望对自己的专业发展有所帮助。如果项目合作结束，大部分的交换会随之停止。
交换类型：	主动交换	双方的交换属于外部动机推动的主动交换。
交换模式：	专业合作模式	相互交换各自的专业资源，成为联系紧密的合作者。大学教师为小学教师指导课题研究、校本教研、助力小学教师的专业成长；小学教师为大学教师提供生动的课堂案例，承担本科生、研究生实习的教学实践工作，成为在职教师培训的合作者。
代价：	大量时间 和精力	大学教师和小学教师都花费了大量的时间和精力。双方相互认可，主动扩大交换领域，同时把更多的时间和精力投入到交换过程中。
报酬：	外在报酬为主 内在报酬为辅	大学教师从交换中获得小学教师的实践性知识，获得按照时间计算的咨询费，完成了领导交给的任务，得到领导的肯定和同事的认可；小学教师从交换中获得理论性知识，提升自己的教学水平，配合了学校的工作，得到领导的赞扬和同事的信任。同时，他们在交换过程中彼此认可，相互激励，相互影响，相互信任，得到了源于交往本身的报酬。
交换功能：	工具性交换为主 表达性交换为辅	互动行为具有完成领导交办的工作、希望得到领导和同事的赞赏等工具性交换，也含有对对方工作认真负责的认可，看到自己和对方不断进步的激励等表达性交换。

第三节　互动处于
"全面接触阶段"的交换

　　"全面接触"阶段指大学教师与小学教师经过表面接触阶段、实质接触阶段之后，不仅相互接受和认可对方，互动频繁，而且从交换各自的专业资源达到交换自身的各种资源，把对方当作自己的朋友，给予欣赏和信任的阶段。应该说，要达到这样的阶段非常不容易，幸运的是，我发现并且观察到了这样一个个案：YQ 老师和YH 老师的故事。

一、YQ 老师和 YH 老师的个案

（一）背景介绍

　　YQ，1980 年出生，教育学博士，主要研究方向：儿童游戏与学习、德育教育。2010 年 7 月博士后出站进入 D 师范大学 C 学院工作，开设小学德育专题、小学德育实践、小学生品德发展等本科课程。2010 年 9 月开学初有办公室老师通知她开会，会上才知道被领导选中参加附小建设项目。"我九月份刚刚进入到大学的课堂当老师，马上就让我以专家的身份来到小学，我在博士后阶段参加了一年半的薄弱校改进的项目，有相关的经验，我想这可能是领导让我加入到这个项目中的主要原因。"

　　YH，1980 年出生，1999 年中等师范学校毕业后一直在 S 小学工作，课余进修了专科和本科，承担品德与社会等课程教学、心理辅导员、班主任等工作。2002 年开始连续被评为海淀区小学品德学科的区级骨干教师，多次被海淀区教师进修学校聘任为心理学科

和品德学科的兼职教研员；2010年7月被评为小学高级教师；多次被海淀区教育科学研究所评为课题先进个人；多次获得国家级、市级、区级评优课一等奖、全国论文一等奖，被评为北京市课改先进个人、海淀区先进教育工作者、海淀区优秀心理教师等。2006年2月至2006年5月在中国科学院心理研究所进修心理咨询师的培训学习，并获得毕业证书；2006年8月参加中国心理学会举办的全国中小学心理健康教育师资培训班，获得结业证书；2007年3月取得中华人民共和国劳动和社会保障部颁发的国家心理咨询师职业资格证书。

（二）相互了解，主动沟通

YQ老师在2010年9月跟随项目组其他老师一起第一次走进附小，考察学校的整体情况。"刚成立附小的时候他们刚刚把每个楼起了名字，然后刷了不同的颜色，我刚接触附小的领导和老师感觉他们的动作非常迅速，干劲儿非常足。"

第二次进入附小，是在学科进附小的启动仪式上，她与学科组长见面，简单地沟通了各自的情况。当时，根据她的情况，领导给她明确的职责有两个：一是对校园文化的梳理，二是以学科专家的身份进入到附小的品德课堂，参与品德组的一些教科研活动。

> 对于第一个职责，我感觉还好。当时学校是在2008年依托北师大的一个项目就校园文化建设提出的，我对童心校园文化的文本进行了一些梳理，当时童心文化的概念和理念相对比较成熟了，但是童心文化只是在学校领导层面提出，并没有形成童心课程，第三年才提出了童心课堂，才从一个概念和理念下到学校的课堂实践中。对于第二个职责，那时候我就觉得我做不到听课评课，因为我根本不了解小学的课堂，对于下到课堂的这些任务，我就公

开地说我不擅长，我更擅长做一点高位的，比如说，校园文化诊断，和教育学相接的一些地方。直接进到课堂这么接地气的活儿，对我来讲是非常不擅长的，包括德育也是一样的。我们讲的德育都是大理论建构，哪能下到德育课堂上去。

YH 老师在学校更名时，写下了自己对更名的认识以及对自己的期望：

我在 S 小学也已经工作了十年。2010 年我们迎来学校更名的盛事，这对于每一位学校的成员来讲都是一件大事，在大家心目中更名为 D 师范大学附属小学是一件无比光荣的事。

学校更名后将大大加强学校的知名度，也意味着我们即将步入名校之列，学校将开辟一个崭新的时代。更名后的学校将在大学的监督和指导下成为一流的示范校，这也意味着我们的教育、教学水平和学生的学业成绩都必须要符合 D 师范大学附属小学的标准。

同时，我们和同行交流的机会更多，我们开阔眼界的层面更高，也意味着我们的师资和生源在不久的将来都会有更大程度的提高。同时，我们所面临的压力也将更大，我们能否名副其实的成为大学附小，我们要面对的是更多的挑战和更加科学化的管理及科学有效的实施教科研工作。而我们的最终目的是以此来促进学校的发展和腾飞，以此来提升教师的专业水平和市场竞争力，以此来提高学生的学业成绩，学习水平和学生整体素质的提高。

更名也意味着学校的老师腰板儿可以挺得更直，内心更加自豪。而我们的教育、教学工作也必将更加细致、科学和有效。我们要接受教委的领导和督导，也要接受大学领导的指导和监督。我们有双重的机会学习和提高，这也意味着学校的每一个人都必须全力以赴，才能跟上学习腾飞的步伐，而我要始终保持最平和的心态，最顽强的精神去为学校的发展付出我的努力。

我们每个人的发展和努力程度，决定了学校的发展。因此，我们每一个人的工作对学校来说都是重要的。以更名为契机，从自身挖掘潜力，结合自己的实际情况和学校的发展要求，努力调整自己的工作方法，创造更好的工作业绩，为学已经形成了自己的教学风格，也获得了学生的喜爱和领导的认可。但在工作过程中认真的反思自己，还是有很多可以提升的空间。学校更名对于普通老师的我来说，既是机遇也是挑战。在工作中我也将做出调整，让自己更加完善。

1. 以往的我工作热情有干劲儿，有时甚至是拼命工作，但往往并没有取得预期的效果。因此，今后我将改变我的工作方式和方法。不仅作到任劳，还要做到任怨。为学校的大局而着想。加强自己的心理素质的培养，遇事不急不躁。真正做到身疲而心不惫。当遇到不能解决的问题时要学会及时与领导沟通，以求得到支持而取得最佳的工作效果。及时与同事沟通，避免误会的产生。及时与家长沟通，给家长支招儿，以期取得家校间的无缝合作，获得家长的理解和支持，取得教育学生理念和方法上的一致和互补。

2. 为人要谦虚、谨慎、低调、收敛。形成成熟的工作作风，稳定的教学风格，积极上进的工作干劲和持之以恒的工作信心。多为他人着想，能够为他人提供帮助也是成就自己的一种方式。能够被他人需要也是自己价值的体现。结合自己的心理工作特长和班主任工作，梳理有普遍意义的方式方法，总结经验形成文章，上报学校，以期对更多的班主任有借鉴价值。

3. 要具有开拓和创新精神，就一定要具有对教材和专家质疑的勇气。因此要真正的钻研课标、教材、教法和学生，研究其中的内在联系和学生现状，找到学生的发展点。做到朴实无华，却深刻长远。把目光放远，给学生的人生奠基，而不仅仅是让学生在四十分钟内享受。

总之，借着更名的契机，我会努力挖掘自身内在的潜力与动力，鼓舞和鞭策自身向更高的目标迈进。

从 YH 老师对学校更名的思考和对自己的剖析可以看出，她对学校有很强的归属感，她爱自己的学校，希望通过自己的努力为学校更好的明天贡献力量。

刚成立附小的时候，我们知道大学不会只挂牌，一定会介入的，但是介入的方式我当时蛮焦虑的，我就怕大学专家天天来听课，瞎指挥，怕那种纯理论进来，不顾及我们的现状，就麻烦了。后来经过跟 YQ 老师接触，发现我的担忧是多余的。一开始她会问我平时去哪儿吃啊，家住哪儿啊，平时看什么书啊。后来，我理解她是在了解一个人。她就是这样用了一个多学期的时间走进我的心里。在后来我们相处就没什么障碍了，有什么就直接问。

YQ 老师回忆起刚开始互动的情况：

刚开始觉得很辛苦的。最开始介入这个项目的时候我做过两次讲座，一次是课堂观察，全体老师参加的，属于命题作文，我是觉得比较辛苦，慢慢的他们更了解我了，知道我的长处是什么，所以一般都是和我的研究方向研究领域相契合的小命题作文，这些题目一般都是我擅长的，比如品德课的教材分析之类，如果我讲不了我也能请到非常棒的专家来讲。

于是，双方在不断的接触、互动、合作中，也在不断地了解、理解对方。

（三）形成团体，多方合作

YQ 老师很顺利地融入了小学品社组，成为了他们的新成员。

我觉得我的融入是非常顺利的，一个原因是我的性格因素，可能是跟我年龄小有关系，我是这些学科专家当中年龄最小的，而且我话也比较多，也比较随和，没有任何专家的架子和影子。小学老师本身的工作压力、工作任务就非常的大，如果再来一个类似督导的老师，那他们必然会感觉压力倍增。

YH 老师也给出了她的看法。

YQ 老师是我特别特别喜欢的一位导师，非常的好，我的满意度是120%。她不给我压力，没有架子，每次都是先听我说，她不会给我一个什么样的概念，说"你去实行"。其实，大学的一些概念性、理论性的东西和我们的教学实践是有距离的，这也是大家研究的课题。我当时特别怕的就是我没有那个高度，专家压下来，我不知道怎么结合。有的专家完全没有先听我们说，说你们是怎么想的？怎么分析教材的？咱们学生什么情况啊，层次比例什么样啊？YQ 老师一般依据我们的设计来，听完试讲之后，在尊重我们的意见的情况下，跟我提出改进的意见，我觉得应该叫"点拨"，感觉你可以改一下，原来这个角度可以这样看，就感觉专家就是专家，她没有去否定我，而是在我的基础上去提点，我就会觉得特舒服。

YH 老师认为，YQ 老师在德育方面搞了很多研究，包括制定一些课标都参与，所以会给自己很多上层建筑的东西。

包括香港的一些教材和理念我们都会看到，她新参加的一些课题，一些国家政策方面的，我们心里就有数，就会知道，哪个方向是对的，可能我们现在达不到，或者现行的体制不适合，但我们知道未来的发展方向，你的奋斗会有方向感，知道往哪个方向走就 OK，不会偏。以前可能会到处摸，就好多条路，不知道哪一条是正确的，人的精力是有限的，而那种过程是很内耗的，但现在，她把我们内耗降到最低。她是一个特别有条理的人，把那些数据分析的特别好，还能让我们听懂。再有呢，就是她给我们话语权，从来不会说"你这不对"，就没有说过这样一句话，就说"可以怎么做，会更好"，可以怎样，但是要看你能不能接受，所以我对她的满意度超高。

YH 老师本身是一位积极上进、专业发展愿望强烈的教师。

我是从小到大一直学习没学够，如果有精力，我还会继续学。我觉得学校变成附小以来，我最高兴的一件事就是校长特别重视培训的事情，培训一直就是我很高兴的一件事，各种机会给我们培训，当然前提是不影响正常工作。因为眼界会不一样，知识层面会不一样，丰富度会不一样，我们在课堂上呈现的就不一样。我在学校工作十多年了，学生还是很喜欢我的，这是和培训分不开的。本身我喜欢当老师，喜欢学习，就总觉得上学是一个享受，我把学习放在我的娱乐频道，没有放在工作的辛苦频道。我如果要去学习了，就很开心的一个状态。本科毕业之后，本来计划直接考研究生，因为孩子太小，那段时间工作也比较多，我那个学期一周24节课，没有太多时间复习，两分之差没考上，报的咱们D师范大学的研究生，还咨询过YQ老师。

YH老师这种爱学习的特点，YQ老师给予了大力的支持和帮助。YQ老师只要了解到适合YH老师听的大学讲座或是培训课程，就把信息问清楚，提供给YH老师。YH老师也总是尽可能来旁听这些课程，有时也会和YQ老师交流。

虽然有半日工作制的要求，但是给老师们的自由度还是很大的。随着时间的推移，大家找到了适合双方的互动模式。

我一般去小学都是他们有明确的需求，我也能够帮助他们解决一些实际的问题。我纯粹去听课的情况很少，就是不带目的只是听课评课很少，因为我并不是非常熟悉了解小学，也并不熟悉了解小学教师，所以我更多的只是一个建议者，提出改进意见。这些改进意见基本上基于我的专业基础，比如我参与过小学德育教材的编写工作，那么我就会谈到这个教材设计的意图，帮助他们挖掘教材的深度。我会明确跟他们讲我对教学上不懂，我只是从教学目标、教学思路、教材理解，以及达成的方式方法上是否符合教育学的一些基本的理念，比如说，多元化呀，以学生为中心啊等等，这些方面来提出相关的意见和建议。我最开始主要是和组长打交道，如果他们有什么需求或者有什么大型的活动需要我参加，都是组长给我打电话或者发短信，刚开始是非常客气的，现在也还是比较客气。

（四）相互欣赏，成为朋友

YQ 老师进入学科组一年之后，慢慢地和其中的 YH 老师打交道比较多，和她建立起了一种朋友关系。

她就会对我比较随意一些，有的时候她自己的一些事情也会找我帮忙，比如她自己的校级课题要申请或者要结题，在文本上有问题她会向我求教，从邮件上给我发过来，请我帮助她修改。第一年接触大家还是相对比较客气，第二年就好多了，现在的关系就更好了，感觉见面就要拥抱一下，说什么话都不用客气了，有什么事儿都可以直接说，很随意。

通过我的观察，发现了许多这样的场景。

场景一： YH 老师准备海淀区的赛课《我们的国粹——出神入化的书画艺术》，主管校长、德育主任，还有另外的两位品社课老师以及 YQ 老师都来听课。课后，YQ 老师首先指导了 YH 老师的 PPT，告诉她要改变制作 PPT 的方式，把一些书画的作品或者是视频都做成插件，以资源包的形式放在 PPT 上，这样可以更好地控制课堂，如果要是时间来不及，可以跳过去，而避免从 PPT 上放过去，这样给评委的印象会很不好。她认为教案理论部分也需要进一步的修改，她很爽快地告诉 YH 老师把教案发到她的邮箱，改好了再给她发回来，让她专心准备课。在课堂实践环节，YQ 老师提出来，在课堂上学生发言不均衡，老师总是选一些积极举手的，而且总是那几个孩子发言，从教育学的角度上来讲，对学生的关注度不够。另外，评价学生的时候，不能单调的总是用"很好""很棒"，要说出具体的评价，给学生一个明确的评价。总体上，YQ 老师肯定了 L 老师的讲课，认为比去年她参加世纪杯准备的要好得多，非常有希望获得一等奖。YH 老师听了也很高兴，认可了 YQ 老师的点评，表示自己会再改进，过两天请她再来听。

　　场景二：因为以前 YH 老师代表学校参加海淀区世纪杯总是得二等奖，学校领导又非常看重这个比赛的成绩，希望她能够得到一等奖，所以 YH 老师压力很大。课后评课时，当组里其他老师说出她的焦虑时，YH 老师忍不住哭了起来。YQ 老师赶紧站起身，快步走过去拥抱她，一边轻拍着她的后背，一边安慰她，'不要紧'、'没关系的'等等。YH 老师反抱住 YQ 老师，慢慢止住了哭泣。YH 老师和 YQ 老师相互聊天似的沟通了一下自己的生活状态。YH 老师说自己家住的很远，在回龙观那边，为了准备这次课，花费了好多个晚上，都要熬夜，孩子都送到老人那里管不了。今天这个课件是她老公帮她做的，她的老公是航天部某研究所的研究人员，很体谅她，但是老公本身回家就晚，又要帮她做这个课件，昨天一直做到后半夜，早上 5 点半就要出家门，几乎没睡觉。YQ 老师也说了说自己现在的状态，在熬夜写前一周在附小做的德育诊断报告。这是 YQ 老师引进的一个项目，对附小进行整体校园的德育诊断，请了北师大等各方面的专家，对学校进行全方位的观察。YQ 老师和项目组其他成员入驻校园一周，从早到晚和师生共同渡过，之后形成了诊断报告。这是全国第一家在小学进行的德育诊断，YQ 老师负责其中的一部分。老家的亲戚正好这几天来北京，她也是白天陪着亲戚，每天晚上熬夜写报告。她们互相鼓励了一下，不要有太多压力，要注意身体。YQ 老师又安慰 YH 老师，她会有一个很好的成绩，不要有太多的压力。她们一起再一次梳理了整个课的过程，包括一些细节。

场景三：YH 老师在另外一所学校进行海淀区世纪杯的比赛。之前 YQ 老师了解到可以以附小老师的身份去听课，决定带 11 个德育方向的研究生去旁听。YH 老师上课前进入了会场，四处看看，直奔 YQ 老师和学生的座位走来。YQ 老师站起身，把她介绍给自己的学生。YH 老师说，'我紧张'，'有什么可紧张的，我们都是你的粉丝团，放松点儿。'她们相互笑着，YH 老师放松了一些。她去和上课的小学生互动了一会儿，就正式开始上课了。她很快进入了状态，似乎忘了评委的存在。结束之后，YQ 老师表示很不错，发挥得很好。YH 老师觉得自己有啰唆废话的地方，但自我感觉是参加海淀区比赛状态最好的一次。YQ 老师认为给研究生上的小学生德育课程非常干瘪，YH 老师给了她非常丰富的这种课堂实践的机会，让她能够带着学生听到一上午 4 个优秀的小学品社老师的同课异构，学生觉得非常过瘾，这些都是在大学里得不到的。

场景四：YQ 老师在心理教室和 YH 等老师聊天儿。她听说 YH 老师的一位同事今年考上了北师大心理学院的在职研究生，就为这位老师提供了她的同门博士师兄的手机号码，告诉她有什么问题，可以打电话，就说是 YQ 师妹给她的电话。YQ 老师和老师们交流关于教师培训的信息，提到现在大学专家对于小学教师的指导一般已经是理论派大部分退出，只定一些大纲、框架、一些原则上的东西，而具体的工作做学科实践的老师开始进入到教师培训领域。这些事聊完了之后，YQ 老师又给 YH 等老师看她上周六日带着家人去慕田峪长城出游的照片，指出她的老公、孩子、父母、舅舅等，并交流游玩的感受。

"你认为你们能够建立起朋友关系最关键的因素是什么呢?"面对同一个问题，她们给出了惊人相似的回答。

YQ 老师说:

我觉得最关键的可能是相互欣赏，相互尊重。她是非常聪明好学的老师，很多东西一点就透。上次他们也搞课程地图，但是他们搞不明白这词儿是什么意思啊! 也不知道该怎么做，我就下手给她画，做一些这些实质性的工作。很多的时候我只提出思路，但是她就能够想到办法，落实下去，而且我提的那些点她也都会结合实际情况做相应的修改。这让我觉得，工作非常有成就感。如果我提的意见和建议她都不采纳也不接受不修改，那肯定下次就会没有说的热情了，觉得是浪费时间。我跟她说什么事儿她都很当回事儿。几次交往之后就感觉大家都非常真诚，互动就多起来了。比如她接到一个学校的任务，不明白是什么意思，应该怎么做，就邀请我过去，我过去之后给她说完了，主要是提一些思路上的东西，她很快就会落实到文字和行动上，过一两天就会把电子版给我发过来请我看。

虽然有些时候她并不能完全领会我的意思，也不能做得很到位，但是我能看到她在努力做。我很少说她业务上的短板，因为这是她的成长和环境决定。

YQ 老师对 YH 老师的尊重与理解让 YH 老师感慨不已。

有的时候写文章很头疼，觉得理论上怎么提炼出来，发愁。她就给我改了两行，我顺着把那两行扩充一下，再给她看，她就说"啊，你太聪明了！"她给我的感觉就是永远在尊重我的前提下，欣赏我。其实我要的就是那一点方向感，是我苦苦追寻而没有达到的那个高度，她恰恰就一眼看到了，就很随意的那样点一下，其实是用心去点了，看似轻描淡写的点，其实是照顾我们的自尊心。

我特别清楚地记得相处多了之后，YQ 老师跟我说"我现在特别了解你，我知道你什么风格：就是同样的课，不会上第二遍，肯定要有变化。我第一次听试讲觉得引导语特别好，第二次再听就没了，第三次试讲的时候第二次的话又没了，正式上课的时候有好多话是试讲没有听到的。"我确实是那种特别求新的人，抓住主线之后，在课堂上很多生成的点，我不可能一模一样的引导语刻下来，肯定不会一模一样，第一遍走个流程，第二遍听听感觉，第三遍前两个都没有了，超过四遍这课就不用讲了，我就没有太多话了。YQ 老师说我这是"不二课"，抓住了我的特点，有一种知己的感觉。

YQ 老师认为她们能够成为朋友的第二点是相互需要。

我请她来给本科生上'小学德育专题'课，从我的课题费当中给她发一些讲座费，但是她在意的并不是这几百块钱的讲座费，而是我给了她一个登上大学讲台的机会和展示自己的机会，这个当中她也会感受到我对她的认可。比如有一些国培的项目，在我们学校举行，我会告诉他们上课的时间地点和内容，请他们按照课表来听课，我也请 YH 老师在这样的课堂上讲过一次。

YH 老师非常认同这样的说法。

　　YQ 老师邀请我给大学生讲课，一下午三个小时，让我去讲讲一线的德育怎么做，讲怎么理解德育，怎么上小学德育课。我就说，'我行吗？''没问题。'YQ 老师特别肯定地说服我。我特别认真地备课，用了一周的时间去准备，做了很多视频案例。YQ 老师不在课堂上，我以为肯定会有学生溜走，结果直到我讲完，只有一个女生，提前给我打了个招呼去外面学英语，其他人都没有走。还有学生提问的感兴趣的问题，比预定多出半个小时的时间。特别感谢 YQ 老师给我这个机会，站到大学的讲台上，要不然我是不敢也不可能去的。在密云、顺义的小学班主任培训班上，也邀请我讲怎么当班主任、怎么组织班主任工作、怎么进行班级管理、学生情感教育、班会课、德育课之类的内容。感觉被大学老师认可，很有成就感。

（五）专业成长，成就幸福

YH 老师认为自己跟 YQ 老师学到很多东西。

　　YQ 老师看我写东西很枯竭的样子，就告诉我，写东西都有套路，她连写作都会交我，感觉很好，很贴心，因为我需要这个。前几天 DP 院长来参加学校活动，YQ 老师也来了。我在台上发言，有 20 分钟左右，就看到 DP 院长和 YQ 老师一边听一边乐，我就知道说我呢。发言结束我走到他们面前，跟他们打招呼，DP 院长跟我说，'刚才还和 YQ 说呢，你现在说话越来越像 YQ 了，一听那话就是 YQ 说的，这发言稿她给你指导过吗？'我俩一起摇头，YQ 老师说她都不用指导了。

在 YH 老师看来，她的教学生活因为 YQ 老师的推动变得更加幸福，更加有成就感。

她没把自己当专家，我把从她那儿学到的东西移到我的课堂，很好用，孩子们很受益。我曾经有个学生，上午十点要去做手术，我上午第一节他们班的课，她就让他妈妈把他送过来，一瘸一拐上我的课。他妈妈说，不上你的课就孩子就不去做手术。我听了当时就感动得哭了。我从来没有期待我的课让学生付出那么多去听，因为品德是副科的副科，之所以学生和家长很重视，因为他们觉得在我这儿获得很多别的课上没有的人文关怀。这些都是我越来越深刻地体会到的。

YH 老师还给我举了一个例子，表达了 YQ 老师对她教学的影响，对学生的影响。

有一次，我跟我的学生聊天儿。孩子跟我说他们没梦想，天天就是写作业，有什么梦想啊？！我是心理老师，又是他们的朋友，我要帮助他们。我说，'好吧，我设计一节心理课。'学生说，'我们现状就这样，我们知道不对，但不知道怎么改。'这时，我就想起YQ老师，我也对她说过同样的话：我知道不对，但不知道怎么改。她会用几句话点拨我，让我自己找到解决的方法。于是，我决定用一首歌曲，一个故事，一个小视频，让孩子们知道：不管外界怎么样，我都应该找到自我的部分。为了找到最能打动孩子们心灵的歌曲，我听了120多首歌。别人问我，'你怎么有时间听120多首？'我说，'我上班路上俩小时，下班路上俩小时，一天四个小时，我用了两个月，就为了找这首歌，叫《我要去见他》。'那首歌歌词句句入心，旋律也很好，下课学生都会唱了。后来他们写作文《我有一个梦想》，很多孩子写得很好。他们班主任老师听说是因为上了我的课，就问我原因。我就把这首歌发给她，告诉她要用心去听，而不是听表面。我说我懂孩子们，我给她解说了这首歌的歌词，并没有提梦想的事儿。我正是受到YQ老师的影响，希望自己也能够影响和启发到我的学生。

YH老师在2013年取得的成绩主要有：论文《利用团体心理辅导活动培养学生健全人格》荣获2013年北京市学术论文一等奖；心理健康教育课《感恩父母——珍爱生命》荣获2013年北京市首届"成均杯"中小学校心理健康教育优课大赛一等奖；担任海淀区2013—2014学年度心理学科1—6年级兼职教研员工作。并颁发聘书；在"十二五"期间参加海淀区区级骨干教师培训，表现优异，被评为优秀学员；"认识毒品，警惕危害"教学设计在"北京市首届毒品预防教育优秀教学设计征集活动"评比中荣获一等奖；《出神入化的书画艺术》获得海淀区"世纪杯"评优课大赛一等奖。

　　但是，YH老师认为，最重要的是"YQ老师给我小小的推动，大大的鼓励，让我感觉自己特别棒。YQ 老师指导之前，我也是海淀区骨干教师，但是做得很辛苦、不快乐，她来之后，我依然很辛苦，但是很快乐，总是被鼓励，总是在成长。"

YQ 老师反思了作为学科专家进入附小建设项目对她的影响。

> 我觉得这个项目对我的帮助是让我尽快地成熟起来，从一个学生尽快地转变成为一个老师，丰富了我的专业视野，也影响了我的一些写作风格。以前更多写的是纯理论的东西，但是现在发表的东西更多的是中观的和微观的，宏观的东西少了，这些都和我总是在一线听课、深入小学有关系。以前不进入一线，不进入课堂，你会意识不到，写的东西是漂浮在上面的。我觉得在这一点上对我的影响比较大。这几年我做项目做得非常辛苦，包括去附小的，包括教材的项目，包括德育诊断，以及国培的项目等等。但是经过这几年的锻炼，我觉得我不仅在理论上而且在实践上积累了大量的东西，在教材和课堂上也积累了大量的东西，使我成了一个复合型的人才。现在我做的这个德育读本出来之后我非常希望能够找到一所小学，开设一门校本课程，想把我这个短板试一下。当时做教材的时候我对小学生讲过两讲，时间太短。参与附小建设这个项目不仅让我觉得领导对我非常信任，而且让我接触到了很多一线的东西，对我的成长帮助特别大。

许多大学教师认为，相对其他工作，作为附小学科专家的酬金较少。YQ 老师在这个项目中投入了大量的时间和精力，她认为，

> 酬金的问题根本不是我考虑的，可能是因为我本身做德育，我对我们这个定位以及这个投入和产出的比例也是

认识比较清楚。放眼世界上，做教师，做德育，就是报酬和付出是不成比例的。付出和回报不匹配这并不是中国的独特现象，在世界上很多国家都是这样的，大学老师基本上也就是中等收入稍稍偏高一点。每次让报工作量，我也并不是非常在意。刚开始的时候我是严格记录我的时间，后来事情太多了也就不这么严格记录了。比如说这个学期我只报了八次，但事实上，我的工作量肯定不可能只有八次。

YQ 老师已经被评为副教授，是同龄人中较早具备副教授资格的青年教师。她现在担任 D 师范大学儿童生命与道德教育研究中心秘书长。主要研究方向为儿童游戏研究，围绕这个领域不断拓展对不同年龄段儿童进行研究的兴趣和视野，涉及儿童观研究、儿童天性研究、小学校园游戏研究、游戏与儿童的德性成长等具体研究主题。近年来，作为核心成员参与国家初中思想品德课程标准修订工作，出版学术专著《游戏与学习——以游戏提升学生的生活质量》，参编学术类畅销书《走向德育专业化·学校德育 100 问》等。已在《中国教育学刊》、《课程·教材·教法》、《中国社会科学文摘》、《教育发展研究》、《全球教育展望》等期刊发表学术论文四十余篇。参与国家级课题及项目多项，获批 2013 年北京市青年英才计划项目"小学德育问题诊断研究"。

二、分析与思考

（一）强烈动机引发主动交换

YQ 与 YH 老师的互动既源于外部动机，又源于内部动机。

外部动机主要来自对组织任务的接受和希望很好地完成这项分配给自己的工作，得到领导的认可。YQ 老师作为一名刚刚参加工作的青年教师，对于成为附小的"学科专家"感受到的是领导的信任。"因为我九月份刚刚进入到大学的课堂当老师，马上就让我以专家的身份来到小学，领导对我这样的信任我，所以我并没有单纯把这当成任务。"

YH 老师从一毕业就在 S 小学工作，附小成立时，她已经在是海淀区的区级骨干教师。她的外部动机来自对自己学校的感情。"我们能否名副其实的成为大学附小，我们要面对的是更多的挑战和更加科学化的管理及科学有效的实施教科研工作。而我们的最终目的是以此来促进学校的发展和腾飞，以此来提升教师的专业水平和市场竞争力，以此来提高学生的学业成绩，学习水平和学生整体素质的提高。"

内部动机则来自她们对自己职业发展的渴望。YQ 老师刚刚在众多应聘者中脱颖而出，走上工作岗位，对未来的职业生涯充满信心，希望自己能够成为一名优秀的大学教师。因此，她认为参与附小共建项目是自己职业生涯的开端，会对自己的专业发展产生影响，所以她希望尽可能做好这项工作。YH 老师在几年前现任校长让老师们思考自己未来的发展目标，在纸条上写下的"最想对校长说的一句话"是：我要做骨干！我要做名师！附小成立初，她已经是海淀区的骨干教师，而要做名师的职业理想从未动摇。"我喜欢小学教师这个工作，我希望我会成为名师，我相信我会的！"

在外部动机和内部动机的共同激励下，YQ 老师和 YH 老师很快找到"共同语言"。YH 老师并不是学科组长，但是，她们之间的互动因为"共同语言"引发了双方的主动交换。YH 老师会主动请 YQ 老师指导她的课题研究，给她的结题报告把关，指点教学设计等，YQ 老师也会主动邀请她给自己的本科生上课、听取对小学品德与社会课程的思考、交流对小学德育的看法等。她们之间的交换不是建立在外力的基础上，而是建立在自发的基础上。强烈的交换动机引发了她们之间的主动交换，随着互动增多，交换的资源也越来越多。

154

（二）朋友合作模式的交换过程

YQ与YH老师最初的互动和其他老师一样，是专家咨询模式的交换：大学教师付出时间与精力，指导小学教师的教研和课堂实践，获得报酬；小学教师接受大学教师的指导，改进教研和教学。但是，不同的是，YQ老师直接告诉YH等老师自己的弱项。"因为不懂小学的教学，我和小学老师们说的时候都是说，我们大家共同探讨，我不懂这些，所以他们觉得我非常坦诚也没有那么大压力。我最开始进入到学校当中就是进入到组里去听课，观摩比赛，改教案，参与讨论等，跟其他学科的互动方式差不多。"YH老师所担心的大学老师"瞎指挥，怕那种纯理论进来，不顾及我们的现状"这样的情况并没有在她们的互动初期产生。

随着互动的深入，尤其是随着两位老师交流越来越多，了解越来越深，她们之间的互动进入实质性接触阶段，形成了专业合作模式的交换。双方因为各自拥有较多的专业化资源，这些资源又具有互补性，使她们之间的交换涉及多个领域，包含多项内容。比如：YQ老师拥有较精深的学科知识和较多的理论知识，可以指导YH老师的课题研究、撰写开题报告、结题报告等写作，同时，YH老师在交流中帮助YQ老师了解小学生和小学生德育状况，为她的科研提供了丰富鲜活的案例，给她的研究生和培训学员提供课堂教学实践基地。YQ老师为YH老师提供本科生和研究生，帮助YH老师组织全校的心理活动月等大型活动，同时也是为学生提供熟悉小学的机会，提升学生培养质量。

YQ与YH老师在专业合作模式的交换过程中，相互交换各自的专业资源，成为联系紧密的合作者，同时，因为相互欣赏与相互需要，成为志趣相投的朋友，从而进入U－S合作中教师互动的最高阶段：全面接触阶段。她们彼此信任，相互影响，成为无话不谈的好朋友，进而达到朋友交换模式，交换各自所拥有的各种资源。

"只要是我提供的机会以及我需要她帮忙完成的任务，YH 老师都非常愿意参加，并且很积极。当然，她需要我去做讲座，不管是大规模的还是小范围的我只要有时间都是有求必应。我一直跟她说我们是共同进步，你的长处是我的短处，我的长处是你的短处，我们正好是共同进步的朋友。" 双方除了作为的朋友的 "有求必应"，还相互成就了一种成就感、满足感、幸福感。"YQ 每次来学校都和我特别亲，每次都是回家来看看的感觉，我和她相处一点儿压力都没有。比如我做公开课的时候就蛮愁的。知道自己是有短板的，但不知道怎么把这个短板弥补上。像数学、语文、英语，她们是一个团队，大家可以相互碰撞，我没有这样的条件，所以就很焦虑。YQ 就说'你别焦虑，你要是都讲不好，别人怎么过呢？'每次听完她这样的话，我就乐起来了，她会给你特别大的自信，也不是说那种哄着你玩儿，她是鼓励你，是真的欣赏你，很真诚。她给我的感受是这样的。我觉得我们的相处成就了一种教育幸福。"

她们在附小建设项目中结下的友情，不仅溢出了这个项目本身，而且延续在之后的日子里。"如果这个项目完全结束了，我不再是附小的学科专家的身份，那么我和 YH 老师之间的联系还会延续。她有什么事情还会找我，她经常有一些细碎的小事情，比如说把稿子发过来让我给看一看呀，或者是修改一些什么东西呀等等，这些事情太多了我都记不清楚了。虽然这些事情非常琐碎非常多，但是，可能是我性格的原因，我也并不觉得这些事是负担。当然，当事情太多冲突的时候，我也会很直爽，不回避，直接跟她说，我这段时间特别忙，没有时间做。如果她的事情对她来讲太重要了，她一定就会追着我。我有什么需要她帮忙的事情，一定也会直接需求她的帮助，而且我相信会得到她的帮助。"YH 老师也说，"我们的情谊已经不是仅仅在项目中，即使没有名正言顺的身份了，我们一样会是相互欣赏、相互帮助、相互信任的朋友。"

（三）朋友合作模式的交换代价与回报

人类大部分的愉悦都根源于社会生活。无论我们是在考虑爱情还是权力、职业上的赞誉还是社交上的友谊、家庭生活的舒适还是竞争性运动的挑战，个体所体验到的满足感都取决于其他人的行动。[①] YQ 老师与 YH 老师都是在彼此的交往中感到愉悦，得到了满足感。这样的互动具有了内在报酬。所谓内在报酬，指所有人都同时受益于他们的社会互动，他们所要付出的唯一成本是间接成本，即由于把时间花在这种交往上而放弃了其他机会。[②] 就是说，由于交往本身具有满足感而得以增加互动的乐趣。

YQ 老师与 YH 老师就是在相互的交往中得到了满足感、尊重感、成就感，进而得到因为双方互动而引发的幸福感。这些回报因为是她们之间的互动带来的，具有不可替代性。这样的互动阶段可遇不可求。YQ 老师并不在意去附小的工作报酬，而 YH 老师也没有考虑更多付出的时间和精力是否有回报。她们在彼此的交往中付出了许多时间和精力，并从中感受到快乐与幸福。在 YH 老师的眼中，"遇到不同的理解，我会说：你这样说不对，我反对。YQ 会认真听我解释表达我的想法之后，认为我说的也有一定道理。其他的专家我是不敢这么说的。YQ 老师对我有知遇之恩，我和她年纪差不多，但是她是在大学，我是在小学，我原来觉得我应该顶礼膜拜，后来接触之后我们成朋友了。她一点儿都没有架子，她就是以欣赏者的角度进来，可能就说'那样可能更好'，我一改正，她就说'嗯，太棒了'，心有灵犀的感觉。"

她们之间的交换最开始也是专家咨询模式：YQ 老师作为学科

---

① 彼得·M. 布劳著，李国武译：《社会生活中的交换与权力》，52 页，商务印书馆，2012。
② 彼得·M. 布劳著，李国武译：《社会生活中的交换与权力》，54 页，商务印书馆，2012。

专家，为 YH 等老师提供专业的理论知识；SH 老师被组长安排接受 YQ 老师的指导。随着互动的增加，两位老师都从对方那里得到认可和回应，不断主动增加互动，她们之间的互动进入实质性接触阶段，相互交换各自的专业资源，成为联系紧密的合作者。尤其是两位老师意识到大家性情相投，在工作中相处愉快，不断从互动中得到对方的欣赏与尊重、理解与认同、满足与感动，这种内在报酬的不断增加，促使她们成为可以交流隐私的朋友，进一步扩大了交换的资源，不论是公事还是私事，都可以在对方那里寻求帮助和理解。

他们之间的交换过程达到了 U–S 合作的完美状态，双方都投入了大量的时间和精力，脱离了简单的专家咨询模式，超越了专业合作模式，上升为交换各自的各种资源，是朋友合作的模式。如图所示：

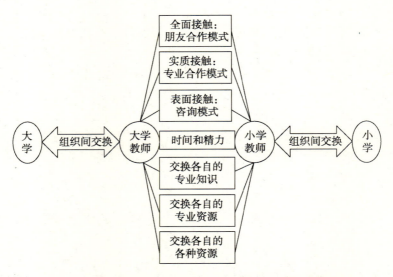

图 4–4　教师互动处于全面接触阶段的交换过程示意图

在这一阶段，YQ老师在与大学的组织间交换中包含了完成领导任务、获得报酬等工具性交换，也包含了表达性交换，包括领导指派她作为专家的信任、对SQ老师投入工作的赞赏、认可，进而为她提供更多的专业发展机会，如：较同龄人更早具备副教授资格。SH老师与小学的组织间交换同样包含了完成任务等工具性交换，同时包含了对领导的崇敬之情。在她们之间的互动中，更多是表达性交换，即双方都从与对方的互动中得到了被尊重、被欣赏、被认同、被理解等朋友之间的友情，进而促进了她们对自己专业的热爱和投入。

（四）小　结

在全面接触阶段，大学教师与小学教师互动频次高，途径多样，相互欣赏、相互信任，把彼此的工作当作自己的事情，只要有需要，就会毫不犹豫地伸出手，给予全心全意的帮助。YQ与YH老师结缘于附小建设项目，她们各自强烈的专业发展动机使她们不吝啬自己的时间和精力，从对方孜孜不倦地汲取自己需要的"营养"，同时不断给予自己的资源，相互成就了各自的"幸福之花"。她们的互动不仅经过表面接触阶段之后，进入实质接触阶段，同时进入全面接触阶段。

全面接触阶段的交换过程总结如下：

表4-4 教师互动处于全面接触阶段的交换过程一览表

互动阶段：	全面接触阶段	大学教师与小学教师经过表面接触阶段、实质接触阶段之后，不仅相互接受和认可对方，互动较频繁，而且从交换各自的专业资源达到交换自身的各种资源，把对方当作自己的朋友，给予欣赏与信任的阶段。
交换频次：	高	产生交换的互动次数较多，途径多样，沟通顺畅。

交换动机：	内部动机	强烈的专业发展愿望激发了双方的交换，希望对自己的专业发展有所帮助。如果项目合作结束，大部分的交换会延续。
交换类型：	主动交换	双方的交换属于内部动机推动的主动交换。
交换模式：	各种合作模式	相互交换各自的各种资源，成为亲密的朋友，把彼此的工作当作自己的事情，只要有需要，就会毫不犹豫地伸出手，给予全心全意的帮助。
代价：	大量时间和精力	大学教师和小学教师都花费了大量的时间和精力。双方相互欣赏，主动扩大交换领域，不计较投入的时间和精力。
报酬：	内在报酬为主外在报酬为辅	大学教师与小学教师在交换过程中相互欣赏，相互激励，相互影响，相互信任，得到了源于交往本身的内在报酬。同时，得到需要的知识，完成了领导交给的任务，得到领导的肯定和同事的认可等外在报酬。
交换功能：	表达性交换为主工具性交换为辅	在她们之间的互动中，更多是表达性交换，双方都从与对方的互动中得到了被尊重、被欣赏、被认同、被理解等朋友之间的友情，进而促进了她们对自己专业的热爱和投入。同时包含对领导的信任、感激、领导对她们工作的赞赏、认可，进而为她们提供更多的专业发展机会等组织间的表达性交换和工具性交换。

第五章 U‑S合作中教师互动的交换结果分析

　　当然，构成社会事实的基本特性在个体的心灵中表现为萌芽状态。但是，只有当这些基本特性经过交往的改造之后，社会事实才会从它们当中产生出来，因为只有在那时社会事实才会出现。交往本身也是一个能产生特殊效果的积极因素。因此，交往本身也是某种新东西。当个体的意识被聚集和结合起来，而不是彼此孤立时，世界上就有某种东西已经被改变了。

——涂尔干①

　　通过政府介入、签订协议等方式，大学与小学拥有了一个共同的"姓"——D师范大学，因此，双方很快建立起稳定的社会关系。"因为信任对稳定的社会关系非常重要，并且因为交换义务可以促进信任，所以就有特殊的机制使义务永久存在，并因此加强了

---

　　① 彼得·M.布劳著，李国武译：《社会生活中的交换与权力》，32页，北京，商务印书馆，2012。

感激和信任的纽带。"① 这是社会交换与经济交换的重要区别：社会交换所涉及的义务是不明确的，对象通常不讨价还价，交换基于彼此的信任，会产生交换双方的义务感、感激和信任之情。人类学家马林诺夫斯基（Bronislaw Malinowski）通过对特罗布里恩德岛民（the Trobriand Islanders）的民族志研究中，发现了一种被称为"库拉圈"（Kula ring）的封闭性交换关系圈。在对这一独特交换网络进行解释时，马林诺夫斯基不仅区分了物质性或经济性的交换与非物质性或符号的交换，而且说明库拉圈交换的动机具有社会心理学意义，因为这种交换意味着社会和个人的双重需求。同时，交换关系也能具有超出当事人双方的意义，间接交换的复杂模式可以维持扩展和延伸社会网络。莫斯（Marcel Mauss）在《礼物》一书中对库拉圈进行了重新解释。他认为，人类的交换既不能像功利主义那样过分强调个人利益，也不能过分强调个人的心理需要，而应当认为个人是社会群体的代表。② 在大学与小学的合作过程中，大量的教师进行着或多或少的交换。他们的行为已经获得了超出个人的意义，不仅在他们之间形成了独特的交换网络，而且扩展和延伸了社会网络，进而影响了他们双方所在的大学和小学。

我在上一章对教师互动的过程进行了分析，本章将对经过了四年大量的教师互动而产生的交换结果进行分析，看看哪些"社会事实"产生了，什么"东西"已经被改变了。

---

① 彼得·M. 布劳著，李国武译：《社会生活中的交换与权力》，166 页，北京，商务印书馆，2012。

② 乔纳森·H. 特纳著，邱泽奇、张茂元等译：《社会学理论的结构》（第七版），258 ~ 261 页，北京，华夏出版社，2006。

第一节　直接结果：形成
教师教育共同体

大学教师与小学教师的大量交换，一个直接的交换结果就是形成了一个小学教师教育的共同体。

2002 年发布的《教育部关于"十五"期间教师教育改革与发展的意见》是我国官方权威文件中首次使用"教师教育"的概念，并指出"教师教育是我国教育的重要组成部分，是基础教育师资来源和质量提高的重要保证。教师教育是在终身教育思想指导下，按照教师专业发展的不同阶段，对教师的职前培养、入职教育和在职培训的统称。"[①] 追根溯源，"教师教育"是由"师范教育"演变而来的。顾明远先生在 1990 年主编的《教育大辞典》中，将"师范教育"界定为"培养师资的专业教育，包括职前培养、初任考核试用和在职培训"。然而，在人们的传统观念里，师范教育仍然主要是指教师担任教职前所接受的正规学校教育。[②] 20 世纪 90 年代末，研究者开始用"教师教育"取代"师范教育"，究其原因，主要有两点：其一，转变大众认为"教师培养是一种终结性正规学校教育"的传统观念，强调终身教育的理念，关注教师的专业性；其二，符合国际惯例，与国外的文献中普遍使用的"Teacher Education"相对应，避免出现翻译和理解的错位。

大学与小学在对"D 师范大学附属小学"的共同建设过程中，

---

①　中华人民共和国教育部网站：《教育部关于"十五"期间教师教育改革与发展的意见》，2002 年 2 月 6 日，http：//www. moe. cn/publicfiles/business/htmlfiles/moe/moe_ 290/200408/2546. html

②　刘捷、谢维和：《中国高等师范教育百年省思》，43 页，北京，北京师范大学出版社，2002。

经过双方教师的大量互动，形成了关注小学教师职前培养、入职教育和在职培训的教师教育的共同体。

一、共同培养未来小学教师

D 师范大学 C 学院是北京市唯一一所培养小学教师的高等院校，2010 年在校本科生 1245 人，研究生 44 人，2014 年在校本科生 1651 人，研究生 139 人，是国内小学教育办学规模最大的初等教育学院之一。在"实践取向"的培养理念下，如何为这些学生提供有效的教学实践一直是学院领导探索的重要问题。在大学教师的外部交换动机中，我分析了教学实践基地面临的困境。附小成立后，成为与大学共同培养未来小学教师的共同体。

（一）有效的本科生教育实习基地

在小学教师的职前培养过程中，教育见习和教育实习是非常重要的内容，是教育教学的重要组成部分，是提高师范生专业素质和专业能力的重要途径之一。教育见习和教育实习有利于师范生向小学教师学习，亲身感受小学教师良好的职业道德、严谨的治教精神，促进师范生的专业情意发展，有利于他们的职业道德的培养；有利于师范生学习小学教师先进的教育思想和丰富的教学经验，培养与提高自身的教育教学能力；有利于师范生亲身观察、感受、思考、探讨小学教育问题，为提高自身教育研究意识与能力创造条件。

附小成为大学的教育实习基地之后，不仅严格按照初等教育学院教学管理办公室制定的《教育实习手册》为师范生提供教育实践的平台，选择认真负责有水平的指导教师，使他们能够亲身体验所有的教育教学实践活动，帮助他们实地了解真实的小学教育状况，而且在实习生的生活方面给予关照，比如：免费就餐、提供休息室、提供打印复印等便利条件，使实习生感受到比其他实习学校更多的温暖。

表5–1　D师范大学小学教育专业2011—2013届

到附小实习学生情况一览表

年级	中文	数学	信息	科学	美术	英语	人数
2011届	3	2	1	3	1	1	11
2012届	4	3	1	2	1	1	12
2013届	4	3	1	2	1	1	12
合计	11	8	3	7	3	3	35

我了解到，附小的领导非常重视实习工作，选派了SH老师这样的学科组长或者YH老师这样的骨干教师担任实习生的指导教师。附小向实习生开放了所有的校园活动，使实习生充分体验、感受作为小学教师的幸福与艰辛、成就与汗水。附小对实习生生活上的关心，则让实习生感受到同为"D师范大学"大家庭的温馨与归属感。同时，为本科生科研论文、毕业论文提供一线生动多样的资料。

（二）开放的研究生教育实践基地

C学院2003年在"课程与教学论"二级学科下设立"小学课程与教学论"方向，下设语文课程与教学论、数学课程与教学论、英语课程与教学论、科学课程与教学论、音乐课程与教学论、美术课程与教学论、信息技术与教育等七个研究方向，于当年在全国率先招收该方向的硕士研究生；之后先后获批"科学与技术教育""小学教育"专业学位硕士点、"初等教育学"二级学科硕士点，下设初等教育基本理论、儿童心理发展与辅导、小学教师教育、生命发展与德育四个研究方向，"少年儿童组织与思想意识教育"二级学科硕士点。以初等教育学学科培养目标及培养要求为例，总体要求、具体要求如下：

> 总体培养要求：本专业培养具有先进的教育理念、敏锐的教育眼光和较强的教育问题意识，熟悉小学儿童生命发展规律与现象，掌握初等教育基本理论，能够从事小学教育研究、教学和管理工作的小学教育工作者。
>
> 具体要求如下：
>
> 1. 热爱小学教育事业，了解小学教育的结构、要素和特点，毕业后能够从事小学教育研究和教学工作。
>
> 2. 自觉认同初等教育学的学科属性，了解初等教育学发展的历史沿革、中外状况及前沿动态，熟悉初等教育学学科发展的趋势和特点。
>
> 3. 具有系统扎实的教育基本理论、初等教育学基础理论知识，能运用现代教育技术手段，比较熟练地掌握一门外语，具有阅读、翻译本专业的外文资料和学术交流的能力。
>
> 4. 懂得小学儿童，理解小学教师，具有较强的对教育现象和教育问题的好奇心、敏感性、思考力，能够科学、灵活地使用质性研究和量化研究从事小学教育研究。
>
> 5. 注重理论联系实际，关注初等教育学的实践品质，能够深入一线开展课题研究。

在实践环节，要求：小型的实践教学穿插在每学期日常教学工作中，第四学期开始进行实践教学，积极采用如下实践性教学手段：教育见习、专业技能训练、教育实习、社会调查、公益劳动、毕业论文等。借助 D 师范大学附属小学和其他基地校，为学生提供学习和实践的场所。社会调查主要在暑期进行，实践活动结束后，由相关部门对参加实践的学生做出鉴定；参加 1~2 次全国性的学术会议或国内访问学者的学术交流活动；外出调研、收集资料。

因此，每年有大量的研究生面临教育实践、课题研究等任务。附小成为面向研究生，完全开放的实践场所。

我在附小进行田野工作期间，观察到：只要有研究生的学科专家都把自己的研究生带到附小的课堂，让他们熟悉小学、了解小学，进而研究小学。甚至其他没有参加附小建设工作的老师也会寻求这些学科专家的帮助，请他们与附小的学科组长联系，能够让自己的学生到附小来，进行课堂观察、教师访谈、学生访谈等，完成学位论文的材料收集工作。比如：ZQ 老师把自己的研究生带来一起听课；SQ 老师介绍教研室其他老师指导的学生跟随 SH 老师一个月的时间，做 SH 老师英语教学法的课堂观察；YH 老师接受学生的多次访谈与课堂观察，帮助学生进行关于小学品德与社会课程建设的思考。附小的老师也谈到，"我们现在已经适应了，每月都有对外活动，每周都有专家来学校，每个教室后边都坐着研究生，每节课都可能被听到。"

同时，研究生课程中的小型课堂实践，大多借助附小的活动完成。比如：SQ 老师带领研究生参加附小师生赛课活动，观摩一天 5 节小学英语课；YQ 老师带领研究生参加附小老师参加的世纪杯大赛，一上午 4 节小学品德与社会同课异构的观摩等。

大学的研究生培养工作得到附小的大力支持。随着社会恶性事件、突发事件的增加，北京的小学门禁森严，没有领导的允许，一般的小学教师是没有权利接待外人入校的。同时，因为小学工作的繁杂，小学教师也不愿意接待额外的任务。以往的研究生教学实践，大多凭借导师与小学领导和小学教师的关系，才能成行。但是，大部分导师很难同时与小学领导和老师建立良好关系，而研究生如果没有得到小学教师和其所在学校领导的共同接受，是不可能进入小学校园的，研究活动也很难展开。附小建设过程中，大学与小学的合作，大学教师与小学教师的互动，为研究生培养提供了完全开放的校园和课堂。

（三）对职前培养的多方促进

大学教师在与附小的合作中不断反思现行的小学教师培养课程设置，认识到教育理论类课程中某些空洞的理论，不符合小学教学的实际需要，难以给以后的小学教学提供很好的指导作用；认识到专业课程内容陈旧艰深，很多实效性的内容不能及时反映到课程中来。他们在附小日常教学的课堂上听到的每一节课，都凝结着执教者对学科、教学、学生、教育的思考，无论从哪个角度进行透视与反思，都是对在校学生进行学科课程教学的重要实践资源。截取任意一个教学片断，都可以作为课堂研讨的话题。由于案例鲜活，往往能够触动大学教师诸多的思考和充分的准备，引导学生参与讨论时也往往得心应手。这些讨论与思考有时看似零散，其实常常酝酿着重要的研究课题。大学教师对这些案例性知识的了解、收集、整理，为其日后开发教师教育课程，开展案例教学准备了丰富的素材。与此同时，大学教师在附小的所见所感帮助他们在实践中修正对专业教学的理解和认识，促使自己的大学课堂教学更加鲜活和丰富。那些散发者实践智慧的行动研究成果已经成为一种非常受欢迎的教师教育课程资源被重视和利用，从根本上改变着小学教师职前培养课程脱离实际的状况，成为培养未来小学教师实践意识、创新意识和责任意识的不可或缺的重要内容。

基础教育改革的许多理念与方法，同样促使大学教师反思自己的课堂教学。SQ 老师曾经谈到：

> 小学的教学改革吐火如荼，力度非常大，从理念到方法，已经与我们小时候完全不一样了。但是，反观我们的

本科生教育，跟我上大学时没什么两样。我上学期在我的课堂上，尝试小组学习的方式组织教学，提前给学生布置小组任务，课上让学生进行小组汇报。这样一来学生就要拿出时间和精力去准备我的课，希望这样能够促进他们的自主学习。

走进附小真实的教育教学情境，对大学教师反思自己的教学与科研意义重大。许多大学教师认识到了这一点：

> 我们和数学组的老师们一起研讨《角的认识》一课，亲身感受到了小学生在自我建构知识的过程中的困惑和障碍；一起经历了"研究学生"前后两种完全不同的教学状态，感受到"研究学生"对教师深入理解数学知识、有的放矢地设计教学活动的重要性。伴随着这节课的成功，不仅附小的老师们收获了很多，我们大学课堂上的学生们也领悟了很多……

> 在附小的工作，使我获得了小学英语教育教学的第一手资料，加强了关注儿童教育的意识，增加了对小学英语教师素质问题的关注，这些对大学的教学和科研都是有益的促进。

> 比赛课程的准备过程就是开展教研活动的过程，也是老师进步的过程。通过对附小美术教学工作的深入调研，了解小学美术教师教学中存在的问题和困惑，把握小学美术教师对美术知识和技能需求的特点，总结小学教育美术专业本科生培养的规律性，从而调整我院美术教学的内容，拓宽美术教学的领域，增强我院美术教学的针对性。

> 做实践的研究者同时也需成为研究着的实践者，成就这两种角色，唯有走入原生态的教学真情境之中，在附小

的工作为我们这样的研究状态提供了平台。

可见，大学教师在附小建设的过程中对自己的教学与科研都产生了很大影响，进而对职前小学教师的培养有着不可替代的促进作用。

许多在校大学生也在附小得到了锻炼。小学教育专业在读的小学教育专业本科生、研究生们学习了一定的相关知识与技能，思维活跃，精力充沛。当附小的活动需要更多的人员参与时，大学教师会按照附小的要求，介绍一部分学生进入附小参与相关工作。比如：每学期附小的英语组都会根据英语文化中的节日，组织全校性的大型活动，让学生感受不同文化的魅力，进而促进英语学习。但是，教师人手有限，各自都有许多任务，很难照顾到活动的各个方面。英语方向的学生就会进入附小，由英语学科组长给他们分配任务，协助英语组的老师更好地完成大型活动的组织与实施。附小举办的"心理文化周""科技节""艺术节"等活动，都有大量的学生参加。在这个过程中，学生们加深了对小学的了解，与小学教师建立了良好的关系，在课程学习中能够结合自己在小学的经历更好地理解所学的知识。

二、共同培育新入职教师

与其他专业毕业生相比，小学新教师面临的转变是颠覆性的——从被教育、被管理的学生角色转变为不仅能自我管理还能教育和管理小学生的教师角色。如何让新教师尽快适应其职业角色并持续发展，已成为世界各国普遍关注的教育问题。[①] 以往，小学教

---

① 邓艳红：《小学新教师入职适应影响因素研究》，载《中国教育学刊》，2011
(3)。

育专业的优秀本科生、研究生大多进入北京市的知名小学，基本没有来S小学工作的，附小成立前引进的青年教师大多是非小学教育专业毕业，取得小学教师资格证的新教师。附小成立后，学院领导动员应届优秀本科生到附小工作，向学生介绍附小发展的前景，创造条件使学生走进附小、了解附小，进而选择附小。三年中，C学院共有24名毕业生进入附小工作，其中含男生2名，这在男女生比例悬殊的毕业生中是非常不容易的。

表5-2　2011—2013年D师范大学小学教育专业
到附小工作毕业生人数统计表

年级	中文	数学	信息	科学	美术	英语	音乐	人数
2011届	3	2		1	1			7
2012届	3	3	1		1	1	1	10
2013届	4	3						7
合计	10	8	1	1	2	1	1	24

这样大规模的毕业生引进一方面充实了附小的教师队伍，提升了整体师资水平，另一方面，如何使这些新教师尽快适应工作岗位要求，为附小的长久发展奠定了基础，也是摆在大学教师和学科组长面前的问题。

"师徒结对"是我国中小学帮助新教师成长的传统途径和重要途径。通常，新教师入职后，学校在教研组内指派一名教学工作出色、经验丰富的教师为"师傅"，指导新教师尽快适应教育教学工作。附小对新教师的教育继承了传统的"师徒结对"方式，学科组长和骨干教师都是"师傅"，指导学科团队中新加入的成员。事实上，因为大学教师的加入，新教师增加了另外的新"师傅"。"师徒结对"已经改变了旧时模样。我以SL老师的成长为个案，来看一看，在附小这个共同体中，传统的"师徒结对"有了哪些变化。

SL 老师是小学教育专业英语方向的本科生，2012 年 9 月正式进入附小工作。

> 上学的时候学过小学英语教学法之类的课，请特级教师上过微格教学课，感觉教法课学的一小部分可以在工作中直接用到。参加工作面临最大的问题是如何处理问题生。印象最深的是，班里有一个孩子总是打人，所以每次上课的时候我都要用手拉着他。如果让这个学生到楼梯去站着，他会挨个班踹门，搅得别的班也上不了课。那段时间我觉得特别痛苦，没有办法。在大学课堂上学的都是比较理想的状况，但是问题生和个别儿童，让我非常头疼。

SL 老师表示，新参加工作，对于课堂教学的掌控能力和老教师有很大的差距。她一参加工作就拜组长 SH 老师为师。

> SH 老师会时常听我的课，然后进行评课，有问题也可以去问她，她也会热心回答。听哪位年轻老师的课，她的师傅都提前要进行把关，提前评课、听课，因为我们不可能把一个没有准备的、乱七八糟的课给 SQ 老师听。SH 老师在帮我准备课的时候，会比较注重操作性，而且我们会改好几次教案，这个过程对我的提高是非常有帮助的。工作了之后要根据学生的情况来调整自己上课的情况内容，比如如何处理问题，如何根据学生的特点来上课，这些都是大学课堂上学不到的。上大学的时候也开设了小学生心理健康、小学生生理发展、班主任管理之类的，但是只记得一些细节，比如小学生生理当中的，小学生小便要及时去，不管是不是上课，小学生尤其是初入学的小学

生，肌肉控制能力差，写字不能做到很好控制，注意力集中的时间短，不能长时间注意等。其他理论性的东西很多都忘了。

SQ老师和SH老师在她上完课后，都会进行评课。对于两位老师的评课，SL老师认为：

> SQ老师的评课更专业，纯从英语教学入手，会提出一些更理想的教学方法，所谈的英语教学是一种更理想的层面，但是，没有考虑到学生会出问题或者学生不配合这些情况，这些方法有时候在实践当中是行不通的，实际操作起来没有效果，或者不现实，因为学生不一样。SH老师就会知道哪些班这个方法可以用，哪些班这个方法是行不通的。SH老师评课专业性会差一些，但是会更接近实际。在SQ老师在每次来听课之前，SH老师都会和我一起说课，做教学设计，有的甚至在别的班，提前已经讲过了，所以SH老师对我的课已经非常非常的熟悉了，也知道临场会发生什么问题，应该怎么处理，评课会针对这些问题。

SL老师参加工作后，每学期都会有1～2次这样的机会，同时得到两位"师傅"的指导，有很大的收获和提高。

通过SL老师的个案，可以看到，两位"师傅"分工不同：

（一）小学"师傅"对"技"的指导

职初期的新教师最需要的是在每天的工作环境中获得最直接的帮助、学习如何教学和如何当好老师。在知识能力层面，需要有经验的师傅在课堂教学、课堂管理等方面提供直接的指导，解决具体的、操作性的问题；在情感和文化层面，需要师傅给予包容、支持、信心，需要师傅将其领入学校的人际圈中，化解其陌生感、孤独感。[①] 小学"师傅"是对新教师进行相关实践指导的最佳人选。SH 老师对"技"的指导，让 SL 老师受益匪浅。

（二）大学"师傅"对"道"的引导

现在的小学"师傅"大多中师毕业，未经过正规、系统的理论学习阶段，所以，他们大多在指导中只注重"技"，而忽视"道"。大学"师傅"对"道"的引领虽然会让新教师感觉"比较理想"，但是却为新教师指明了未来发展方向。方向对了，努力才有效果。另外一位语文新教师曾经遇到过这样的事：入职培训时，海淀区教研员为新教师讲解如何备课，与大学教师讲的有很大不同。她当时很迷茫，只能按照教研员的要求做。但是，过了一个学期，教研员传达了新的备课要求，与大学的学习比较契合。"我等于走了一段回头路，再重新往前走。"SL 老师也表示，"SQ 老师的点评更多是为我们指明前进的方向，少走弯路。比如，学校强制推行小组合作学习，SQ 老师就对此提出质疑。我们就意识到，不能只按照学校的要求做，要更好地结合小学生英语学习的特点，变通一下。"

大学教师和小学教师分别从"道"与"技"两个方面对新入职教师进行培育，对新教师的快速成长意义重大。

三、共同培训在职教师

随着教师专业化的提出，在职教师的培训问题越来越受到各级

---

① 胡艳、周逸先：《促进新教师成长的有效途径研究——以 4 位城市小学新教师为个案》，载《教师教育研究》，2014（6）。

教育行政部门的重视。目前，附小在职教师中的骨干教师、学科带头人、新教师都有海淀进修学校要求参加的培训，各学科的普通教师每年有固定的培训学分要求，校本培训是这些普通教师参加培训的主要途径。校本教研就是在学校的真实情境中，以教学和教师素质现状为研究起点，以新课程为导向，以教学中的实际问题为研究内容，以改进教学，提升教师实施素质教育的水平和能力为任务目标的研究活动。它的突出特点是强调"以学校为本"，它包括三方面的含义：一是为了学校，二是在学校中，三是基于学校。[①]

（一）形成校本教研合作团队

我在田野工作中观察到，所有的大学教师都参与到了校本教研活动中，与学科组长一起共同承担起培训普通教师的工作。

他们着眼于附属小学教研组能力建设，开展以问题为中心的课题研究，开展对学校的诊断、调研，每周全面深入地听课、评课、座谈，有针对性地开展了各种形式的诊断与咨询活动，举办各种理论学术讲座，深入课堂一线指导青年教师等。

以2013年9月至2014年6月这个学年为例，一年来，10位支持附小的学科教师与学科组长共听评课197次；组织讲座15次。各学科的工作重点如下：

语文：阅读教学指导；儿童剧排演指导；作文教学指导；世纪杯赛课指导；

数学：校本课程建设指导；教师教学目标的设计与实施指导；合作学习在数学课堂中的应用指导；青年教师发展指导；

英语：提高英语课堂教学效率指导；发挥前置学习作用指导；创新作业探索指导；教师反思日志总结指导；

科学：对《课程标准》的解读；提高教师科学素养讲座；世

---

① 郑金洲：《校本研究指导》，23页，北京，教育科学出版社，2003。

纪杯赛课指导；

　　美术：提高美术课堂教学效率指导；合作学习在美术课堂教学中的应用指导；观摩课指导；

　　品德：跟进国家课程的实施；35 周岁以下教师的课程展示指导；校本课程理念的丰富与深化指导；世纪杯赛课指导。

　　事实上，"听评课 197 次；讲座 15 次"的描述和"各学科的工作重点"并不能全面反映学科组所做的工作。他们之间的许多工作还会通过电子邮件、电话等方式进行。

（二）引进外部资源，促进校本培训

　　大学教师还引进的自己的同事、北京市小学一线的名师等专家资源，共同促进小本培训质量。当大学教师认为在附小遇到的问题不是自己的专长时，一些大学教师会利用原有的人脉，引进对解决问题更有发言权的其他专家资源。比如，科学组的学科专家研究方向是小学科学课程与教学论方向，她将自己教研室擅长智能机器人的教师介绍到附小，辅导附小的校本课程和学生参赛；邀请科学教育研究的知名教授指导附小教师参加与美国小学教师同课异构的科学课；邀请教研室的其他教师一起把关附小教师参加"世纪杯"的参赛课等。语文组的学科专家邀请北京市小学语文特级教师来校为全体附小教师做公开课，邀请北京市教研员为附小教师做讲座，邀请教研室的其他教师来附小进行有针对性的讲座等。ZQ、SQ、YQ 老师都邀请过其他专家进入附小参与校本培训。

　　以 2010 年 5 月到 2011 年 5 月为例，附小共举行 18 场讲座，其中，专家顾问团人员讲座 3 次，学科专家讲座 6 次，学科专家引进的特级教师、北京市教研员、其他专家讲座 9 次。

表 5－3　2010 年 5 月至 2011 年 5 月 D 师范大学引进附小讲座情况一览表

序号	时间	主题	主讲人	学科	对象
1	2010 年 5 月	基于生命关怀的小学教学管理	顾问团专家	教育	全体教师
2	2010 年 7 月	小学语文课堂观察与课堂改进	引进专家	语文	全体语文教师
3	2010 年 7 月	小学数学知识的关联性	顾问团专家	数学	全体数学教师
4	2010 年 9 月	以课堂观察促进课堂教学改革	学科专家	教育	全体教师
5	2010 年 10 月	儿童文学教学观摩课	特级教师	语文	全体语文教师
6	2010 年 11 月	音乐教师声乐演唱基本功	学科专家	音乐	全体音乐教师
7	2010 年 11 月	绕不过去的字理	学科专家	语文	全体语文教师
8	2010 年 11 月	文言文教学观摩课	教研专家	语文	全体语文教师
9	2010 年 11 月	校本课程教学观摩课	特级教师	语文	全体语文教师
10	2010 年 11 月	多元识字、促进阅读	特级教师	语文	全体语文教师
11	2010 年 12 月	阅读教学与文本解读	学科专家	语文	全体语文教师
12	2010 年 12 月	小学教师如何做课题研究	顾问团专家	教育	全体教师
13	2010 年 12 月	以评价促进学生发展	教研专家	教育	全体教师
14	2011 年 4 月	国外小学生作文教学介绍	引进专家	语文	全体语文教师
15	2011 年 4 月	小学英语教师课堂用语错误	学科专家	英语	全体英语教师
16	2011 年 4 月	音乐教师即兴伴奏基本功	引进专家	音乐	全体音乐教师

续表

序号	时间	主题	主讲人	学科	对象
17	2011 年 4 月	音乐教师歌曲演唱基本功	学科专家	音乐	全体音乐教师
18	2011 年 5 月	科学教师学科知识—植物	引进专家	生物	全体科学教师

这些专家的介入，极大地促进了附小各学科校本教研的发展，提升了全体教师的教育教学水平。大学教师与小学教师在校本教研中，针对真实的教育情境下的真实问题，研讨切实可行的改进方法和解决途径，让灰色的理论与多彩的实践相互碰撞，小学教师解决了实际的教育教学问题，大学教师为理论找到了适合的土壤，他们都为自己的专业发展找到了生长点。

大学教师把许多培训项目的课堂实践的内容，包括名家观摩课、学员实践课、主题研究课等带进附小，给予附小教师更多的培训资源。以 2014 年为例：

表 5－4 2014 年 D 师范大学引进附小的培训项目一览表

序号	项目名称	学员人数	时间	主要内容
1	怀柔区小学英语骨干教师培训	34	2014 年 5 月	参观校园、附小教师做课
2	内蒙古小学语文教师培训	102	2014 年 6 月	参观校园、附小教师做课
3	玉树州中小学信息教师培训	30	2014 年 10 月	参观校园、附小教师做课
4	玉树州中小学管理人才培训	30	2014 年 10 月	参观校园、校长讲座
合计		196		

在这些活动中，附小的老师与全国的同行一起，共同探讨教育教学问题，不仅开阔了眼界，了解到不同省市、不同地区的小学教育情况，而且帮助他们更深地反思自己的教学思想和教育理念。

大学教师还将一些学术交流活动的现场教学环节安排在附小，开阔了附小教师的眼界。如：2010年11月，大学主办的"首届全国儿童文学与语文教学学术研讨会"，将教学观摩课安排在附小，特级教师窦桂梅为附小的师生带来了精彩的一课。2011年11月，学院的友好学校日本某大学教职研究生院代表团来京，在附小举行了主题为"中日小学教师专业素质"的中日国际交流活动。授课展示环节中，中日双方的教师代表先后进行了数学、语文、科学、德育（品社）科目的交流性授课，生动的展示和精彩的互动给双方与会师生留下深刻的印象。

（三）学以致用，成就专业发展

大学教师在这个过程中主动或被动地践行着"了解小学、研究小学、服务小学"的理念，在真实的小学教育情境中反思自己的教学、科研和社会服务工作。尤其是在面对在职小学教师培训这样的任务时，许多老师摆脱了空有理论、缺乏实践的"象牙塔"困境，成为培训项目的负责人。以2012年北京市学科带头人与骨干教师研修工作室为例，在学院承担的15个工作室中，有8个工作室的负责人是参与附小建设的顾问团专家或学科专家。

表5-5 大学教师负责2012年北京市
小学学科带头人与骨干教师研修工作室一览表

序号	工作室名称	研究专题	负责人
1	小学音乐工作室	提升小学音乐骨干教师综合素质的研究	学科专家
2	小学品社工作室	品社课程课堂教学中"关爱生命"的研究	顾问团专家

续表

序号	工作室名称	研究专题	负责人
3	小学数学工作室	小学数学核心知识与基本思想的教学研究	顾问团专家
4	小学数学工作室	小学数学优秀教学设计研究——如何上一节好课	学科专家
5	小学数学工作室	小学数学知识难点解读的研究——透过错误案例，读懂知识难点	学科专家
6	小学数学工作室	小学数学课程内容关联性及其教学实施的研究	顾问团专家
7	小学语文工作室	基于教学诊断的小学语文学业评价研究	顾问团专家
8	小学语文工作室	小学语文教材的深度解析与教学设计	学科专家

　　他们把在小学获得的案例与思考带到在职小学教师培训中，受到了学员们的广泛好评。随后，这些大学教师广泛参与了北京市海淀区骨干教师培训、西城区小学教师高级研修班以及顺义、怀柔、密云、平谷、延庆等骨干教师的培训和对边远地区小学教师的培训项目。

　　一位承担过多项培训任务的大学教师说，"附小的建设为我们积累社会服务的经验提供了平台和基地。过去我们的社会服务是任务型的，现在通过参与附小建设，一方面使得我们社会服务的工作制度化、常态化，另一方面也使得我们在专业建设和学科建设上不断地积累经验，并在此基础上更广泛地参与社会服务工作。比如近年来我承担的市骨干教师培训、区骨干教师培训，附小都为我们提供了有力的帮助和支持。"

　　附小在校本教研方面取得的成绩有目共睹：开发校本课程、编写校本教材、承担大量培训活动、扩大国内外同行交流等，被海淀区评为校本培训先进校，并被选为全区校本培训展示交流会地点。

在校长的发言中，突出强调了大学专家进校园，指导课堂教学、校本课程、校本教研等所做出的贡献。

附小的教师在教学与教研方面都取得很大进步，高层次获奖逐年增加。

表 5－6　附小 2010—2013 教师获奖情况（各种评优课）

时间	人次	市级以上			区级			学区级		
		一等	二等	三等	一等	二等	三等	一等	二等	三等
2010	1						1			
2011	10	1	1		1	1		6		
2012	38	3	5	4	1	6		17	2	
2013	26	1			12	9		4		

表 5－7　附小 2010—2013 教师获奖情况（论文）

时间	人次	市级以上			区级			学区级		
		一等	二等	三等	一等	二等	三等	一等	二等	三等
2010	57	2	10	12	2	5	9	11	5	
2011	25	3	1	9	1	3	8			
2012	31	6	3	4	1	7	4	6		
2013	142	16	34	30	16	14	26			

附小一位在 2013 年评优课、论文都取得很好成绩的老师说，"我们的校本培训是超高规格的。大学的专家在理论方面的指导和点拨帮助我们反思自己的教学，也知道了小学老师如何做研究，如何写出像样的论文。我自己就是一个受益者，没有大学专家的指导，我可能还在原地转圈，不知道自己该向哪个方向努力。"

第二节　间接结果：初步形成学校品牌

大学教师与小学教师大量交换的间接结果是初步形成了"D师范大学附属小学"的品牌。

关于什么是"学校品牌"目前并没有权威的界定。[①] 田汉族认为，学校品牌是指经过精心培育和市场选择形成的、为教育消费者所偏好、给办学组织带来较大的经济和社会效益并引导教育消费的特色学校、特色校长和教师、特色学科、特色学校教学等的总称。[②] 其中，"经过精心培育和市场选择形成、为教育消费者所偏好、给办学组织带来较大的经济和社会效益并引导教育消费"可以认为是学校品牌的外在社会知名度、认可度，"特色学校、特色校长和教师、特色学科、特色学校教学"可以认为是学校品牌的内涵发展，即特色鲜明的办学理念、有特色的校长、高水平的师资和教学水平等。在大学与附小共同建设过程中，双方充分调动各自的积极性，"将附小打造成品牌学校"不仅是双方对教育主管部门的承诺，也是双方共同的发展愿景。为此，大学选派教师对附小开展了全方位、多学科、深角度的建设工作，对附小的教育理念、教学观念等各种教育价值观进行"上位"诊断，帮助附小确立明确的发展观，对附小老师进行了面对面，手把手的指导。小学教师在校长的带领下，全员动员，开展"如何成为一名合格的附小老师？如何让附小名副其实？"等大讨论，激发了每一位附小教师的热情，以加倍的努力，投入到工作中。大学教师与小学教师长时间的

---

① 那岚业：《基础教育学校品牌研究》，10 页，博士学位论文，陕西师范大学，2013。

② 田汉族：《论学校品牌经营策略》，载《教育与经济》，2005（3）。

互动形成了双方大量的交换，进而使"D 师范大学附属小学"的品牌建设初见成效。

一、外在知名度与认可度提高

（一）借助更名契机，展现全新形象

"记得几年前转来 S 小学的时候，原来学校的老师问我要调到哪里，那时我总含糊地说，去海淀！因为海淀是教育的领跑者，我们总是把荣耀的显示给别人，我把'S 小学'这个明显带有农村合并学校的校名默默隐去了。现在我居住在丰台，小区的邻居问我在哪儿上班时，我说：就在四环 OS 超市旁边。这是因为人们知道 OS 超市的比知道我们学校的多，甚至知道我们对面母婴用品门店的比知道 S 小学的还要多。中关村一、二、三小等名校，他们的校名就是一种荣耀，甚至上升成为了一种地标。这些名校，因为自己的名气招徕了人气，无论从生源还是师资甚至是待遇上都是令我们羡慕的。这次，我们校领导抓住了更名的机会，我们成为'D 师范大学附属小学'了！这挂上了大学的牌子，走上了附属小学的行列，我们摆脱了乡土味，也要创立我们的品牌了！"这是更名初，一位附小老师写下的更名感想。因为大学附属小学基本都是北京市的名校，所以更名本身就是一种品牌的建设。附小同时全面更新了校歌、校徽、校服等各种学校标志。其中，美术学科专家帮助设计了校徽，音乐学科专家为新校歌谱曲、配乐。

让更多的人听到"D 师范大学附属小学"的名字、让更多的人看到"D 师范大学附属小学"的样子，是大学教师与小学教师的大量交换的一个间接结果。这个间接结果主要借助"请进来"与"走出去"等途径进行的。"请进来"包括各种在附小举行的学术会议、学术交流、教师培训等活动。如：北京市、各区县的在职

教师培训活动的现场教学和研究课等环节大多安排在附小举行，使附小的名字很快为北京市的同行所知；大学主办的"首届全国儿童文学与语文教学学术研讨会"等学术会议、"中日小学教师专业素质"国际交流活动、外省市的教师培训活动等，都将教学观摩课安排在附小，使附小的面貌展现在国内外同行的面前。"走出去"则包括大学教师邀请附小教师参与在外省市举办的学术活动、外区县举行的教师培训等活动。如：YQ 等老师与附小教师一起参加"东亚小学国际理解教育校本课程开发学术研讨会暨东北师范大学附属小学第六届教育研究发表会"、与东北师大附小进行交流、邀请附小教师到其他区县参加教师培训工作……通过各种途径的努力，附小很快"扬名在外"，提高了知名度，扩大了影响力。

（二）全面推进工作，得到政府认可

大学教师与附小教师对学校工作的全方位深入互动，全面促进了附小的建设与发展，得到教育主管部门的认可。附小更名一年后，陆续有各级领导到附小视察工作，包括北京市教委副主任等市级教育主管部门的领导和海淀区教委主任、教育工委书记等区级教育主管部门的领导，都来到附小校园，听取工作汇报，对附小建设取得的成绩给予肯定。

表 5－8　2011 年至 2013 年附小取得的主要荣誉一览表

序号	类别	奖项名称	颁发单位	颁发时间
1	奖牌	首都中小学校园文化建设特色校	北京市联合国教科文组织协会/北京科技教育促进会/北京教育杂志社	2011
2	奖牌	海淀区教育系统先进基层党组织	海淀区教育委员会	2011

序号	类别	奖项名称	颁发单位	颁发时间
3	奖牌	海淀区中小学心理健康教育"特色学校"	海淀区教育委员会	2011
4	证书奖牌	在全国特色学校、特色教育先进工作者及特色教育优秀教师评选中，被评为"全国特色学校"	教育部中国教师发展基金会	2012
5	奖牌	海淀区小学办学理念先进校	海淀区教育委员会	2012
6	奖牌	海淀区小学课程建设先进校	海淀区教育委员会	2012
7	奖牌	海淀区中小学艺术教育示范学校	海淀区教育委员会	2012
8	奖状	2012年度海淀区文明单位	北京市海淀区精神文明建设委员会	2012
9	奖状	2013年度北京市教育科研先进学校	北京市教育督导与教育质量评价研究中心	2013
10	奖牌	荣获2010—2013年海淀区教育科研工作先进学校	北京市海淀区教育委员会	2013

　　这些荣誉不仅是教育主管部门对附小建设所取得成绩的肯定，更是大学教师与小学教师大量交换取得的结果。

　　政府的认可还表现在附小应教育主管部门的要求，不断承办新校区，扩大办学规模。2012年，海淀教委将为新建小区配套建设的小学划归附小管理，9月份正式开始招生。2013年，又将另外一所农村小学取消，教师及学生全部迁入新校，也交由附小统一管理，9月份新校区正式投入使用。事实上，这两所学校都距离附小很远，但是社区居民希望能有一所名校进驻。"D师范大学附属小学"俨然已经成为这样一所为政府和社会认可的"知名小学"。2014年，随着北京市严格执行义务教育就近入学政策，北京市教委在促进义务教育均衡发展的过程中，推广D师范大学与附小共建项目的经验，鼓励一些大学与附近的小学共建，其中一些小学更名为大学的附小。

（三）办学效益显现，形成良性发展

附小更名之初，就引起了附近小区业主的关注。"虽然家里的孩子只有 8 个月，但我们从宝宝刚出生就开始琢磨如何进人大附小或者中关村三小，而对一道之隔的 S 小学完全漠视。但今天带宝宝们去游泳，豁然看到了 S 小学换了新牌子——D 师范大学附属小学！现在人大附小和中关村三小我就不考虑了。我们将来把孩子送 S 小学，过条马路就能接孩子回家，爽！难道咱们小区也要成为学区房了？"① 社区居民因为大学的附小的名字，对学校寄予厚望，希望学校成为优质学校。尤其是随着大学教师与小学教师交换的增加，双方在许多领域深度合作，附小也取得了越来越多的成绩，品牌的社会效益与经济效益彰显。

首先表现在生源的跨越式增长。

表 5－9　2009 年至 2014 年附小生源情况一览表

年级	入学时间	学生总数	班级个数	其中：京籍	占总数的百分比	父母双方均为本科及以上学历人数	占总数的百分比
六年级	2009	172	4	96	56%	81	47%
五年级	2010	241	6	162	67%	120	50%
四年级	2011	338	8	287	85%	191	56%
三年级	2012	391	10	292	75%	195	50%
二年级	2013	635	16	504	79%	330	52%
一年级	2014	716	18	478	67%	565	79%
总计		2493	62	1819		1482	

---

① 汤泉逸墅业主论坛：http：//house.focus.cn/msgview/1385/185783048.html，2010 年 2 月 26 日。

从表中，我们可以清晰地看到：每年的生源都在不断增长，从 2009 年的 172 人 4 个班，增加到 2014 年的 716 人 18 个班。更名后的附小五年间从几百人的规模扩大到了两千多学生！其中，附小本校区保持在每个年级 8 个班的规模；2012 年玉泉校区开始招生，新增加 2 个班；2013 年玉泉校区招收了 5 个班，柳明校区开始招生，新增加 3 个班；到 2014 年，两个新校区都扩大了招生人数。

表中的"六年级"是 2009 年入学的学生，当时校名还是 S 小学，172 名学生中京籍的学生大多来自附近的农民子弟，家长中的高学历大部分来自为了扩大生源招收的住宿班，附近新建住宅小区的孩子只有 20 几个。2010 年，附小的住宿班停止招生，新增生源基本上是原来会择校去其他学校就读的义务教育范围内生源。

之后几年，附小本校的生源逐年增加，不仅义务教育范围内生源大多选择在附小就读，一些附近上班的公务员等家长也开始把附小作为自己择校的目标。"我们班里有 3 个学生的家长是在海淀区政府上班，家在石景山、西五环那边住，早晨上班时就把孩子带过来上学了。这些孩子户口、住址都不是这片儿的，属于择校生，这在以前是不可能的。"一位三年级的班主任告诉我。2012 年之后的数据因为北京市开放符合条件的外地生源就读公办小学，使得非京籍生源大量增加。学生父母均为本科以上学历层次的人数和比例也在不断增加。

另外，生源中 D 师范大学的教师子女也逐年增加，具体数据如下：

表 5－10　2009 年至 2014 年附小接收 D 师范大学子女入学情况一览表

年级	学生人数	入学时间
六年级	0	2009 年 9 月
五年级	3	2010 年 9 月

年级	学生人数	入学时间
四年级	4	2011 年 9 月
三年级	7	2012 年 9 月
二年级	8	2013 年 9 月
一年级	13	2014 年 9 月
合计	35	

这些家长看的不是学校的名字，而是学校的教育教学质量。"Z 老师孩子要上学之前，都跟我们咨询过，附小现在教学水平怎么样？孩子在附小上学怎么样？我当时跟他说，虽然比不上北大附小、北师大附小这样的传统名校，但是还是可以考虑的。一个原因是学校发展前景很好，校长、老师们的干劲很足，学校是在蒸蒸日上；另外一个原因是学校的教育教学水平这几年确实提升很快，面貌确实焕然一新；加上我们好多老师都到附小去参与工作，附小的老师对我们的子弟还是很重视的。"因此，一些家住得离附小不太远的大学教师开始为孩子选择到附小就读。大学教师子女的逐年增加，从一个侧面说明附小的品牌建设得到了越来越多的大学教师的认可。

办学效益的显现，在房屋中介那里也得到了印证。"这个小区的房价大概是每平方米 6 万左右，看房子的具体情况……S 小学改成 D 师范大学附属小学以后，这个小区的房价总体上还是随着北京市整体市场情况变化的。因为我们这儿本身就是高档社区，业主大部分都有能力择校去好小学。但是这两年房价回落，我们这儿倒是没降多少，可能跟学校有点关系。毕竟这两年择校越来越难，用房子决定孩子上学是政府的政策。我们打出的标签除了原来的'温泉入户'之类，又加上了'学区房'，而且这两年确实有几个客户是为了孩子上学方便……也有为了孩子上学近租房子的，月租金两居室的话基本都在 7000 元以上。"这是 2014 年 5 月我在附小大门对面的链家地产门店访谈得到的信息。生源跨越式增长也影响了周边的社区，社会影响力彰显。

其次是吸引优秀师资的能力增强。2011 年至 2014 年，附小录用新入职大学生和新调入教师共计 74 人，详见下表：

表 5－11　2011 年至 2014 年附小新增教师情况一览表

教师来源	人数	学历			区级及以上骨干教师人数	党员人数
		研究生	本科	其中：研究生在读		
新入职	37	3	34			13
新调入	37	1	36	1	5	8
合计	74	4	70	1	5	21

其中，新入职的大学毕业生中有 24 人毕业于 D 师范大学 C 学院，涉及小学教育中文、数学、英语、音乐、美术、科学、信息技术 7 个方向，是北京地区小学教育的专业人才。由于近几年北京地区小学师资需求迅猛增加，相对于其他专业经过考试等取得小学教师资格证的毕业生，小学更欢迎本专业的毕业生，因此，小学教育专业的毕业生往往供不应求。小学教育专业男女生比例悬殊，大概在 1∶10 左右，这些男生是知名小学争抢的"香饽饽"。到附小工作的 24 人中也有两个"香饽饽"，这是非常难得的。在这么好的就业环境下，这些毕业生为什么会选择到附小工作呢？"我们这届找工作的时候，附小刚成立没太久，有几个同学 2010 年的时候在附小实习。要不是就业指导的老师特意介绍，我们都不太了解。我当时觉得附小的发展前景应该不会差，而且以前他们没有太好的毕业生去，可能会更重视我，发展机会会比较多。"这是一位 2011 年 7 月到附小工作的毕业生当初选择附小的原因。随着每年都有学生到附小见习、实习，而且经常有学生有机会参与附小的活动，之后的毕业生

不仅不需要就业指导的老师特意介绍，而且对附小更了解了。"我们这届有 8 个不同方向的学生来附小工作，主要觉得附小挺有发展的。我实习的时候就在附小，感觉学校很重视年轻教师，做展示课、研究课、参加比赛之类的机会多。除了学校有老教师做师傅，还经常外请专家指导我们，有 C 学院的老师，有的以前就教过我，也有特级教师、教研员什么的，感觉还是收获挺大的。"这位 2012 年 7 月才入职的新教师已经在学校、学区做过好几次展示课、研究课，并且被评为学校的优秀班主任。

在新调入的教师中，大部分是小学高级教师，教育教学经验丰富。附小成立至今，已经扭转了"只有好教师调出，没有好教师调入"的局面。

"我到这个学校来，主要看中学校的发展势头很好，机会多，希望能踏踏实实做点儿事。"这是一位刚刚从知名小学调过来的骨干教师的想法。

"我主要是家搬到这边，希望上班离家近点儿。调入之前也考察了附近几所学校，这个学校虽然离家稍远一些，但是这几年发展挺快的，各方面还不错，就选择调到这儿来了。"这是一位小学高级教师选择附小的原因。

"我原来在郊区，为了以后孩子上学，想往城里调调，正好看到这个学校招聘教师的条件我基本都符合，作为大学附小，学校发展也看好，就调过来了。"附小生源的大量增加，导致每年都需要大量补充教师队伍。良好的发展势头，已经取得的成绩，吸引了很多教师投递简历，使得附小可以从中选择更好的教师加入到师资队伍中。

可以说，附小品牌建设初见成效，办学效益开始彰显，形成了学校发展的良性循环。

二、内涵发展与特色形成

学校品牌外在知名度、认可度的基础无疑是学校的内涵发展。只有有了特色鲜明的办学理念、办学思想，拥有知名校长，师资水平高，提供适宜学生发展的课程等，学校品牌才能够真正的建立起来。

事实上，学生家长选择附小最看重的也是学校的内涵发展。"如果师资力量没有本质提升，恐怕没什么实际意义。S小学的办学质量直接关系小区居民的利益，如仅有'名'而无实，结果是小学将吸引更多外部慕'名'而来的生源，拉高赞助门槛，开敛财方便之门，教学质量却没有提升，此小区之不幸；如果名字不改但提升内功，通过和师范大学建立合作加强师资办学，小区的孩子家长落得实惠，这才是好事一件。"[①] 这是附小刚刚更名时附近一个高档社区论坛上的帖子。这些居民并不认为学校挂个新牌子、变个新名字就会变成一所好学校，他们更看重学校的内涵发展。如果没有内在教育教学质量的提升，附小就不能吸引这些居民。"我们其实一直在观望，谁都知道，不是名字变成大学的附属小学了，学校就立马变成名校了。家长们都挺重视孩子的教育的，所以刚开始我们那么大的小区也没有几个孩子到这来上学。后来一个是择校越来越难，另外一个听已经在附小上学的家长聊一些学校的具体情况，发现这个学校的老师对孩子挺好的，教学也很认真负责，课外活动、社团什么的也挺多的，教学质量也还不错。看到小区孩子上学还挺高兴的，说明孩子在学校过得很快乐，家长之间聊天儿，也觉得不错。所以，我们最终也决定送孩子来这儿上学，毕竟上学近

---

① L小区业主论坛：http://house.focus.cn/msgview/639/184694020.html，2010年1月24日。

对小孩子挺重要的，孩子上下学也有一个小区的小伙伴。"这是一位二年级的家长当初选择到附小就读的原因。家长们更关心的是学校的内涵发展，这是形成学校品牌的根本。通过大量的教师交换，附小的内涵发展迅速，在办学理念、办学思想、师资、课程等各个方面都有了很大的提升。

（一）梳理办学理念，建设特色学校

独特的办学理念是建设特色学校的核心内容，也是学校品牌建设的重要内容。

S 小学于 2009 年开始学校文化创建，基于对童年的理解，基于对社会问题的教育反思，结合当前学校教育中学生的主体性不高、学生的成人化倾向严重等问题提出了"童心教育"的文化建设理念。附小成立后，将"童心教育"作为学校办学理念的标识，进行了梳理、甄别、传承、发展和重建。不仅一些专家顾问团的各位教授对"童心教育"的理念提出许多意见和建议，而且 YQ 等老师多次帮助附小从文字等细节方面梳理"童心教育"的理念。在实践的基础上，对"童心教育"的理念进行了重建，并细化到学校的教育教学各个方面。最终，将"童心教育"的教育使命确定为：葆童真，激童趣，为学生身心健康打基础，培养会幸福的学生；爱生活，会工作，为教师的职业发展铺路，培养懂儿童的教师；有文化，有质量，深化童心教育，成为素质教育最好的学校；教育目标确定为：育人为本，提升课程建设的能力，给学生带来成长的机会；育心为道，体验童心文化的进步，给学生带来快乐的童年；育体为根，关注个体生命的状态，给学生带来健康的生活。"童心教育"围绕引领童心、守护童心到促进童心三个主题，从培养什么样的人到怎么培养人这一教育问题的提出和回答，形成了童心教育整体性发展的理念框架。

经过多年的建设，"童心教育"已经成为学校的品牌，并在更广泛的范围内产生了影响。2010年、2011年，分别在北京市小学特色校长论坛作童心教育经验交流，受到各位专家和校长们的好评。多年来，接待来自新疆、西藏、青海、内蒙古、山西、广州等各地的校长和教师，承担了众多市区各级教师培训任务，使附小的"童心教育"在全国各地的影响逐步扩大。

童心教育同时取得了一定的社会影响。教育电视台、海淀有线电视、《现代教育报》等多家媒体对附小的童心教育进行了报道。2011年11月，承载"童心教育的理论与实践研究"一期研究成果的专著《必须保卫童年》获得海淀区教育科研创新奖，2014年获得北京市第四届基础教育一等奖，第六届北京市教育科学研究一等奖。

2013年11月，附小与中国教育学会小学教育专业委员会联合倡导成立"童心教育联盟"，全国有57所小学加入这一联盟，同时举办"童心教育——让每一个学生健康快乐成长"研讨会。DF校长做了《童心教育的理念与实践》的主题发言，从敬畏童心、欣赏童心、保卫童心三个方面详细阐述了附小构建的童心教育实践体系，在童心管理、童心课程、童心德育三大关键领域的实践与思考以及取得的成果。

2014年3月，"基于'童心'教育理念的课程体系建设的实践研究"开题论证会举行，附小将进一步研究"童心教育"的理念与实践。

可以说，"童心教育"已经成了附小的标识。

（二）总结办学思想，成就知名校长

"一个好校长，成就一所好学校。"在学校品牌建设方面，"知名校长"不仅体现了学校的办学思想，而且也是学校品牌的重要"标识"。

附小的DF校长1989年参加工作，1995年开始履行校长职务。

在一线教学的 6 年里，他获得过海淀区语文评优课一等奖，在北京市开过语文教学展示课，并曾随同教研室到外省市送课，以卓越的教学能力赢得众多赞誉。从 1995 年担负管理工作以来，始终恪守"用行动诠释信念，以勤奋实现超越"的光辉使命。他组织编辑了十几本有影响的教育著作，其中《必须保卫童年》一书获得北京市第四届教育教学成果奖一等奖；他撰写了多篇论文，其中《童心教育的理论与实践》、《在生本教育实践中体现童年的美》等论文发表于《基础教育参考》、《人民教育》等核心刊物上，并有数十篇论文获得国家、市、区一二等奖。

DF 校长先后被评为北京市五四奖章、北京市青年岗位能手、北京市教书育人先进个人、北京市百杰校长，还曾荣获海淀区模范校长（两届）、海淀区精神文明建设奖等，兼任过海淀区名师工作站导师组成员、海淀区教育学会副会长、中国少年先锋队全国工作委员会委员等职务。

2013 年 12 月，DF 校长荣获了由新华网主办的"大国教育之声"基础教育突出贡献奖荣誉称号，同时首师大附小也荣获"大国教育之声"基础教育特色学校荣誉称号。2014 年 12 月，中国互联网中心（中国网）举办了中国教育家年会暨中国好教育盛典，DF 校长荣获中国好校长称号。这说明"D 师范大学附属小学"以及 DF 校长在互联网上同样显现出社会知名度和认可度。

（三）提升师资水平，促进教师发展

大学教师与小学教师的大量交换的直接结果是形成了教师教育共同体，而间接结果就是提升了附小的师资水平，对附小教师发展起到了全面促进的作用。

截至 2014 年 9 月，附小的师资中除了新录用毕业生 36 人，新调入教师 36 人，还有 72 人是更名时就在附小工作的教师。这些教师中的许多人在四年中专业发展迅速。具体数据如下：

表5-12　2009年至2014年附小原师资队伍发展情况一览表

时间	人数	学历			其中：区级以上骨干	其中：党员
		研究生（含在读）	本科	专科		
2010 年 1 月	72	1	55	16	22	12
2014 年 9 月	72	11（在读4）	49	12	29	29

从表中可以看出，在学历提升方面，有4名年纪较大的教师取得本科学历，10名教师考取在职研究生，其中6名教师已经取得研究生学历，4名教师在读。

　　学校更名后，我觉得自己还年轻，也需要进一步提高学历，适应学校发展变化。我跟我们组的学科专家咨询过。她告诉我说，要是报考D师范大学C学院，只要参加全国教育硕士统考，达到录取分数线就可以录取，并且鼓励我去试试，还帮我咨询了报考要求什么的。我挺受鼓舞的，就开始复习。没想到没有我想象的那么难，一下就考上了！

　　我本来就挺爱学习的，我们组的学科专家就鼓励我去试试，还给我联系了大学的老师，我就很认真的准备，假期都没休息。考上了之后有时有问题也会问问她。

这些教师不仅经过学习，提升了学历层次，同时，在撰写论文的过程中，认真反思自己的教学，需找解决问题的途径，促进了自己的专业发展。

　　从表中还可以看到，在这72名教师中，区级以上骨干教师人数增加了7人。区级以上骨干教师的评选不仅有名额限制，而且要求每年要完成一定的教学科研任务，考核合格，才能继续被评为骨干教师。① 加上新调入教师中的 5 名骨干教师，附小在 2014 年 9 月，区级以上骨干教师达到 34 人，其中市级骨干教师 5 人。这些教师成为教育教学水平提升的领军人物，在他们的带领下，附小教师专业发展迅速，教学科研水平大幅提升。

学校党员人数也增加了 17 人，说明教师的凝聚力增强，有更多的教师愿意以党员的名义承担更重要、更多的工作，为学校发展贡献更多的力量。

在大学教师的指导下，附小编写的传统文化阅读启蒙方面的校本教材已经正式出版上市；科学组教师编写的名校名师小幼衔接科学教材也已经正式出版上市。

2014 年 6 月，附小为一位数学老师召开了教育教学实践研讨活动，这位教师从教 20 余载，作为一名普通的数学教师，她做出了许多不普通的成绩，在课堂教学中深入思考、研究以生为本，转变教学方式等关键性问题，创造了生动的童心课堂，让学生获得了更加优质的发展。在班主任工作中，始终坚守教师责任，以自己鲜明的教育思想和教育理念成功的付诸实践当中，取得了突出的成绩。打造特色教师，也是学校品牌建设内涵发展的重要一环。

大学和小学共同搭建的教师专业成长和发展的平台，一方面促进了教学质量的提高，更重要的是促进了教师专业的成长，进而形成一支强有力的专业骨干队伍。

（四）注重学生发展，打造童心课程

教师互动的另一个间接结果，是附小的学生受益。师资的提升为学生发展奠定了良好基础，童心课程的设计和完善保证了学生在附小的校园里享受到全面发展的各类课程。

---

① 参加第三章第二节的内容，北京市骨干教师、海淀区骨干教师的评选和考核要求。

　　童心课程提出的总目标是：在国家课程总目标的基础上和学校童心教育理念的指导下，学校课程设置突出对"完美人格品质"与"创新学力"的培养。在以学科为基础的课程中实现完满的生活态度与能力的培养；在以活动为基础的课程中突出知识的转化与实践应用能力的培养。最终使学生成为一个具有完美人格品质与创新学力的人。围绕着"夯实完满生活基础、注重学生品性养成、创新学生学力提升"建立了一个将学校环境、家庭环境、社会环境和自然环境，将生活、学习与游戏各方面融合在一起的一个综合性课程体系。

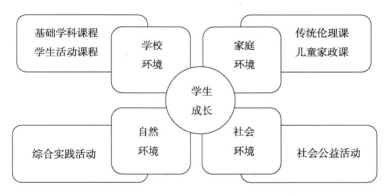

图 5 - 1　附小童心课程示意图

　　"生活者课程"是必修课程，是由国家课程所规定的学习领域中体现共同基础的各学科组成，是培养小学生基本素养和成为合格公民的基本要求，实现完满生活者的基本知识的获得、能力与技能的形成、态度与价值观的建构。随着新课改的不断推进，国家课程的校本化实施逐渐成为教育实践领域非常重要的一部分，成为中小学推进素质教育、彰显学校特色的重要途径。国家课程的校本化是对国家课程的加工，以更适应本校学校的姿态出现。

　　"终身学习者课程"是对国家课程的拓展，是为了满足学生潜能发展而设计的，它为学生提供了更多的课程选择的机会，在已有的课程上做相应的拓展，拓展性课程不离开基础性课程，而是根据原有知识，在一定程度上有所提高，更能够开阔学生的眼界，实现对原有课程的一种补充。

"快乐游戏者课程"是为学生保留探索乐趣的课程。孩子天生是好奇的，自然的探索能够激起学生学习的兴趣。学生的社会化是在游戏中得以完成的。活动是学习的基础，是培养学生正直、责任感能力的基础，从活动中获得有意识的行为。

"学习者、游戏者、生活者"童心课程设置以让学生体验到学校是一个有趣、自由的、充满爱心的和友善的，以鼓励探索和愉悦感为前提，以"率真、关爱、求索"价值观引领学校的课程设置，使学生在校园学习中更加快速地掌握知识，实现一种学习上的解放。"学习者、游戏者、生活者"不是对国家课程的叠加，而是以国家课程为本进行横向的单学科拓展和纵向的多学科的整合，在如何上好国家课程和利用好现有教材上下功夫研究到极致，为解放学生目前沉重的学习负担寻找到一个令人满意的解决方式。

虽然"童心课程"的设计在现实的教育教学实施过程中会出现这样或那样的问题，但是在大学教师与小学教师形成的教师教育共同体中，这些问题会被不断反思，进而找到解决问题的途径，促进学生的全面发展。附小成立之后，学生在海淀区的学业质量监控中表现越来越好，近两年，学校经常被选为区级教师比赛的现场，承担一些海淀区小学教育领域的现场会。同时，学生在各级各类比赛文艺、科技、体育等比赛中获奖逐年增多，展现了学生全面发展的良好势头。

第六章　反思与讨论

在第三、四、五章，我就附小共建项目中大学教师与小学教师在互动中的交换动机、交换过程和交换结果进行了事实描述和阐释。本章将结合更多的田野资料，反思和讨论交换动机、交换过程以及交换结果对教师互动的影响。"对教师互动的影响"主要体现在两个方面：促进教师互动和阻碍教师互动。促进教师互动主要表现在促进大学教师与小学教师从表面接触阶段进入实质接触阶段，进而进入全面接触阶段，从咨询模式成为专业合作模式，最终形成朋友合作模式，从而使交换不仅产生大量直接结果，而且产生许多间接结果；阻碍教师互动则主要表现在阻碍教师互动向下一个阶段发展，使互动阶段停滞或退回到表面接触阶段，互动产生的交换结果很少。本章将进一步揭示事实，探究原因，从而为行动策略提供依据。

第一节　交换动机对教师互动的影响

如前所述，动机是指行为的动力——人的行为开始、维持、导向和终止的动力。在附小共建项目中，教师的交换动机对教师互动有哪些影响呢？

一、动机强度对教师互动的影响

通过对附小共建项目的田野考察，我发现，无论是外部动机还是内部动机，交换动机对教师互动的影响是关键性的。

在教师互动的过程中，没有交换动机，教师就会退出互动。大学教师中有两位教师中途退出了附小共建项目：一位教师是在评上副教授之后，随即向领导提出了退出的要求，因为她没有了别的专业发展追求，同时也不用太在意领导对自己退出附小建设工作的看法了；另一位教师原本因学历原因，面临转岗的可能，很积极地投入到附小共建项目三年多，没有了原来的危机之后，也提出了退出要求。一些普通小学教师因为没有交换动机，并没有进入到与大学教师的互动中。"本来我们计划把所有老师的课都听一遍，但是后来发现，有的老师不愿意让我们听课，后来我们就是组长安排什么干什么。有的老师确实没要求，我们也不能强迫人家。所以有的老师我都不认识。""我们组有的老师一次都没有被大学教师听过课，可能是觉得自己水平不行，其实就是不想花时间准备。组长一般也知道哪些老师没需求，就不安排大学教师听他们的课了。"这些大学教师和小学教师都是因为没有交换动机，即使有机会参与互动，也主动退出或放弃了。

本研究按照是否形成主动交换，把进入互动的大学教师和小学教师的动机强度分为强和弱两种状况，即能够形成主动交换的教师交换动机较强，不能形成主动交换的教师交换动机较弱，那么，可以得到四种交换动机强度对教师互动的影响情况：

第一种情况，如果大学教师与小学教师的交换动机都较强，那么，他们一般会形成主动交换，经过较短时间的表面接触阶段，进入实质接触阶段；

第二种情况，如果大学教师的交换动机较强，小学教师的交换动机较弱，那么，他们可能进入实质接触阶段，也可能停留在表面接触阶段；

第三种情况，如果大学教师的交换动机较弱，小学教师的交换动机较强，那么，他们也是可能进入实质接触阶段，或是停留在表面接触阶段；

第四种情况，如果大学教师与小学教师的交换动机都较弱，那么，他们一般会形成被动交换，导致停留在表面接触阶段。

关于交换动机强弱对教师互动的影响可以用以下的矩阵表示：

小学教师交换动机

		较强	较弱
大学教师交换动机	较强	能够进入实质接触阶段 可能进入全面接触阶段	可能进入实质接触阶段 可能停留在表面接触阶段
	较弱	可能进入实质接触阶段 可能停留在表面接触阶段	停留在表面接触阶段

图 6 - 1 交换动机对教师互动影响矩阵图

SQ 与 SH、YQ 与 YH 等教师稳定在实质接触阶段和全面接触阶段的互动属于第一种情况。他们的交换动机较强，并且相互影响，因而互动的动力强劲。大部分大学教师与小学学科组长的互动都能够进入实质接触阶段。

ZQ 与 ZH 老师则属于双方的交换动机都较弱的第四种情况，她们长期停留在表面接触阶段，没有进入实质接触阶段的可能。大部分大学教师与普通小学教师的互动停留在表面接触阶段。

而第二、三种情况一般并不稳定，在互动的过程中大学教师和小学教师会相互影响，既可能进入到实质接触阶段，也可能停留在表面接触阶段。

ZQ 老师的交换动机较弱，但是小学新调入的学科组长交换动机较强。学科组长希望借助 ZQ 老师的帮助，在新的工作岗位上做出成绩，得到领导的认可。因此，学科组长每周都邀请 ZQ 老师来听评课，并且拿出自己的教研计划和课题申报计划找 ZQ 老师指导。虽然 ZQ 老师并不愿意这么频繁地到附小来，甚至找借口推掉一些邀请，但是大多数情况下，顶着"学科专家"的头衔，ZQ 老师只好和学科组长一起听评课，梳理教研计划和课题计划，同时把自己的研究生带来参与听课等活动。她们的互动也逐渐进入了实质接触阶段。

YQ 老师的交换动机较强，但是，她和组里一位老教师的互动只停留在表面接触阶段。这位老教师已经 50 出头，身体不太好，常年吃药，只承担一些品德与社会、手工等副科课的教学工作。她是附小成立之前从别的学校调进来的，处于完成分内工作、等待退休的状态。"我虽然到组里经常能见到她，见面也会亲热地打招呼，但是这位老师只参加组里统一的活动，从来没有向我提过任何个人需求，我想帮助她也无从下手。"因此，她们的互动只停留在表面接触阶段。

事实上，大学教师与小学教师的交换动机对互动的影响体现在互动的全过程。当教师的交换动机发生改变，他们互动的阶段会逐渐改变，交换模式随之改变，当然，交换结果也会发生变化。因此，教师在互动中的交换动机是影响互动的关键因素。

二、外部动机对教师互动的影响

在 D 师范大学与附小共建项目中，外部动机对教师互动的影响是明显的。教师的外部动机主要包括领导的指令、评价和报酬等。由于大学教师和小学的学科组长直接承担领导的指令，同时接受领导的评价，取得相应的报酬，所以，外部动机对他们互动的影响是非常直接和显著的。

（一）外部动机是教师互动开始的动力

在 D 师范大学与附小共建项目中，双方教师都是在外部动机的驱动下开始互动的。

大学在 2010 年 9 月开学初召集确定下来进入附小各学科组的 10 名教师开会，向教师们介绍了大学选择 S 小学建的过程和目的、附小现在的基本状况以及学科专家的任务。大学负责附小建设工作的 DP 院长向教师们讲述了选择 S 小学的过程，让教师了解选择 S 小学的原因，同时明白"没有现成的果实可以摘，只能通过自己的辛勤工作建设高水平的附小"。同时，向教师们发放了《D 师范大学 C 学院与附属小学共建工程专家职责与工作计划书（2010—2013）》，明确了学科专家的职责与任务：要通过三年的时间，使附小建设初见成效，而学科专家是附小内涵发展、提升师资整体水平的重要力量。

附小在更名初，DF 校长不仅向全体教师介绍了抓住更名的机会很不容易，而且带领全体教师一起展开"更名对我们意味着什么？""我在更名后要怎么做？"等问题的大讨论，使全体教师认识到与大学合作来之不易，更名对学校发展的重要意义以及提升师资水平的重要性等。在第四章，我引用了 SH、YH 老师在更名初写下的感悟。可以看出，这样的大讨论为小学教师接纳大学教师的指导，同时激发教师提升自己专业水平的热情很有帮助。DF 校长在大学教师进入附小前，召开了学科组长会，向学科组长介绍了学科专家进入各学科组的时间、计划，要求各学科组充分利用专家资源，做好本组的校本教研，提升师资水平、教研水平。

附小共建项目是大学与小学领导经过近一年的接触、磨合、沟通，才达成的共识，因此，双方的领导都非常重视共建工作，进而非常关注教师的互动情况。在这个合作项目中，强烈的外部动机是教师互动开始的动力。

（二）外部动机是教师互动持续的动力

在《D 师范大学 C 学院与附属小学共建工程专家职责与工作计划书（2010—2013）》中，规定了"每周半日工作制"，即要求大学教师平均每周去附小半天。同时，附小共建项目在每学期开学初召开学期工作计划及部署会、学期末召开学期工作总结及交流会，一般都是双方领导出席，大学教师、学科组长分别发言。平时的工作量统计一般由学科组长上报到小学领导，同时大学教师把每次去附小的工作纪要交给项目秘书，由项目秘书汇总给大学领导，方便计算酬金。这样的制度要求使大学教师和小学学科组长的互动情况接受双方领导的评价。教师完成领导指令的情况、领导评价的反馈情况直接影响到教师的交换过程，进而影响交换结果。

"去年他们的学科组长外调之后，没人联系我，我也就没去附小。后来都快期末了，我想这回不行了，必须得跟 DP 院长说，不然期末总结的时候再告诉领导，领导肯定会埋怨我没早说呀。DP 院长就跟附小的领导联系，原来新的学科组长是外省调入的，不知道有这回事儿，原来的学科组长没跟她交接。但是知道了之后，下个学期我就忙了，周周找我。"通过 ZQ 老师的叙述，可以看到，正是顾及到期末的总结，她才会将异常情况主动告知领导，请领导协调，进而恢复正常互动。如果没有外部动机，ZQ 老师就会停止互动。

"领导要求我们自己跟学科专家联系，正好我们每周一次教研活动，对专家的要求也是一周半天，我和 SQ 老师几乎每周都见面，很快就熟悉起来了。"没有外部动机的驱动，SQ 与 SH 老师就不会很快进入实质互动阶段。

因此，外部动机是教师互动的基本保障，包括保持基本的频次、保证基本的内容等。同时，外部动机也可以激发教师的内部动机，这在小学教师身上有明显的体现。

一位在附小工作了十多年的骨干教师，在准备区里赛课的一段时间里，每天都很晚睡觉，周末也不休息，教案几易其稿，但是她还是非常认真地听取大学教师的意见和建议，多次试讲、修改、调整。当我问她投入这么多时间和精力，值得吗？她除了谈到这个过程对自己专业发展的帮助，还谈到了学校和校长对她的影响。"我们学校能有现在的发展非常不容易。我还记得前些年生源减少，领导为了学校的生存，决定招收住宿生。三伏天儿去外边招生，有的老师都中暑晕倒了！住宿生招来以后，我们特别精心，许多老师要住在学校，从早到晚精心照顾学生。现在校长抓住机会，我们更名成了大学附小，学校发展这么好，都是以前不敢想象的。我们知道自己的基础差，和别人能比的就是认真和投入，不惜力。只有学校越来越好，我们老师才会越来越好，发展机会越来越多……我非常佩服我们校长，没有他就没有学校的今天。该校长干的大事儿都做得很好很好了，我们老师就得把这些分内的事做好。"

作为学科组长，SH 老师经常和校长打交道。"我们 DF 校长总是领先我们一步，能够想到学校发展的长远问题，我们都是紧跟着他学习新东西，不然就被落下了。而且事实总是证明，他当初的决定是正确的，是最有利于学校发展的。跟着这样的领头羊，心里很踏实，知道他会把你向好的方向带……校长说什么我就做到什么，尽自己最大的努力。所谓工作做得好，我觉得就是对领导布置给自己的工作不打折扣地完成，即使自己能力有限，也要尽自己最大的努力，努力的过程中，自己也成长了。"

学校的凝聚力、校长的领导力对小学教师的影响非常大。他们虽然在毫无选择的情况下进入教师互动，在忙碌的日常工作之外增添许多压力，在大学教师刚开始听课的时候甚至睡不着觉，但是对学校的热爱、对校长的信任使大多数小学教师很快适应了这样的工作状态，同时激发了一些教师的工作热情和专业发展动力，将外部动机转化为内部动机。

三、内部动机对教师互动的影响

教师互动的内部动机主要源自教师的专业发展需求。如果说外部动机是教师互动的基本保障，那么，内部动机就是教师互动达到高质量的源泉。在附小共建项目中，大学教师与小学教师互动的根本目标就是促进小学教师的专业发展。因此，不论是大学教师还是小学教师，如果不能在互动中唤起自己专业发展的内部动机，就不能使交换取得更多的结果。

（一）内部动机对大学教师的影响

"不受我们欢迎的专家有两种：一种是本身没啥水平，但是挺把自己当专家的；还有一种是理论水平挺高的，给我们画个美好的蓝图，说要达到这样的教学状态，但是离我们太遥远，太不切合我们学生的实际了。"小学教师不认可的两种大学教师，其实都是大学教师没有在附小共建工作中激发起内部动机，没有花费时间和精力认真研究与之互动的小学教师面临的实际教育教学状况，也不能给出符合实际的有效的意见和建议。

ZQ 老师没有专业发展的内部动机，因此并不十分情愿到附小去，也不会花费额外的时间和精力去研究小学教师在语文教学实践中遇到的问题。如果遇到她熟悉的内容，就能够给出中肯的意见和建议；如果不是她熟悉的内容，给出的指导意见自然不会非常具有针对性和实践性，不能得到小学教师的认同和信服。

SQ 老师在互动开始时并没有内部动机，因为她原本的专业发展方向并不是研究和面向小学英语教学的。但是，她在认真完成工作的过程中，经过不断地学习，找到了这项工作本身的意义，从而激发了自己专业发展的内驱力。"虽然这个工作我做得挺辛苦的，也是挺累的，但是我觉得反正要做，就尽量让这个事情变得有意义，有意义你就会慢慢觉得有乐趣了。慢慢地，我的专业发展方向也转变了，从翻译学到了小学英语教学论，发展机会也更多了。"

YQ 老师的个案更是说明只有有了专业发展的内驱力，教师才会主动交流、探讨、研究面对的问题，从而让互动取得更多的交换结果。

（二）内部动机对小学教师的影响

内部动机对小学教师的影响同样指向互动的效果。内部动机较强的小学教师在互动中更认真，注意反思自己的教学，不断改进教育教学，进而提升专业水平；内部动机较弱的小学教师在互动中更多处于少言寡语的状态，专业发展较慢。

YH 老师一直具有很强的专业发展愿望，希望成为一名小学品德与社会教育教学的"名师"。所以作为一名普通教师，她在接触到 YQ 老师后，主动与 YQ 老师沟通，向她请教，不断反思自己的教育教学，同时投入大量的时间和精力在专业发展上。她因此与学生建立起很好的师生关系，从而感受到更多的教育幸福。YQ 老师在互动中感受到 YH 老师"一点就透，认真对待我的意见和建议，并且能够结合自己的教学实践迅速做出调整，甚至有更多的引申和发展，这样的互动感觉就很棒！"

而 ZH 老师调入附小时学校刚刚更名不久，她没有经历过学校生源减少、面临生存考验的历史，自然不可能促使外部动机转化为内部动机。她年近四十，没有当教学管理干部和申请更高一级职称的愿望，也没有更多的专业发展动力。但是她在自己长期的教育教学中已经形成了许多实践性知识，对教学、对学生都有自己的想法和做法。她对 ZQ 老师并不十分认可，即使可能有帮助的意见和建议，也不会很认真地思考是否对自己的教学实践改进有帮助。她们的互动因为都没有内部动机，在咨询模式的互动中没有实质性效果：ZQ 老师说 ZQ 老师的，ZH 老师做 ZH 老师的，很难影响到对方。

我在田野中观察到，一些小学教师非常缺乏内部动机，导致互动效果很差。

我参与了连续两周四次针对附小 YH 老师同一节课的指导。负责这个学科的 YQ 老师是本学科教学论方面的专家，经常担任市级赛课的评委。她还专门请来了在这方面有丰富经验另外两位专家一起出谋划策，希望帮助 YH 老师在海淀区的赛课中取得好成绩。但是第一次我们就发现，教案中的许多内容是从网上复制下来的，其中个别地方名字都没有改，说明 YH 老师根本没有认真准备。"比赛的教案评分是 30 分，你现在这个教案我最多给打 5 分。" YQ 老师给她指出了具体要修改的地方。YH 老师课上完之后，效果不太好，三位大学老师、学科组长和她一起讨论，给出了相应的意见和建议。但是 YH 老师仿佛神游天外，很少记下 YQ 等老师的意见和建议，包括提供给她的非常适合她使用的教学参考资料。YQ 老师着急了，"姑娘，您倒是赶快记下来呀，要不然用手机录下来，我把 C 老师请来可是很不容易的。" YH 老师这才开启了手机录音。过了三天清明节假期，我们来听第二次课，发现教案基本没改，原来的错误都摆在上面，实际的教学虽然有所改进，但是很少，而且在一些上次讨论达成共识的地方也没有改过来。YQ 老师和学科组长都督促她尽快修改，并约定了下次听课的时间。但是第三次、第四次都是改进不多，没有达到预期的课堂效果。我了解到，YH 老师新调入附小两年，原本不是教这个学科的，领导希望通过这次参赛锻炼她。但是她对这个学科的课没感觉，不想教，也不想去参赛。"领导直接给了参加区里比赛的机会多难得啊！语文、数学、英语这种大学科，都是学校选完，到学区比，过五关斩六将才能取得参赛机会。到了区里大部分都会给奖，就是自己的成果啊。可是你看，她根本就不珍惜，不愿意接受挑战，只想按照自己最省事最熟悉的套路上课，不想改变。我给出的几个建议，她一定是挑最不用动脑子、最不用花气力的方案，还落实不到位。"YH 老师因为没有内部交换动机，完全是"服从领导安排"的外部动机支持着她参与互动，因此教师互动的效果大打折扣。

除了这样的特殊情况，一些普通小学教师内部动机缺乏，一方面是由于专业发展上升的路径小，工资待遇低。大多数小学教师只要学历、教龄达到标准，就能够具备二级教师（相当于原来的小学高级教师）资格，但是一级教师（相当于原来的小学评中学高级教师）资格名额很少，普通老师很难评上。这样一目了然的前景自然很难吸引小学教师在专业发展上"呕心沥血"。同时，小学教师的工资水平低，即使成为一级教师，工资待遇也没有提高多少，与付出的辛苦完全不能相比。因此大多数小学教师达到二级教师之后，缺乏前进的动力，一般只是完成自己分内的工作，按部就班过日子。加之大多数小学教师是女性，人到中年，上有老下有小，照顾家庭也是她们义不容辞的责任。另一方面是小学教师的事务性工作很多，占据了大量时间和精力。通过在第四章对 ZH 老师所做的一日观察记录，可以看到，大多数小学教师（班主任加两个班的语文或数学教学）在一个最普通的日子里，没有领导的检查评比，没有外校的来访参观，没有学生的意外事件，没有需要上交的材料、文稿……他们依然没有空闲可以静下心来看看专业书、反思一下教学、琢磨琢磨教研论文……其他学科的教师每周的课时数更多，还要担任副班主任和一些学校的杂事，在校期间也很难有空闲的时间和精力。

因此，调动小学教师的内部动机，是教师互动取得更好效果的重要因素。只有更多的教师在互动中激发自己专业发展的动力，才能使互动实效、高效，取得更好、更多的成果。

第二节　交换过程对教师互动的影响

如果按照交换过程给大学教师与小学教师的互动打分，表面接触阶段大概是及格的水平，实质接触阶段可以达到良好，而全面接触阶段达到了优秀的水平，相应地，表面接触阶段形成的交换结果较少，而全面接触阶段的交换结果较多，那么，哪些因素对互动的阶段和结果有较大影响呢？

一、互动频次对教师互动的影响

根据"时空接近效应（proximity）"，我们看见并与之交往频繁的人往往最可能成为我们的朋友，而接近效应之所以能够发挥作用，是因为熟悉度或曝光度（mere exposure effect）：我们暴露在某一刺激下越多，我们也就越可能对其产生好感。我们经常看到一些特定的人，当彼此变得越来越熟悉，友谊也就越来越容易形成。[①]原本陌生的大学教师和小学教师要一起共事完成任务，那么，互动的频次越多，越容易建立起和谐的工作关系，进而形成友谊。观察附小共建项目的教师互动，确实可以看到互动频次对教师互动所处阶段的影响。

处于表面接触阶段的教师每学期的互动频次基本在 5 次以下，包括听评课、教研活动等互动形式。大多数普通小学教师与大学教师的互动均低于这个频次。而且互动只在校园里完成，几乎不会涉及电子邮件、电话等超越校园时空的互动。

---

① 艾略特·阿伦森、提摩太·D. 威尔逊著，侯玉波等译：《社会心理学》，341～342 页，北京，后浪出版社，2012。

　　处于实质接触阶段的教师每学期互动频次在 10 次左右，除了听评课、教研活动等在校园时空内发生的互动，还包括电子邮件、电话、微信等途径的互动。但是依然以在校园内发生的互动为主，其他方式为辅。SQ 老师与 SH 老师的互动主要都发生在校园时空内，她们有什么事一般都会在每周的互动过程中当面协商。比如：SH 老师会把教学设计、教研计划、课题报告等打印出来，SQ 老师在上边做修改，把改好的文字稿交还给 SH 老师；SQ 老师也会把她负责的培训班的情况打印在纸上，给 SH 老师看，请她安排到附小进行课堂实践的环节。当然，她们也会通过电话、电子邮件协商一些具体事宜，比如：听课时间调整、教研活动有变动、在学校来不及修改的稿件等，但是频次比较少，更多的互动是面对面在附小校园里进行的。

　　处于全面接触阶段的教师表面上看每学期面对面互动的频次与实质接触阶段的互动频次差距不大，一般每学期在 10 次以上。但是他们互动的实际频次显然高于实质接触阶段，互动途径更多，在校园内的互动主要是一些必须当面才能完成的事情，比如听评课、教研活动，而电话、电子邮件、微信等的联系非常紧密。YQ 和YH 老师的互动充分体现了这一点，比如：YQ 老师告诉 YH 老师把参赛的教案设计发到邮箱，她改好后再发给 YH 老师；她们是微信圈好友，见面会就微信中的发言交流意见；她们会在节日中互致问候；遇到问题经常在电话里沟通等。

　　互动频次在教师互动的不同阶段表现出了明显的不同。因此，在互动初期依据"时空接近效应（proximity）"，增加互动频次，显然有助于大学教师与小学教师尽快进入实质接触阶段。当教师的互动超越校园的时空，电话、电子邮件、飞信、微信、QQ 等互动增多，也意味着他们建立起朋友关系，进入到全面接触阶段。

二、交换资源对教师互动的影响

在交换理论中，谈及人们交换了什么，一般认为，人们交换了资源。所谓资源，是指在交换过程中人们的付出与回报。爱默森把资源定义为"一名行为者拥有的使其能够奖赏（或惩罚）另一名特定的行为者的能力、财物或其他属性"。在社会交换中，还需要考虑某一资源是否使人得益。人们希望得到某些资源，而不想要另一些资源；那些想要得到的资源可以被视作是一些回报。[①] 齐美尔的社会交换原则也包含了关于资源的两条重要原则：吸引原则（Attraction Principle），行动者越是感到对方的资源具有价值，他们之间就越有可能建立交换关系；价值原则（Value Principle），行动者对某种特定类型资源的需求越迫切，同时得到的可能性越小，则这种资源越有价值。[②] 在本研究中，我将"交换资源"界定为：在互动过程中，大学教师或小学教师所拥有的能够帮助对方完成领导任务和促进自身专业发展的能力。

由于项目本身希望大学教师"立足附小现状，研究小学教育教学中的现实问题，引领教育教学理念，促进附小教育教学质量提升"（《D 师范大学 C 学院与附属小学共建工程专家职责与工作计划书（2010—2013）》中规定的学科专家工作重心），因此，大学教师所拥有的交换资源对于开展工作显得尤为重要，即大学教师首先要具有帮助和指导小学教师的能力。

按照拥有交换资源的多寡，参与附小建设的 10 名学科专家大体可以分为三类。

---

① 罗洛夫著，王江龙译：《人际传播：社会交换论》，18 页，上海，上海译文出版社，1991。

② 乔纳森·H·特纳著，邱泽奇、张茂元等译：《社会学理论的结构》（第七版），267 页，北京，华夏出版社，2006。

　　第一类是普通的大学教师。他们只在学科的某个方向有研究，对小学教师只能指导一部分内容，不熟悉小学和小学教师，也没有研究小学和小学教师的能力，并且没有更多其他的资源可以引进附小，帮助小学教师。例如：MQ老师是一名大学的声乐教师，她作为学科专家只能指导小学音乐课中的声乐部分，对教师的声乐进行培训。

　　　　我只会这个，其他的我不会，只能找教研室主任，请他出面找其他老师来辅导。要是评课，我更不擅长了。除了能知道一些声乐方面知识性错误，其他的就不知道从哪下手了。所以要辅导钢琴伴奏，我就得请钢琴专业的老师来，点评音乐课，我再请音乐教学论的老师来。但是这都不是人家的分内工作，酬金给的也不多，我就是一个普通老师，也没有权力要求别的老师一定来附小。虽然教研室主任可以和别的老师打招呼，但是这毕竟是我的工作，我只能和人家商量，别的老师合适就来，不合适就不来，我也没办法。

　　MQ老师年近50，只是一位普通的大学声乐教师，从未参与过小学教师培训等工作，也没有参与过课题研究等工作，除了自己的专业，没有什么可以帮助小学教师的。所以，她虽然与一些附小音乐教师相处得很好，但是从交换结果来看，她与小学教师的互动取得的成果并不多，主要是帮助附小教师提高声乐基本功，进而提升声乐教学水平；引进一些其他教师，帮助附小教师提升整体音乐课教学水平。她与附小教师的互动经历了三年的时间，因为所拥有的资源少，并没有达到实质接触阶段的专业合作模式，而是更多停留在表面接触的咨询模式。

　　第二类大学教师是在进入附小之初，与MQ老师相似，只在学科的某方面能够给予小学教师帮助，但是，他们的学习能力和研究能力较强，随着互动的增加，自身资源不断增长，能够为小学教师提供的帮助越来越多。SQ 老师和 YQ 老师都属于这种情况。SQ 老师当时对自己的认识就是对于小学英语教育完全没有知识储备，只有英语学科专业知识上的优势。所以刚开始也只能在学科知识上，对小学教师的课进行点评，比如，语音、语调、语法的错误等。后来她开始学习小学英语课程与教学论的很多知识，还有小学生心理学、小学生英语教学、双语教学的特点、规律、第二语言学习特点等方面的书籍，还认真观看了所有海淀区世纪杯的英语赛课录像。通过这些努力，SQ 老师逐渐了解了小学英语课堂的教与学，能够在评课当中有的放矢，能够做到不仅仅从学科知识上指出了小学老师的不足，而且在小学英语教学方面给出自己的意见和建议。后来，她又开始学习教师专业发展，特别是小学英语教师专业成长方面的知识，从而具备了帮助附小教师专业成长的理论知识。她因为自身能力的增强，承担了外区县的小学英语教师培训的任务，将培训资源引进附小，宣传附小品牌，开阔附小教师视野；她成为了硕士生导师，把研究生的力量引入附小，帮助 SH 老师完成英语全校性的大型活动；她把关于教师课堂反思的资料翻译成中文，帮助附小教师反思自己的教学，进而提升教学水平……YQ 老师也是在与附小教师的互动过程中不断成长，将更多的资源引进到附小，帮助附小教师的同时，宣传了附小的品牌，取得了更多的交换成果。

第三类大学教师是进入附小之初就具备较多的资源。他们本身是学科教学论的专家，熟悉小学教学，了解小学教师和小学生，同时担任教研室主任等职务，可以调动更多的专业资源帮助附小教师。YQ 老师本身是小学科学学科教学论方面的专家，经常去小学听课评课，经常担任北京市中小学科学方向市级赛课的高级评委。她还是 C 学院理科专业的教研室主任，教研室包括物理、化学、生物、生理、地理等多个专业的教师和实验员。因此，她对担任附小学科专家的工作得心应手，毫不费力。她介绍附小教师一起参编幼升小的科学衔接课程教材；专门请来丰富经验的学科专家一起为附小教师参赛的教学实践把关；请实验员帮助附小教师完成实验设计；根据附小要求，为附小机器人校本课程提供师资；请教研室的专业教师帮助附小参加全国科技比赛的学生修改作品等。可以说，附小科学教师的任何教育教学工作遇到问题，YQ 老师都有资源帮助他们解决。

在小学教师方面，与大学教师的互动能够超越表面接触阶段的小学教师都是学科组长和骨干教师。一方面不能否认的是，这些小学教师具有更强的交换动机，但是，另一方面，也是因为他们具有帮助大学教师的资源。依据社会交换理论，金钱等物质方面的回报被认为是最低等级的回报。① 根据我的调查，在附小共建项目中，给予大学教师按照时间计算的酬金与其他项目相比较少。如果只看重酬金等物质回报，大学教师不会长期参与到其中。那么，只有大学教师在互动中得到了小学教师对自己的帮助，才可能将这样的互动关系深入下去，达到实质接触阶段的专业合作模式和全面接触阶段的朋友间合作模式，否则只会停留在表面接触阶段的咨询模式。

SH 老师作为学科组长，帮助 SQ 老师熟悉小学英语教学的方方面面，为 SQ 老师的科研论文提供丰富的案例，接待 SQ 老师的学生完成课堂观察等课题研究，协助 SQ 老师完成培训任务等。YH 老师之所以能够与 YQ 老师形成朋友间交换模式，正如 YQ 老师所说，她们之间不仅是相互欣赏，而且相互需要。YH 老师作为骨干教师，具备丰富的教育教学实践知识和经验，可以为 YQ 老师提供丰富的一线课堂实例，作为 YQ 老师在大学教学的案例，甚至到大学课堂上为大学生现身说法等。而像 ZH 老师这样的普通小学教

---

① 如：布劳概括了由低到高四种报酬：金钱、社会赞同、尊重与尊敬、服从。见本书第一章第一节。

师，本身不具备更多的资源，在与大学教师的互动中也不能为其提供更多的帮助，她们的互动只能停留在表面接触阶段。

因此，在 U - S 合作项目中，教师所拥有的交换资源对教师的互动影响很大。我按照是否教师具备咨询模式之外的资源，把进入互动的大学教师和小学教师拥有的交换资源分为较多和较少两种状况，那么，可以得到四种交换资源对教师互动的影响情况：

第一种情况，如果大学教师与小学教师的交换资源都较多，那么，他们一般会经过较短时间的表面接触阶段的咨询模式，进入实质接触阶段的专业合作模式；

第二种情况，如果大学教师的交换资源较多，小学教师的交换资源较少，那么，他们更可能停留在表面接触阶段的咨询模式；

第三种情况，如果大学教师的交换资源较少，小学教师的交换资源较多，那么，他们也是可能停留在表面接触阶段的咨询模式；

第四种情况，如果大学教师与小学教师的交换动机都较少，那么，他们只能停留在表面接触阶段的咨询模式。

关于交换资源的多少对教师互动的影响可以用以下的矩阵表示：

小学教师交换资源

	较多	较少
大学教师交换资源 较多	能够进入专业合作模式	停留在咨询模式
较少	停留在咨询模式	只能停留在咨询模式

图 6 - 2　交换资源对教师互动影响矩阵图

根据上图，我们可以看到，只有大学教师与小学教师都具有一定的资源，才能使互动达到实质接触阶段的专业合作模式，才能使互动取得更多的直接交换和间接交换的结果。

三、人际关系对教师互动的影响

关于人际关系的定义大多从社会心理学进行界定。乐国安认为，人际关系由认知、情感和行为等三种心理成分构成，它们相互联系、互为因果，任何人际关系的发生、发展和改变都是这三种成分相互作用的结果。其中认知成分是人际关系形成、发展和改变的基础，它是指个体对人际关系状况的认识，是人际知觉的结果；情感成分则是与人的交往需要联系在一起的一种情感体验，它反映出关系双方在情感上的满意度和亲疏关系；行为成分是指关系双方的语言、手势、举止、风度、表情等外显的行为表现。从三种成分的关系来看，认知是基础，情感是动力，行为是手段，三种成分相互影响、相互作用。[①] 人际关系对参与互动的每一名教师的情绪、生活、工作都有影响，甚至对互动的气氛、互动的阶段、互动的效率、互动的结果等均有影响。

虽然影响人际关系的因素有许多，但是，通过田野工作，我认为，对教师互动影响最大的人际关系因素是是否真正尊重对方，理解对方。

对大学教师来说，尤其需要做到尊重并且理解小学教师。

在我们的传统观念中，认为大学教师的地位远远高于小学教师。除了长期的"以学历论英雄"的论调，正在执行的《教师资格条例》也起了推波助澜的作用。其中的第四条将教师资格分为从低到高的 7 类：

1. 幼儿园教师资格；

---

① 乐国安：《当前中国人际关系研究》，53～55 页，天津，南开大学出版社，2002，有删节。

2. 小学教师资格；

3. 初级中学教师和初级职业学校文化课、专业课教师资格（以下统称初级中学教师资格）；

4. 高级中学教师资格；

5. 中等专业学校、技工学校、职业高级中学文化课、专业课教师资格（以下统称中等职业学校教师资格）；

6. 中等专业学校、技工学校、职业高级中学实习指导教师资格（以下统称中等职业学校实习指导教师资格）；

7. 高等学校教师资格。①

这 7 类教师资格的任职条件不仅对应相应的从低到高的学历，并且在第五条中规定：取得教师资格的公民，可以在本级及其以下等级的各类学校和其他教育机构担任教师。这条规定意味着，取得高等学校教师资格就取得了所有的教师资格。这样的规定实际上建立在传统的教学观、学生观基础上，认为学生就是"仓库"，教学就是向学生输入知识，把"仓库"填满，所以学历高、知识多的人可以向学历低、知识少的人输入。因此，大学教师可以指导小学教师，因为大学教师的学科知识比小学教师多。这样的逻辑虽然忽视了小学教师的专业性，忽视了小学生的学习特点，但是在惯性的作用下，依然强大。表现在 U–S 合作中，大学教师习惯于把进入小学称为"下校""下小学"，习惯于什么专业的大学教师都可以指导小学教师，习惯于被小学教师称为"专家"。同时，在"劳心者治人，劳力者治于人"的传统观念下，相对于大学教师的理论研究，小学教师显然干的是体力活儿，"理论派"指导"实践派"

---

① 北京市教育委员会网站：《中华人民共和国教师资格条例》，1995 年 12 月 12 日，http：//pgjw. bjedu. gov. cn/e/DoPrint/？ classid = 172&id = 1329，2010 年 3 月 10 日。

也就顺理成章。

事实上，在附小共建项目中，大学教师在互动中对待小学教师的态度可以分为三类：

第一种，不够尊重和理解小学教师。经过我的观察发现，一位大学教师对与小学教师和小学课堂持有这样的态度。"小学的课堂不就是这么点儿事吗？只要脑子清楚，逻辑清楚就能讲好。小学教师讲不好课，主要原因是他们不认真，不动脑子。"这位大学教师在点评完小学教师的课后，认为课的逻辑混乱，教师的脑子不清楚，跟我发了牢骚。因为持有"我是专家，小学教师应该听我的"想法，这位大学教师在与小学教师互动时，言语、行为往往较为强势，不太在意甚至忽视小学教师的回应，大多数时间都是在表达自己的意见和建议。这样的大学教师显然受到传统观念的影响，本身不是很熟悉小学教学、小学生、小学教师的情况下，谈不上理解对方，只从自己的视角提出意见和建议。同时，不注意听取小学教师的想法，互动中交流较少。

第二种，尊重但不够理解小学教师。这是我观察到的大多数大学教师在与小学教师在表面接触阶段和实质接触阶段的互动中所持的态度。这些大学教师很尊重小学教师，并不以"专家"的身份自居，在交流时注意听取小学教师在教学设计、教学实践、教学研究中的想法，多以商量的口吻给出意见和建议。但是因为大学与小学两种教师文化的不同，他们在许多事情上不能理解小学教师。比如：大学教师更关注对教育问题的理性认识，经常持探究、批判的态度，希望"试一试"新方法，而小学教师则更关注实践操作层面的内容，希望大学教师给出解决问题的策略与方法，不愿意"求新求异"；大学教师遇到问题喜欢独立思考，不断反思，而小学教师在严格划一的管理体制下，自信心和批判性不足，遇到新问题和新挑战时缺乏积极思考、主动应对的意识，对大学教师的依赖心理较为明显；大学教师更关注教师专业发展的过程，关注课堂教学观念的逐渐变化，关注学生的逐步改变，而小学教师更重视大学教师的指导能够带来的直接的课堂效果。这些差异虽然在不断的接触与了解中经历了不断的磨合，但是文化的力量一时难以改变。持有这样观念的大学教师可以与小学教师进入实质接触阶段，进行更多的专业合作，但是很难再进一步成为朋友。

第三种，尊重并且能够理解小学教师。这是达到实质接触阶段和全面接触阶段的大部分大学教师对待小学教师的态度。正如 YQ 老师所说的，"我很少说她业务上的短板，因为这是她的成长和环境决定。" YQ 老师充分理解 YH 老师工作的不容易，理解 YH 老师从中师一毕业就在小学工作形成的一些短板，所以当发现 YH 老师在教学设计理论方面的论述不清楚、不合适的时候，她会直接给 YH 老师做修改，让 YH 老师把心思全都放在教学实践上；在 YH 老师紧张时出言宽解，痛苦时拥抱安慰。

由于小学教师本身就处于被大学教师指导、被大学教师评价的互动关系中，充分尊重小学教师，并且理解他们工作的辛苦，理解他们所处的文化对其行为等的影响，让与自己互动的小学教师感受到被尊重、被理解是大学教师在互动中与小学教师建立起更好的互动关系的重要因素。换位思考是理解的前提，只有大学教师能够真正的了解小学教师的处境、心情、好恶、需要等，并能设身处地的关心对方，教师互动才能进入专业合作模式和朋友合作模式，进而取得良好的互动效果。

对小学教师来说，同样需要在互动中真正尊重大学教师，理解大学教师。

小学教师对待大学教师往往有两个极端。

其一，因为缺乏对大学教师的了解，在大学教师面前缺乏自信，认为大学教师看不上小学教师。一些小学教师在互动时不敢说出自己的看法，缺乏与大学教师的交流与沟通。这些教师一是受传统观念的影响，认为自己与大学教师差距很大，对大学教师的意见和建议只敢听，不敢问，二是学校领导重视大学教师意见，怕自己多说多错。在大学教师给自己时间谈想法的时候，也是简单叙述，不敢与大学教师深入交换意见。加上一些大学教师在言谈中又很容易无意识地带出一些大学的"话语系统"，让小学教师更感觉高高在上，不敢多说。"我们领导特别重视专家的意见，专家说好就是好，专家说不好就是不好。我管不了专家的看法，我首先态度好，专家说什么听什么。说多了，让专家抓住错儿，就还不如不说。"我在参与观察中，发现大学教师因为文化的原因，确实经常在与小学教师的交流过程中通过追问"为什么"了解小学教师的想法，并且上升到理论高度，指出问题的症结所在。但是小学教师并不太习惯这样的追问，不知道该怎么说，即使有自己的想法，也说不太清楚，往往简言避之。这种情况下，小学教师就会以为大学教师"咄咄逼人"，"看不起我们"，进而导致互动停留在表面接触阶段，不能深入。

其二，不信任大学教师，认为理论高高在上，只能听，不能用。一些小学教师认为大学教师在小学的"场域"中缺乏指导课堂实践的能力，给出的一些指导意见是"站着说话不腰疼"，并不信任大学教师。"我在小学工作这么多年了，大学的专家讲过小学的课吗？会组织教学吗？"带有这种想法的小学教师对大学教师给出的意见和建议往往不重视。"去年我指导一个老师参加海淀区世纪杯比赛，试讲的时候，我建议她把其中两个教学环节调换一下，这样更符合以学生为中心的理念，否则容易与教学设计理论方面的论述矛盾。但是她没听我的。结果比赛的时候，评委当场指出了这个问题。"大学教师如果看到小学教师并不接受自己的指导，给出的指导意见并没有反映在之后的教学实践中，大学教师就会逐渐没有了指导的兴趣。一些小学教师希望大学教师给出非常具体的意见和建议，直接可以用在自己的教学活动中。但是，因为大学教师并不是完全沉浸在小学课堂的实践者，所以往往只能指出方向，给出大概的意见和建议，导致小学教师认为大学教师太理想化，太理论

221

化，只能听听而已，不能用到自己的教学实践中。如果要运用于自己的教学，还要结合具体情况进行相应的调整，效果难以预料，因而不愿意去尝试大学教师给出的意见和建议。

第三节　交换结果对教师互动的影响

社会交换理论主张，人类的一切行为都受到某种能够带来奖励和报酬的交换活动的支配，交换结果就是对教师互动行为带来的奖励和报酬。因此，交换结果越多，就意味着教师的互动行为得到的奖赏和报酬越多，进而促进更多的教师互动行为再次发生。在第五章，我将教师互动的结果分为直接结果和交接结果两类，直接结果是形成了教师教育共同体，间接结果是形成了附小的学校品牌。概而言之，交换结果是在大量教师互动基础上产生的"社会事实"，改变了大学与小学彼此独立的状况。随着时间的推移，他们之间的交换越来越多，彼此的联系也越来越紧密，如图所示：

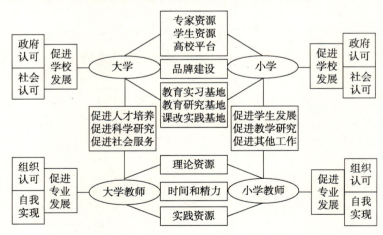

图 6-3　教师互动的交换结果示意图

正如表中所示，大学教师和小学教师都花费了大量的时间和精力进行互动，有的处于表面接触阶段的咨询模式，有的处于实质接触阶段的专业合作模式，有的处于全面接触的朋友合作模式，使得大学教师在专业理论方面的各种资源与小学教师大量实践方面的资源相互交换，促进了各自的专业成长，得到来自组织的认可，实现了自我价值。大学教师在人才培养、科学研究、社会服务等方面的专业发展同时促进了大学组织的发展，小学教师在教学、教研等方面的专业发展同样促进了附小的发展。教师之间的互动同样形成了大学与小学组织之间的互动，大学与小学都在为建设附小品牌付出：大学投入了大量的专家资源、学生资源，利用各种平台建设附小、宣传附小；附小充分利用这些资源不断促进品牌建设，成为大学的教育实习基地、教育研究基地、课改实践基地。那么，交换结果对教师互动有哪些影响呢？

一、直接结果对教师互动的影响

交换的直接结果是形成了教师教育共同体，这个交换结果首先促进了大学教师与小学教师的专业成长与发展，而促进教师的专业成长与发展直接回应了大学教师与小学教师交换的内部动机，同时，形成教师教育共同体也满足了部分外部动机。交换的直接结果满足的交换动机越多，教师互动就会有更强烈的动力，促使教师互动向更深入发展，尤其是满足的内部动机越多，教师互动的质量越高，进而取得更多的交换结果。

（一）形成教师教育共同体对大学教师的影响

形成教育教育共同体，全面促进了大学教师的专业成长与发展，满足了大学教师在互动中的内部动机和部分外部动机。

海青老师在附小成立三周年时，从人才培养、科学研究、社会服务、文化传承四个方面总结了在这个教师教育共同体中大学教师的专业成长与发展，代表了大部分诸如 SQ、YQ 等大学教师在这个共同体中的收获。

人才培养是大学办学的首要任务。对师范教育来说，我们最缺乏的是来自一线最贴近学科、最真实的教学案例。三年来我们同附小老师一起置身小学课堂，收获了很多难得的、具有代表性的鲜活的教学案例。这些案例因为来自于真实的教学实践，具有"临床性"，因此远比书本上冷冰冰的文字充满生机，比经众人精雕细刻打磨出的评优课更加鲜活。同时伴随着实践中产生的问题与解决，也修正了很多我们对于小学教学的理解和认识。这些真实的教学案例融入了我们大学的师范课堂中，使得我们的课堂教学更加鲜活、立体和丰富，为我们的师范教学"打开了一扇窗"。比如2011年底我们和数学组的老师们一起研讨海红老师《角的认识》一课，亲身感受到了学生们在自我建构知识的过程中的困惑和障碍；一起经历了"研究学生"前后两种完全不同的教学状态，感受到"研究学生"对教师深入理解数学知识、有的放矢地设计教学活动的重要性。伴随着这节课的成功，不仅附小的老师们收获了很多，我们大学课堂上的学生们也领悟了很多……三年来，通过和附小的领导、老师们学习、接触，我们强烈地感受到了老师们的敬业态度、团队意识和奉献精神，在日常教学中老师们倾注了对孩子们的热爱和对平凡的教育工作的巨大热情。我们被老师们的精神深深地感动，同时我们也将这种感动传递到了对未来教师培养中，让这种精神传承下去。

第二，从科学研究的角度看，教育的研究是基于真情境中的问题、基于本土化的问题展开的。在参与附小的建设中，我们有机会获得了很多这样的问题，很多老师依此为出发点进行研究，并发表了文章。这样的成果一方面成就了学校对我们的科研要求，另一方面也为小学的教学研究做出了贡献。

第三，附小的建设为我们积累社会服务的经验提供了平台和基地。过去我们的社会服务是任务型的，现在通过参与附小建设，一方面使得我们社会服务的工作制度化、常态化，另一方面也使得我们在专业建设和学科建设上不断地积累经验，并在此基础上更广泛地参与社会服务工作。比如近年来我们学校承办的多次市骨干教师培训、区骨干教师培训，附小都为我们提供了有力的帮助和支持。

第四，三年来我们与附小的老师们结下了深厚的友情，我们彼此信任，互相依赖。附小和我们在各自需要帮助、需要支持的时候，总是会首先想到对方，我们在长期的合作中形成了默契，这本身也是大学文化与小学文化相互融合的过程。

大学教师在教师教育共同体中不仅满足了专业发展的内部动机，而且满足了部分大学对教师的评价要求，如：完成了领导交办的工作，完成了考核要求，满足了部分大学组织的合作动机，如：建立了教育实习基地、教学研究基地，提高了大学职前小学教师培养质量，提升了职后小学教师培训水平等。

（二）形成教师教育共同体对小学教师的影响

教师教育共同体对小学教师的影响首先表现在"被关注"而

产生的"霍桑效应"①。大部分小学教师每天忙碌于自己按部就班的教育教学工作，当大学教师进入到附小教师团体中，与小学教师形成共同体，使小学教师正如霍桑实验中的六个被抽出来的女工一样，意识到自己是被大学教师观察、指导、关心的对象，这种"被关注"的感觉使得他们加倍努力，以证明自己是值得关注的。因此，大部分附小教师会非常认真地准备课堂教学实践，参与教研活动，重视大学教师提出的意见和建议，进而改进自己的教育教学，促进专业发展与成长。

SQ 老师每学期都要听所有附小英语教师的课，让每个老师都"被关注"有收获、有成长，而且她在听每位老师的课之前，都会把这位老师以前的课堂实录温习一遍，在点评时会结合之前的教学实践。这样的"关注度"使附小的英语教师普遍重视每次的教研活动，不断反思自己的教学，不仅作为学科组长的 SH 老师精心安排每次教研活动，努力提升自己的专业水平，而且每位教师都在这个共同体中认真学习，使得整体水平提升很快。

> **附小老师一：** 给我印象最深的是，上学期我上过一节二年级的复习课。在这节课中，我觉得二年级学生较小，好动，所以设计的活动较多。但怕时间不够用，所以每个环节实施的都比较匆忙。通过 SQ 老师给我的评课，使我知道，在一节课上，不能涉及太多的活动，否则每一个活动都不能练习到位。在接受 SQ 老师的建议后，在每一节课上，我都注意这一点，既要设计学生喜欢的活动，又要

---

① 霍桑效应（Hawthorne Effect）起源于 1924 年至 1933 年间的一系列实验研究，由哈佛大学心理专家乔治·埃尔顿·梅奥（George Elton Mayo）教授为首的研究小组提出此概念。研究人员在芝加哥西方电力公司霍桑工厂进行的工作条件、社会因素和生产效益关系实验中发现了实验者效应被称为霍桑效应，即那些意识到自己正在被别人观察的个人具有改变自己行为的倾向，如由于受到额外关注而引起绩效或努力上升等。

关注到活动的有效性。

　　附小老师二：SQ 老师在听完我们的课后，给我们提出了非常诚恳的建议。如，作为教师，我们自己的基本功一定要达标。这样才不至于把错误的东西教给学生。另外，在课堂上，教师应该关注所有学生，课堂活动要让学生都参与进去，保证学生参与课堂的密度和广度。教师设计的课堂活动一定要有内在逻辑，每个活动之间的层次性要清晰，所有的活动要有目的性，要为了教学目标服务。听取 Z 老师的建议，我在备课的时候对自己的教学活动反复考虑，确保活动都是指向教学目标，并让每个学生都参与进来。一次次的课堂实践，我深切地感受到自己的课堂在发生变化。

　　附小老师三：《英语课程标准》提出：让学生在教师的指导下，通过感知、体验、实践、参与、合作等方式，实现教学目标，感受成功。听力教学与训练是英语教学中的重要环节。在我们现在使用的人教版《新起点小学英语》课本中，听力内容常常被安排在每节课的开始。但是在实际的教学中，有的教师却不按照课本编写意图行事，有的教师把这个部分当成检测，有的教师当成感知；随着年级的升高对听力的兴趣却逐渐降低，甚至有的学生因为不会听、听不懂、到最后不会说、不会读、不会写。带着疑问和困惑，我们进入了 SQ 老师的思维领域中，她以案例的形式给我们讲解听力方面应注意的问题。其中的一个例子是在听的过程中学生有两个词汇混了，swing 和 swim，她建议抓住这个地方让学生去反复听那两句话，从发音上去区别。这让我们所有在场的教师茅塞顿开，只有抓得住关键点不轻易放过去学生的能力才会真正提高。在另一个例子中 Z 老师告诉我们，听力处理方式的巧妙在于：追问。就一个 WHY，恰到好处地激起学生的实践欲望。以后再有听的内容的时候，学生就知道主动抓关键词，而不是像以前一样眉毛胡子一把抓，什么也抓不住。

附小老师四：SQ 老师指出：我们的课堂教学不仅要训练学生会听，更重要的是要给学生思维方法，让孩子更聪明。我们不能光从教师的教出发，而是应该从学生的学出发。由教师控制到控制少了，最后达到能够自由放手。我们必须调动学生的积极性，注重英语能力的培养，英语教学是载体，教的目的是为了应用。我们必须认识到学生的学习不是练结构，而是练习真的使用。通过集中的观课、评课、SQ 老师的指点和自己深刻的反思，我觉得自己在听力教学方面有了很大的信心，我要把得到的经验用到我的教学中去，让自己专业成长更快。

附小老师五：在上学期时我承担了一节中心的研究课，内容为二上的 Parks. 在那次教学中，SQ 老师为我细心而耐心的分析我教学过程中的优缺点，提出了很多诚恳的建议。比如说，在教学过程中，教师要特别注意培养学生的语音语调，让学生在适当的年龄接受正确的语言学习。SQ 老师也在教学设计方面提出了建设性的意见，比如，游戏的运用应该更有效，在时间安排上应该更紧凑，这样才能更加充实课堂，使学生更有效的去学习。教学环节的设计应该具有前后连接性，自然合理的过度会使整个课堂更加严谨。在那次教研活动中，SQ 老师肯定了我的一些教学方法，我也使我深受鼓舞。

附小老师六：上学期五年级的一节有关阅读技巧的课。SQ 老师就给我提出，阅读课上老师应该让学生先对阅读的文章内容有多了解，再针对阅读的几个关键点让学生快速查找信息，找到对应的答案。教授知识要充分考虑学生的情况，教师不能只关注教学内容，在教学中还要有策略。SQ 老师的句句点评非常准确，使我对阅读课有了深入了解，对我的教学有很大的促进。

这是六位附小英语教师在教师教育共同体中的专业成长与发展，这样的互动不仅满足了交换的内部动机，而且满足了部分小学对教师的评价要求，如：完成了领导的指令，达到了考核要求，满足了部分小学组织的合作动机，如：借助大学教师的力量，形成高效系统的校本培训体系，提高了师资水平，提升了校本课程建设、校本教材编写等学校工作的水平。

二、间接结果对教师互动的影响

形成"D 师范大学附属小学"的品牌不仅是大量教师交换的间接结果，而且是附小建设项目的合作目标，是双方领导对合作的承诺。由于品牌的建设不是一蹴而就的，并不能立竿见影，但是，当大量的教师互动经过四年多的时间逐渐形成了"D 师范大学附属小学"的品牌之后，对教师互动的交换动机与过程都有一定的影响。

（一）形成学校品牌对教师交换动机的影响

形成"D 师范大学附属小学"的品牌是大量教师互动产生的间接交换结果，同时指向合作双方组织的终极目标，进而促使教师交换的外部动机加强。

"将附小建设成为海淀区、北京市乃至全国的知名小学"是项目合作的终极目标。D 师范大学与 S 小学合作建设附属小学源自大学教师与小学教师各自组织的需求：D 师范大学希望建立一所自己的附小，成为教学实习基地，教育研究基地，能够解决在完成小学教师职前培养、职后培训工作中所面临的困境，能够解决大学教师子弟入学问题等；S 小学希望扩大生源，提升师资水平，使学校建设欣欣向荣，解决城镇化过程中面临的诸多发展问题。在这些需求的基础上产生了大学与小学的组织行为：签署协议，共同建设附小。双方的组织行为促使双方教师产生大量互动，领导指令、学校任务、评价考核等成为教师交换的外部动机。附小品牌建设越成功，合作的双方就能从中得到更多的利益，双方的需求就能够得到更好地满足，进而对大学教师和小学教师提出更高的工作要求，进一步促进学校的内涵发展，提升附小的知名度与认可度。

形成学校品牌不仅使教师的外部交换动机加强，而且促进教师的内部交换动机的形成。

大学教师和小学教师都投入大量的时间和精力，促进了附小的品牌建设，他们的工作得到了各自领导的认可和表扬，得到上级主管部门的认可，获得许多成绩和奖励，使教师们感受到工作带来的自豪感、荣誉感和成就感，进而促进了他们的交换动机，激发了专业发展的热情。

（二）形成学校品牌对教师互动过程的影响

形成附小的学校品牌，使大学教师和小学教师强化了"我们都是 D 师范大学的一员"的意识，共同的名字帮助教师们在互动中找到"一家人"的感觉，在互动的过程中更加容易建立起和谐、亲近的关系。

附小成立初进入附小的 10 位大学教师，一位在互动三年后退出项目，另一位在互动四年后退出项目，随之有两位新的大学教师进入附小学科组，继续他们的工作。根据我的访谈和观察，最初进入附小的 10 位大学教师与小学的学科组长需要一年左右的表面接触阶段，基本上按照领导的规定进行咨询模式的互动。到了互动的第二年甚至更晚，大部分大学教师与学科组长才开始进入实质接触阶段，根据自己所拥有的资源产生更多的专业合作，交换更多的专业资源。其中的一部分教师相互尊重、相互理解、相互欣赏，发展到全面接触阶段，成为朋友。他们的互动更加灵活多样，不再受限于刻板的规定和时空的限制，而是根据各自的需求、拥有的资源等更自由地进行互动，交换取得更多更好地结果。但是，新进入附小的两位大学教师与学科组长只经过半年左右的时间就开始进入实质接触阶段，其中一位大学教师与学科组长更是在一年多的时间里，发展到全面接触阶段的朋友互动模式。一方面是因为这两位大学教师的交换动机较强，交换资源丰富，另一方面则是因为经过三年多的时间，附小的品牌建设卓有成效，无形中拉近了双方教师的距离，即使初次见面，也能够在陌生的情况下，感受到亲近与好感。

第四节 小 结

通过对 D 师范大学与附小共建项目中教师互动的交换动机、交换过程和交换结果分别进行分析，可以得到如下研究结论：

第一，在 U－S 合作中，大学教师与小学教师的交换动机可以分为基于组织发展的外部动机和基于个人专业发展的内部动机。交换动机对教师互动的影响是关键性的，只有大学教师和小学教师都具有较强的交换动机，才能形成较高水平的交换过程，取得更多的交换结果。其中，外部动机是教师互动的基本保障，内部动机是教师互动达到高质量的源泉。

第二，在 U－S 合作中，大学教师与小学教师的交换过程可以分为及格水平的表面接触阶段、良好水平的实质接触阶段和优秀水平的全面接触阶段。表面接触阶段形成的交换结果较少，而全面接触阶段的交换结果较多。其中，互动频次、交换资源、人际关系对交换过程有直接影响。互动频次越高、交换资源越多、更尊重和理解对方就越能够形成较高水平的交换过程，取得更多的交换结果。

第三，在 U－S 合作中，大学教师与小学教师的交换结果可以分为形成教师教育共同体的直接结果和形成学校品牌的间接结果。交换结果越多越能够满足双方的交换动机，就会促进动机增强，促进交换过程向高水平发展；反之，交换动机就会被削弱，交换过程就会停留在低水平阶段。

综合分析 D 师范大学与附小共建项目中教师互动的交换动机、交换过程、交换结果，此三者是相互作用、相互影响的。

如果按照发生的时间顺序，那么，在附小共建项目中，大学教师与小学教师首先在具备内部交换动机和外部交换动机的基础上进入互动；在经过一段时间的互动之后，有的进入实质接触阶段，有的进入全面接触阶段，有的依然停留在表面接触阶段；大量的教师互动过程使大量的资源相互交换，形成了直接的交换结果和间接的交换结果。这一过程如下图所示：

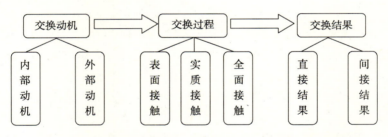

图 6－4　交换理论视域下 U－S 合作中的教师互动示意图 1

事实上，在经过较长时间的教师互动之后，交换动机、交换过程和交换结果是相互影响的。交换结果如果满足交换动机，就会促进动机增强，促进交换过程向高水平发展，反之，交换动机就会被削弱，交换过程就会停留在低水平阶段；交换动机如果较强，就会促进交换过程向高水平发展，促进更多交换结果产生，反之，则会阻碍交换过程的发展，导致交换结果减少；交换过程越是达到更高水平的互动，越会促进交换结果的产生，促进交换动机更强，反之，就会减少交换结果的产生，削弱交换动机。尤其是长期的互动，使大学教师与小学教师以及各自的组织都有了或多或少的碰撞与改变，教师互动的交换动机、交换过程、交换结果也在不知不觉中有了新的变化和内涵。

因此，附小共建项目中，交换动机、交换过程、交换结果形成了如下关系：

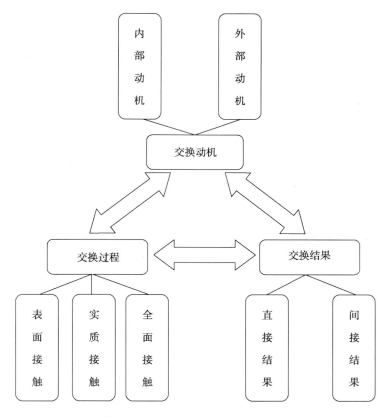

图 6 − 5　交换理论视域下 U − S 合作中的教师互动示意图 2

U－S 合作中的教师互动表面上看似乎符合霍斯曼的微观的行为主义交换理论：根据教师个人的动机和隐含的心理学原理来解释他们为什么参与到特定的交换关系中来。霍曼斯的交换理论由于受到行为主义心理学家斯金纳的很大影响，认为利己主义、趋利避害是人类行为的基本原则，因此，人与人之间的互动基本上是一种交换过程，这种交换包括情感、报酬、资源、公正性等。但是，对 U－S 合作中教师互动进行深入分析，就会发现：霍斯曼的成功命题、刺激命题、价值命题、满足命题、赞同命题、理性命题在教师处于表面接触阶段时，解释力较强；当教师互动进入实质接触阶段和全面接触阶段时，行为主义的交换理论并不能很好地揭示教师之间的交换行为。

首先，教师作为各自组织的一分子，受到组织文化和组织利益两种力量的无形约束。他们在 U－S 合作中的互动行为既代表自己的选择，也反映了组织的强大影响。在大学教师与小学教师的互动关系中，大学教师似乎拥有更多的个人选择权和主动权。他们是互动中的"专家"方，可以更多依据个人情况选择积极互动，包括增加互动频次、延长互动时间、增多互动内容；也可以选择消极互动，包括减少互动频次、缩短互动时间、缩减互动内容，甚至退出互动。事实上，小学教师在互动关系中同样拥有个人选择权和主动权。正如布劳所说，人们通常总是自愿地进行社会交换的。虽然参与社会交换的人们可能受到外力的强制，认为自己别无选择，但是这些限制往往是心理因素造成的，而不是确实存在的。人们之所以有这种心理感觉，原因在于他们认为其他选择极可能更为不利。①因此，小学教师同样可以通过各种途径选择积极互动或是消极互动。他们选择的因素既包括个人意愿，也包括组织意愿。因为在中

① 罗洛夫著，王江龙译：《人际传播：社会交换论》，15 页，上海，上海译文出版社，1991。

234

国的组织文化下，服从领导的安排、维护组织利益是团队中每个人无形中遵从的行为理念和价值追求。教师互动的外部交换动机和内部交换动机都离不开所在组织对教师个体施加的影响。教师所在的宏观的社会大环境也是影响他们互动的因素之一。教师职业的社会评价、社会地位、社会报酬等，都会或多或少地影响到每一个教师个体在交换中的选择。

其次，教师互动行为本身具有一些生成性因素影响了教师之间的交换。在实质接触阶段和全面接触阶段的教师大多会在与对方的互动中产生的义务感、信任感、依赖感、感激之情、崇敬之情、敬佩之情等，这些因为互动而生成的因素对交换的双方产生了很大的影响。这些教师之间的互动因为一些不计外在报酬的相互帮助、相互支持、无私奉献而得到了因互动行为本身产生的内在报酬。这些内在报酬有许多是只可意会不可言传的。正如马克思所言，人是具有多方面属性的社会存在物，是一切社会关系的总和，因此，影响教师在互动中所采取的行为因素是多方面的，具有许多社会属性，而遵从为了生存和外在报酬采取本能行为仅仅是一方面的因素。

第三，对 U－S 合作中教师互动的深入分析也揭示了建立在微观的个体交换基础上的大量交换行为会形成一个新的社会共同体。在大学与小学的合作过程中，大量的教师进行着或多或少的交换，他们的行为已经获得了超出个人的意义，不仅在他们之间形成了独特的交换网络，而且扩展和延伸了社会网络，进而影响了他们双方所在的大学和小学，形成了新的教师教育共同体。

因此，通过对 D 师范大学与附小共建项目中教师互动的交换动机、交换过程和交换结果分别进行分析，既可以得到一些基于项目本身的研究结论，如：附小共建项目能够取得成功，离不开大量的教师互动，而教师互动成功与否与大学教师、小学教师的交换动机、交换过程和交换结果都是密不可分的，也可以得到一些对交换理论的充实和反思。

第七章 理想 U – S 合作的思考

　　根据前文所述关于附小共建项目中大学教师与小学教师互动的交换动机、交换过程与交换结果分析，本研究认为，如果能够从以下三方面采取有针对性的行动策略，将可以有效地保证 U – S 合作项目中大学教师与中小学教师互动取得良好效果，从而保证 U – S 合作项目达到预定目标，取得成功。

一、激发教师互动的交换动机

　　只有参与互动的教师有足够的交换动机，才能给予教师"为什么交换"以答案，使教师在互动中有交换的动力，因此，激发参与 U – S 合作项目的教师在互动中有足够的交换动机是非常重要和必要的。只有这样，教师才会愿意在互动中与其他教师深入互动，超越表面接触阶段，尽快进入实质接触阶段和全面接触阶段；才能在互动遇到阻碍时，开动脑筋，努力想办法克服困难，使互动向好的方向发展；才会尽可能调动自己所拥有的一切资源，与对方增加交换，达成更多的交换结果。如果项目双方可以找到具有足够交换动机的教师进入互动，是最好不过的。但是，通常的情况下，我们很难找到这样的教师。比如：由大学教师申请并发起的教育教学改革试验项目需要与中小学合作进行时，大学教师的交换动机是非常强烈的，也许中小学校长的交换动机也很强烈，但是中小学的教师就很难具有足够的交换动机。而许多由政府发起的 U－S 合作项目，大学教师与小学教师往往都缺乏足够的交换动机。比如：D 师范大学与附小共建项目中，双方组织的交换动机强烈，但是双方教师大多是被动进入互动的。那么，要想保持教师互动的交换动机，就需要做到以下两点：

（一）激发教师的内部交换动机

内部交换动机决定了教师互动的质量，激发教师的内部交换动机尤为重要。

对于大学来讲，理想的从事 U－S 合作的教师应该是专业方向对口、专业发展愿望强烈、专业知识深厚、专业能力较高、拥有丰富的交换资源、善于与小学教师沟通和交流。事实上，真正有能力的符合这些条件的大学教师很难在小学长期扎根。但是，大学也应该尽量选择研究领域与项目相关、专业方向能够在项目中得到发展的教师。比如在附小建设项目中，各学科教学论、教育学、心理学等与教师教育相关专业的教师在项目中可以得到许多一线的鲜活的研究资料，在与小学教师的互动中发现值得研究问题，得到解决问题的启示，进而促进了自己的专业发展。这样的大学教师就像 SQ 老师一样，即使以前没有过相关项目经验，没有参与项目的内部交换动机，也可以在工作中找到科研生长点，进而激发内部交换动机，从而以更大的热情投入到工作中去。

对于小学来说，许多教师没有更高的专业发展愿望的重要原因是日常工作太多了。与大学教师互动，促进专业发展需要付出的时间和精力对他们来讲非常宝贵，衡量了付出与回报，许多教师难以在互动中激发内部交换动机。"忙忙碌碌，毫无闲暇"是中小学教师的普遍感受，前文对 ZH 老师的一日观察记录充分说明了一名普通小学教师的忙碌，而不担任班主任的教师每周工作量达到 18 节以上，各种学校活动也要全程参与，并非一般人所认为的只要上上课就可以了。在这样高负荷的工作状态之下，互动必须要付出的时间对小学教师而言是宝贵而又十分缺乏的资源。因此，小学应该为有专业发展意愿的教师提供必要的时间保证，减少这部分教师的工作量，给予这些教师专门的时间用于专业发展，是激发小学教师内部交换动机的有效途径。如：附小的学科组长每周课时数都比普通教师少一些，使他们可以把时间放在做好组内教研工作上，注重自己和团队的专业成长上。

双方组织或者项目本身如果能够给予教师一些专业发展机会，会受到教师们的欢迎，进而激发教师的内部交换动机。如：为教师提供参与学术会议、学术活动、课题研究、教材编写、论文出版、自我展示等机会，使教师在这些活动中感受自己的专业成长，感受专业发展的美好前景，激发教师提升专业水平的愿望。

（二）维持教师的外部交换动机

根据附小共建项目的经验，外部交换动机是促进和维持教师互动的重要因素，因此，在互动的全程维持教师的外部交换动机非常重要。

首先，应该保证项目受到双方领导的高度重视。这是由我国的组织文化和现实情况决定的。附小共建项目不仅得到北京市、海淀区各级教育主管部门领导的重视，而且大学派出了专门负责此项工作的领导，小学则由校长直接负责。项目受到双方领导的重视，不仅说明项目对双方组织发展非常重要，而且在实施的过程中，双方领导会及时掌握相关信息，积极沟通交流，帮助教师解决在互动中出现的问题，清除障碍。尤其是中小学一方，如果校长的领导力强，教师就会认可校长的决策，学校的凝聚力就会较强，教师拥有较强的集体荣誉感，对项目合作充满热情。同时，教师的互动情况随时受到领导的监督和检查，互动取得了成绩也能够及时得到领导的表扬和肯定。教师的工作受到领导的关注，会促使他们想办法促进与对方的互动，做好自己的工作，使互动取得更多的成果。可以说，重视项目进展的领导是教师互动顺利进行的领航人和护航人。

其次，应该有专门的组织机构和人员负责日常管理工作。U－S 合作项目一般都不是大学和中小学的主业，容易受到常规的教育教学活动的冲击，因此，如果有专门的组织结构和人员负责日常的行政管理工作，会收到良好的效果。附小共建项目成立了专门的项目管理办公室，由专职的项目秘书负责收集工作计划、工作总结、活动纪要、工作量统计等资料，保证项目的日常运转。项目秘书在日常管理中可以发现教师互动出现的问题，比如没有及时制订计划、没有正常的互动频次等，可以及时向领导反馈，尽快解决这些问题，保证项目的外部激励一直存在。

第三，明确教师职责，形成有利于教师互动的制度。因为教师在互动中往往是具有行动自主性的个体，在工作职责范围内与对方互动，开展工作，所以，首先应该明确教师的工作职责。如果教师职责不清，意味着教师不知道要做什么，容易产生推诿现象，消极怠工现象。制度一般指要求大家共同遵守的办事规程或行动准则，目的是使各项工作按计划按要求达到预计目标。经济学的一条重要原理就是：人们会对激励做出反应。而不同的制度安排会对一个人产生不同的激励，从而导致他产生不同的行为反应。社会学则认为，人类的一切活动都与制度有关。并且，制度本身都带有价值判断在里面，从而规范、影响建制内人们的行为。所以，要促进教师互动，就要制定有利于互动的制度。附小共建项目经过磨合，形成了按月上报工作量，按学期总结交流工作，按互动次数和时间长短支付大学教师报酬等制度，对教师互动起到了一定的促进作用。

二、促进教师互动的交换过程

促进教师互动的交换过程，就是促进教师的互动尽快渡过表面接触阶段，尽早进入实质接触阶段，尽可能进入全面接触阶段。按照附小共建项目的经验，可以从以下方面着手：

（一）保持教师互动的频次

根据"时空接近效应（proximity）"，教师的互动只有保持一定的频次，才能使"量变"激发"质变"，促使互动向深入发展，这个特点在互动初期尤为明显。所以，应该在互动初期增加大学教师与中小学教师的互动频次。高频次的互动可以促进教师之间增加了解，有利于共同协调工作，有利于互动尽快深入。同时，应该倡导教师建立除手机外，电子邮件、微信、QQ 等更多联系途径，促进超越校园时空的互动。根据附小共建项目的经验，避开开学初和期末，每周一次的互动频次是比较适合的。当互动超越表面接触阶段，进入实质接触阶段，同样需要保持一定的互动频次，否则，很容易退回到表面接触阶段。在实质接触阶段，大学教师与中小学教师可能会根据自己的情况，调整互动的频次，这个月较频繁，那个月较少等都是可能的，只要总体保持一定的频次，就会防止互动后退现象的发生。当互动进入全面接触阶段，依然应该要求教师的互动达到一定频次，但是处理方式可以更加灵活，教师通过其他途径和方式的互动都应该计入到互动频次中。

（二）扩大教师的交换资源

教师的交换资源决定了教师在互动中"能交换什么"，是决定交换过程的重要因素。当互动的双方都拥有多种专业资源时，他们很容易进入实质接触阶段，而只要其中任何一方拥有的交换资源较

240

少时，互动都很难超越表面接触阶段。虽然专家咨询模式也可以达到"提升附小师资水平"的目标，但是很难取得更多的交换结果。如果进入互动的教师所拥有的交换资源确实不多，可以通过领导的支持，整合组织资源，扩大自己的专业资源，从而促进互动的深入。教师首先可以借助所在组织的人力资源，扩大自己的资源。如果有领导的支持，并且有合理的报酬，这对大学教师是很容易做到的。大学教师可以通过教研室主任和其他同事，将更多的专业资源引进互动。比如：SQ、MQ 等老师邀请教研室其他教师为附小教师做讲座。其次，教师可以借助组织的其他资源，完成自己不可能完成的工作。比如：SH 老师为 SQ 老师安排外区县的教师培训工作，需要借助附小教务部门和后勤部门的支持，提供专用教室、音响、摄录像、培训学员休息室、中午餐等一系列帮助，才能协助 SQ 老师做好培训工作；YQ 老师借助大学正在进行的高端培训项目，为 YH 老师提供聆听名家讲座的机会等。

（三）增加教师交流与理解的机会

许多互动中的误解都可以通过增加相互的交流与理解来化解。越是处在表面接触阶段的教师，之间的误解越多，而处于全面接触阶段的教师，很难发现误解的影子。互动初期，为双方教师创造更多的相处机会，会促进互动尽快向深入发展。比如：YQ 老师与附小教师在互动初期被封闭在宾馆里，整天在一起讨论编写教材的事宜，一起就餐、聊天儿，很快就熟悉起来；又经过和附小教师一起一周的时间，住在郊区的实践基地，带领大学生认识地形地貌、动物植物，他们之间的互动没有遇到人际交往中的障碍，很顺畅地进入了更多的专业合作。这样的机会不仅增加了教师在专业领域的相互了解，而且促进了他们的私人交往。大学教师与中小学教师能够尽快从"制度世界"进入"生活世界"，通过言语沟通、追求话语共识，进入"公共领域"，甚至"私人领域"。这样的交流机会对于互动的深入非常有帮助。因此，U-S 合作项目应该创造更多的机会，增加大学教师与中小学教师的交流与理解。

（四）及时调换不适合的教师

当一个 U-S 合作项目做了以上的努力，大学教师与中小学教师经过一段时间的互动，依然不能进入实质接触阶段时，应该客观分析原因，考虑调换不适合参与互动的教师。

对于交换动机很弱、交换资源较少、与小学教师很难深入互动的大学教师，应该及时调换成能够胜任的人选。应该注意到，有些大学教师在互动过程中，交换动机逐渐丧失，导致互动退回到表面接触阶段。比如：ZQ 老师在互动初期，互动进展较好，当她对小学教师和小学课堂非常熟悉之后，促进了自己的专业成长。但是随着她年近退休，失去了专业发展动力，附小的工作已经不能吸引她，导致她不再愿意付出时间和精力。但是专业能力突出、专业发展动机强、专业资源丰富的大学教师往往不愿意长期参与 U-S 合作项目。因此，项目管理者只好通过加强外部动机的方式督促大学教师的工作。要改变这种状况，需要大学改变评价教师的单一方式，将社会服务工作的质与量纳入大学教师的考评体系中，鼓励更多的从事教师教育的大学教师参与 U-S 合作工作。

对于一些交换动机非常弱的普通小学教师，在外部的考核、评聘、薪酬等体系没有大的改变的情况下，应该遵从他们的意愿，除了正常的教研活动外，不参加额外的与大学教师的互动活动。这样做不仅避免了"强扭的瓜不甜"，也避免了教师时间和精力的无意义耗费。比如像 ZH 老师这样的小学教师，本身可以胜任现在的教育教学工作，互动的动机很弱，就没有必要让她专门做一节课，请大学教师指导。一次没有明确目标的指导，即使大学教师点评的很好，在小学老师没有听进去的情况下，也不能起到任何作用，这样的互动失去了互动的意义，也浪费了双方教师的时间和精力。

三、保障教师互动的交换结果

要保障教师互动的交换结果，就要使交换结果对双方教师和组织而言都是"双赢"的。"双赢"体现了互惠互利、平等互助的交换原则，是 U - S 合作能够取得成功的重要因素。

（一）保证交换结果对双方教师是双赢的

在 U - S 合作项目中，首先应该保证交换结果对参与互动的大学教师与中小学教师是双赢的。

附小共建项目中，教师互动形成的教师教育共同体，真正促进了双方教师的共同成长，满足了教师的交换动机。大学教师与附小教师的互动，实现了理论与实践的交流和探讨：大学教师增加了对教育实践的了解，小学教师提高了教育理论修养。他们通过各种专业资源的合作，确实弥补了各自专业发展的不足，各自取得了专业发展。他们的合作对于大多数教师个体是双赢的。比如：将大学的教师培训教学实践引入附小，大学教师既完成了培训任务，小学教师又从中受到专业培训；小学教师到大学的课堂上给本科生授课，既帮助小学教师梳理自己的教学经验，展现专业风采，又帮助大学教师提高了教学质量和人才培养质量。

一些 U - S 合作项目的失败或是陷入困境。究其原因，教师互动的交换结果没有达到"双赢"往往是重要的因素。比如：大学教师以项目方式展开的与中小学合作的教育教学改革实验，交换结果往往更多地成就了大学教师的利益，对于中小学教师没有相应的收益，使中小学教师只是被试，缺乏教师个体的专业成长，没有在项目中得到收益，导致缺乏互动热情。

（二）保证交换结果对双方组织是双赢的

附小共建项目之所以能够取得很多很好的互动成果，与其交换结果大多指向双方的共同目标关系很大。双方组织虽然各有各的合作需求，但是大学与小学都顶着"D 师范大学"的名字，都希望将附小建设成为优质学校，并且这种合作关系很难中断。所以，共同的合作愿景使得"建设附小品牌"成为双方教师互动的共同追求。因为学校品牌建设越成功，教师互动的交换结果对双方的组织越有利，教师就可以在与组织的交换中得到更多的收益。同时，交换结果使双方的组织都收益，会使双方领导更加重视合作，重视教师在其中的表现，促进教师外部交换动机的加强。

大学与中小学建立实习基地校是许多高等师范院校与中小学合作的重要方式。但是，这种合作方式因为没有考虑到中小学的利益，往往面临失控的情形。中小学虽然承担了职前教师培养的实习环节，但是，职前教师的培养质量以及实习生的成绩与他们毫无关系，完全是大学的事。在这种情况下，中小学不需要对交换结果负责，自然不会严格要求担任实习指导教师的员工，也不会对实习工作质量进行监控，导致许多师范院校的实习工作不能取得实效。

因此，保证交换结果对 U－S 合作的双方组织是双赢的，才能保证组织对 U－S 合作的重视，从而认真管理，加强教师的外部交换动机。

综上所述，可以得到如下示意图：

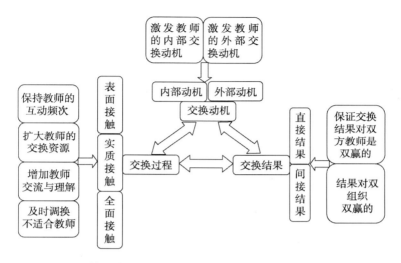

图 7 - 1 交换理论视域下 U - S 合作中的教师互动行动策略示意图

U - S 合作项目中的教师互动不仅涉及大学教师和中小学教师，而且涉及各自的组织，是一个非常复杂的、相互关联的、相互影响的体系。不仅教师个体的交换动机、交换资源、脾气秉性等对互动有影响，而且教师组织的合作需求、合作目标、管理模式、文化特征、考评体系等都对教师互动有影响，因此，我们要综合对待每一个 U - S 合作项目，分析其中的各个因素，才能找到适合的方法和途径，从而促进教师互动，实现 U - S 合作的成功。

结　语

　　本研究通过对北京 D 师范大学与附小共建项目进行为期一年的田野工作，获得了基于交换理论视域下有关大学教师与小学教师在 U – S 合作中的交换动机、交换过程和交换结果的事实描述，分析了影响教师互动的因素和条件，并以此为依据提出了促进 U – S 合作中教师互动的行动建议，完成了针对此个案的教育人类学考察。本研究无论从理论层面还是实践层面，都有一定的研究贡献，当然，也存在一定的研究局限。

一、研究贡献

　　本研究通过对北京 D 师范大学与附小共建项目的教育人类学考察，对大学教师与小学教师在 U – S 合作项目中的互动进行了研究，主要贡献如下：

　　1. 从理论视角来看，本研究运用了社会交换理论，并依据研究需要，界定了一些理论名词作为研究的理论工具，对 U – S 合作中的教师互动进行交换动机、交换过程和交换结果的分析。本研究既发挥了交换理论的优势，形成了对 U – S 合作中教师互动的整体认识，丰富和深化了对社会交换理论的研究和认识；又拓展了交换理论的应用领域，从交换理论的视角认识教师教育研究领域中的

U－S 合作问题。

2. 从研究内容来看，本研究在一定程度上弥补了 U－S 合作研究中对大学教师与小学教师互动研究的欠缺，弥补了对小学教师在 U－S 合作中的研究不足。同时，本研究也在一定程度上弥补了 U－S 合作本土研究的不足。

3. 从研究结果的借鉴性来看，本研究揭示了大学教师与小学教师在 U－S 合作中的交换动机、交换过程和交换结果，分析了影响教师互动的因素，给出了具体的行动建议。这为在其他的 U－S 合作实践中帮助大学教师与小学教师展开良好的互动找到了行动策略依据，从而为有效推动本土的 U－S 合作项目取得成功做出了贡献。本研究虽然是一个 U－S 合作的个案研究，但是，其研究结论具有普适意义，其研究运用的理论具有广泛的解释力，可以对其他领域合作项目中的人员互动分析起到一定的启发和借鉴意义。

4. 从研究方法来看，本研究使用教育人类学的研究方法来研究教师教育领域中的 U－S 合作问题。通过扎实的田野工作，研究者取得大量第一手资料，真实展现了大学教师和小学教师在一个 U－S 合作项目中的互动情况，揭示了其中的复杂性、关联性和规律性，从而发挥了教育人类学在研究方法上的优势。同时，本研究也是教育人类学方法运用于教师教育领域的有益尝试，在研究过程中积累了一定有关田野资料分析等方面的经验。个案研究不仅为本研究揭示了 U－S 合作中复杂而丰富的教师互动现象，而且可以为其他研究者提供真实而有效的研究素材，得出"仁者见仁，智者见智"的研究结论。

二、研究局限

本研究的研究局限主要有以下三方面：

1. 本研究的 U－S 合作项目本身不具有推广性。事实上，一所

大学很难同时派出十多位教师共同进入一所小学，并且小学更名成
为这所大学的附属小学。虽然研究者认为这个项目集中了大量的教
师互动行为，方便对教师互动的研究，但是，教师互动的交换动
机，尤其是外部交换动机在这个项目中显然是很强的，其交换结果
也因为大量的教师互动比一般的 U－S 合作项目要多得多。但是，
还有一个事实是：我国本土的 U－S 合作项目本身在合作模式等方
面就有非常大的差异，很难找到一个具有典型性的成功个案，研究
不同大学教师与小学教师的互动就更加困难。

2. 由于教师的互动行为涉及教师本身的想法和感受，所以来
自大学的研究者在田野工作中对大学教师的挖掘更深入、更真实，
而对小学教师的所思所感虽然做了许多努力，还是不如对大学教师
的材料掌握的更多、更有效。同时，在对教师互动进行分析时，往
往会无意识深入一些因研究者的性别、经历、个人旨趣等所导致的
主观倾向，从而对研究的客观性有所影响。

3. 研究者对交换理论的学习和内化感觉还是不够，对研究的
理论阐释还有提升的空间。这一方面是由于交换理论的流派众多，
被介绍到国内的著作比较单一，造成现成的参考资料较少；另一方
面是由于研究者能力有限，对交换理论还有待消化。

对于以上研究局限，笔者期待在以后的学习与研究中进行
弥补。

参考文献

一、中文文献

著作类：

［1］艾尔·巴比．社会研究方法（第十一版）．邱泽奇，等译．北京：华夏出版社，2009.

［2］布劳．社会生活中的交换与权力．李国武译．北京：商务印书馆，2012.

［3］陈永明主编．国际师范教育改革比较研究．北京：人民教育出版社，1998 年。

［4］黄淑娉、龚佩华．文化人类学理论方法研究．广州：广东高等教育出版社，1996.

［5］教育部师范教育司组织编写．教师专业化的理论与实践．北京：人民教育出版社，2003.

［6］琳达·达林－哈蒙主编．美国教师专业发展学校．王晓华，等译．北京：中国轻工业出版社，2006.

［7］罗洛夫．人际传播：社会交换论．王江龙译．上海：上海译文出版社，1991.

［8］莫斯．礼物——古代社会中交换的形式与理由．汲喆译．

上海：上海人民出版社，2002.

[9] 奈杰尔·拉波特，乔安娜·奥弗林．社会文化人类学的关键概念（第二版）．鲍雯雅，张亚辉译．北京：华夏出版社，2009.

[10] 乔纳森·H. 特纳．社会学理论的结构（第七版）．邱泽奇，张茂元，等译．北京：华夏出版社，2006.

[11] 滕星主编．教育人类学研究丛书．第一、二、三辑．北京：民族出版社，2003、2009、2011.

[12] 阎云翔．礼物的流动——一个中国村庄中的互惠原则与社会网络．李放春，刘瑜译．上海：上海人民出版社，1999.

[13] 杨朝晖．大学教师介入中小学实践的角色调适研究．重庆：重庆大学出版社，2013.

论文类：

[1] 蔡春，张景斌．论 U–S 教师教育共同体．教育科学研究，2010（12）：45~48.

[2] 曾琴．我国师范院校与农村中小学伙伴合作关系的问题及其对策．内蒙古师范大学学报（教育科学版），2013（3）：11~13.

[3] 陈剑华．教育实习的一个新趋势：大学与中小学的合作．外国中小学教育，2000（5）：15~17.

[4] 陈阳．大学与中小学合作的教育实习模式——以美国威尔明顿大学的协同督导模式为例．外国教育研究，2008（9）：47~50.

[5] 陈莹．有效的大学—中小学合作个案研究．硕士论文，河南大学，2010.

[6] 陈玉芳，余小红．大学与中小学合作培养教师存在的问题与解决路径——NCATE 专业发展学校标准的启示．贵州师范大学学报（社会科学版），2011（6）：115~120.

[7] 陈振华，程家福．论 U–S 合作长效机制的构建．教育发

展研究，2013（4）：54～59.

［8］陈紫天．英美大学与中小学合作促进教师专业发展的经验与启示．河北师范大学学报（教育科学版），2007（1）：90～93.

［9］谌启标．澳大利亚基于合作伙伴的教师教育政策述评．比较教育研究，2009（8）：87～90.

［10］谌启标．国际视野中的合作伙伴教师教育：理念、模式与启示．河北师范大学学报（教育科学版），2009（8）：63～67.

［11］谌启标．国际视野中的合作伙伴教师教育：理念、模式与启示．教育探究，2009（1）：81～87.

［12］谌启标．加拿大大学与中小学合作伙伴的教师教育改革．湖南师范大学教育科学学报，2009（3）：72～74.

［13］谌启标．美国大学与中小学基于合作伙伴的教师教育改革．福建师范大学学报（哲学社会科学版），2009（3）：158～162.

［14］谌启标．西方国家大学与中小学的合作伙伴研究．教育评论，2009（3）：165～168.

［15］邓涛．大学与中小学合作：英美两国教师培养模式比较研究．硕士论文，东北师范大学，2003.

［16］董玉琦，刘益春，高夯．"U－G－S"：教师教育新模式的设计与实施．东北师大学报（哲学社会科学版），2012（6）：170～175.

［17］房慧．资源依附理论视角下大学与中小学关系改进研究．硕士论文，华中师范大学，2013.

［18］傅树京．PDS：美国教师专业发展的政策性选择．硕士论文，首都师范大学，2002.

［19］傅树京．PDS与TDS：教师专业发展的有效途径．教师教育研究，2004（6）：7～12.

［20］傅树京．大学与中小学合作发展：理念及实践．辽宁教育研究，2003（5）：64～66.

[21] 傅树京．教师发展学校：理念及特点．首都师范大学学报（社会科学版），2003（5）：115~119.

[22] 傅树京．美国教师"专业发展学校"实践模式及成效．中小学管理，2003（12）：50~52.

[23] 高绣叶，陈振华．略论大学与中小学合作的意义．教育实践与研究（A），2012（8）：11~15.

[24] 洪肖红．让大学与中小学合作研究发挥效益的有效途径．成都大学学报（教育科学版），2007（10）：16－17＋20.

[25] 金忠明，林炊利．大学—中小学合作变革的潜在冲突．上海教育科研，2006（6）：13~16.

[26] 靳玉乐，樊亚峤．校本课程发展中大学与中小学合作的意义和策略．西南大学学报（社会科学版），2010（2）：88~92.

[27] 鞠玉翠．大学与中小学伙伴合作要点分析——基于学校改进的目的．中国教育学刊，2012（4）：38~41.

[28] 李翠莲．大学与中小学合作的困境及其策略选择．硕士论文，首都师范大学，2008.

[29] 李虎林．大学与中小学伙伴协作对职前教师教育的改进——以西北师范大学经验为例．当代教育与文化，2009（4）：90~94.

[30] 李虎林．文化差异与融合：U－S 合作的基础与追求．当代教育与文化，2011（3）：88~91.

[31] 李健，周正，周佳．大学与中小学合作：影响因素与应对策略．黑龙江教育（高教研究与评估），2012（8）：43~44.

[32] 李静，林海亮．有效推进师范院校与中小学的合作伙伴关系的研究．继续教育研究，2011（12）：134~136.

[33] 李敏．论校本教研中大学与中小学合作研究．硕士论文，吉林大学，2013.

[34] 李宋昊，肖正德．国内大学与中小学伙伴合作研究进

展．全球教育展望，2010（5）：64~67.

［35］李孝川，王凌．农村中小学与师范大学的合作伙伴关系探析．云南农业大学学报（社会科学版），2008（5）：68~71.

［36］梁玲．美国大学与中小学伙伴合作实践探析．硕士论文，西南大学，2010.

［37］梁一鸣．大学与中小学合作的支持性政策与制度：以香港"优化教学协作计划"为例．上海教育科研，2007（8）：7~8.

［38］林海亮，陈理宣．战略合作伙伴学校联盟：大中小学合作模式的创新．教育发展研究，2013（20）：64~67.

［39］林浩亮．当前我国教师专业发展学校存在的问题及其对策．教育探索，2012（3）：103~106.

［40］刘梦．理论与实践融合：大学与中小学合作研究．硕士论文，河南大学，2013.

［41］刘秀江，张琦．大学与中小学合作：教师发展学校建设的现象学探析．教育科学研究，2011（3）：16~19.

［42］刘秀江，张琦．大学与中小学合作：教师发展学校建设的现象学意蕴．教育理论与实践，2011（15）：25~27.

［43］刘旭东，谭月娥．论基于 U–S 合作伙伴关系的教师教育改革——以西北师范大学为例．当代教师教育，2012（3）：15~21.

［44］芦垚．学校改进中的 U–A–S 合作研究．硕士论文，东北师范大学，2011.

［45］罗丹．课程改革背景下大学和中小学合作的动因与模式．东北师范大学，2006.

［46］马庆堂．大学与学校伙伴协作的方式与机制：香港的经验及发展趋势．上海教育科研，2007（8）：4~6.

［47］马云鹏，欧璐莎，金宝．从双方合作到三方合作：学校改进模式新探索——以鞍山市铁东区为例．中国教育学刊，2011（4）：25~28.

［48］毛昭娟．古德莱德教师教育思想探究．博士论文，沈阳师范大学，2013.

［49］苗学杰．融合的教师教育．硕士论文，东北师范大学，2012.

［50］宁虹．重新理解教育——建设教师发展学校的思考．教育研究，2001（11）：49～52.

［51］牛瑞雪．行动研究为什么搁浅了——大学与中小学合作研究的困境与出路．课程．教材．教法，2006（2）：69～75.

［52］庞丽娟，洪秀敏．破解教师教育难题：政府、大学与中小学合作．沈阳师范大学学报（社会科学版），2011（2）：1～3.

［53］彭虹斌，袁慧芳．大学与中小学合作的困境、原因与对策．集美大学学报（教育科学版），2011（2）：60～64.

［54］彭虹斌．U－S合作的困境、原因与对策．教育科学研究，2012（2）：70～74.

［55］郄海霞．西方"教师教育大学化"研究述评．外国教育研究，2004（2）：41～47.

［56］宋敏．大学与中小学合作研究的背景、必要性及内涵．首都师范大学学报（社会科学版），2004（S2）：202～204.

［57］宋敏．大学与中小学合作研究现状、问题及思考．硕士论文，首都师范大学，2005.

［58］宋敏．校本课程开发背景下的大学与中小学合作研究．现代中小学教育，2006（8）：20～22.

［59］孙丽丽．论大学与中小学合作对中小学教师专业发展的影响机制．基础教育，2010（12）：37～42.

［60］孙士婷．"三方"合作保障制度问题研究．硕士论文，东北师范大学，2012.

［61］孙元涛，许建美．大学与中小学合作研究：经验、问题与思考．教育研究与实验，2012（3）：44～49.

［62］孙元涛．从"捉虫"效应与"喔"效应说开去——关于大学与中小学合作研究的理论分析．上海教育科研，2006（12）：8－10＋7.

［63］唐丽芳，马云鹏．大学与中小学伙伴合作的基点与主线：学校发展规划——以东北师大与鞍山 L 小学合作为例．东北师大学报（哲学社会科学版），2013（5）：193～196.

［64］滕明兰．从"松散合作"走向"规范运作"——对大学与中小学合作培养教师模式的制度探讨．黑龙江高教研究，2008（8）：92～94.

［65］滕明兰．从"协同合伙"走向"共同发展"——大学与中小学合作问题研究．教育发展研究，2008（22）：62～65.

［66］滕明兰．从"协同合伙"走向"共同发展"——地方大学与中小学共同发展研究．教育理论与实践，2008（27）：13～15.

［67］汪明帅，胡惠闵．教育行动研究中的合作：为何与何为．教育发展研究，2008（2）：30～34.

［68］王常泰．关于大学—中小学伙伴合作机制的研究．硕士论文，南京师范大学，2008.

［69］王丹．英美大学与中小学合作的教师培养模式比较研究．硕士论文，西南大学，2009.

［70］王丹娜，谌启标．美国基于学校改进的大学与中小学合作伙伴建构．外国中小学教育，2009（4）：20－23＋19.

［71］王恒．中外大学与中小学合作研究的回顾与展望．黑龙江高教研究，2010（10）：13～18.

［72］王嘉毅，程岭．"U－S"合作及其多元化模式建构——兼述第五届两岸四地"学校改进与伙伴协作"学术研讨会．教育发展研究，2011（20）：39～43.

［73］王建军．合作的教育变革中大学教师"扩展的专业发展"．全球教育展望，2008（3）：30－35＋29.

［74］王俊．论发展大学与中小学伙伴合作关系的途径．当代教育与文化，2012（1）：75～78．

［75］王凌，陈瑶．大学与中小学合作伙伴关系的形成与发展——基于云南农村学校改革个案的分析．民族教育研究，2010（2）：54～60．

［76］王少非，崔允漷．大学—中小学伙伴关系：一种分析框架．全球教育展望，2005（3）：35～39．

［77］王硕．大学与中小学合作研究过程中教师身份建构的有效性宣称分析．当代教师教育，2010（4）：40～44．

［78］王艳玲，刘军，苟顺明．美国专业发展学校：教师教育制度创新的范例．教师教育研究，2009（5）：75～80．

［79］王艳玲．"实习支教"热的冷思考——兼议高师教育实习改革．教育发展研究，2009（4）：74～77．

［80］王艳秋．美英两国大学与中小学合作模式比较研究．江苏教育研究，2010（1）：54～57．

［81］王占军．建立共同体：美国大学与中小学合作培养教师制度研究．高校教育管理，2014（1）：79～83．

［82］王长纯．教师发展学校建设标准参考纲要．教师教育研究，2005（4）：3～8．

［83］翁朱华．影响大—中小学合作的因素分析．硕士论文，华东师范大学，2003．

［84］邬志辉．学校改进的"本土化"与内生模式探索——大学与中小学合作伙伴关系的维度．教育发展研究，2010（4）：1～5．

［85］吴康宁．从利益联合到文化融合：走向大学与中小学的深度合作．南京师大学报（社会科学版），2010（3）：5～11．

［86］吴琳玉．从大学与中小学合作看英国教师教育改革．世界教育信息，2010（8）：47－50＋76．

［87］伍红林．大学与中小学合作教育研究：当代中国教育理论

发展与教育实践变革的一种取向．基础教育，2008（6）：22～26．

［88］伍红林．教育理论研究者深度介入下教师实践共同体的发展．教育发展研究，2011，20）：23～28．

［89］伍红林．美国大学与中小学合作教育研究：历史、问题、模式．比较教育研究，2008（8）：62～66．

［90］武云斐．合作　共生　共赢．博士论文，华东师范大学，2012．

［91］冼秀丽，黄友．教师教育与基础教育互动发展研究与实践．内蒙古师范大学学报（教育科学版），2012（10）：61～63．

［92］肖正德．冲突与共融：大学与中小学伙伴合作的文化理路．社会科学战线，2011（7）：216～220．

［93］徐娟．教师专业发展理念下两种"U－S合作模式"比较研究．硕士论文，南京师范大学，2007．

［94］许超．大学与中小学合作发展中的权力冲突与调适策略研究．硕士论文，哈尔滨师范大学，2012．

［95］颜宝月，欧用生，张素贞．台湾推动大学与中小学携手合作：理念、实践与对策．教育发展研究，2011（20）：34～38．

［96］杨朝晖．"U－S"伙伴合作关系问题研究述评．首都师范大学学报（社会科学版），2009（3）：78～82．

［97］杨朝晖．大学人员介入学校实践角色问题研究综述．首都师范大学学报（社会科学版），2012（5）：67～71．

［98］杨朝霞，王丽珍．国内外中小学教师职前培养模式的比较研究——基于高等师范院校与中小学合作的理念．黑龙江高教研究，2013（5）：59～61．

［99］杨慧，祝怀新．英国教师教育策略探析——基于对大学与中小学伙伴关系的认识．全球教育展望，2005（3）：44－47＋59．

［100］杨启光．美国大学与中小学伙伴关系的质量保证策略．外国中小学教育，2007（11）：46～49．

［101］杨小微．大学与中小学的文化互动及共生．教育发展研究，2011（20）：15～22.

［102］杨小微．介入式合作互动：学校变革的策略创新及其方法论转换．上海教育科研，2011（2）：4～8.

［103］杨颖东．大学与中小学伙伴合作现象的文化学解释．教育发展研究，2012（Z2）：90～95.

［104］杨志恒．大学与小学合作培养本科层次小学教师的理念与实践——以陇东学院为例．石家庄学院学报，2009（4）：107－111＋129.

［105］殷芬．大学—中小学合作研究与教师成为研究者．硕士论文，华东师范大学，2007.

［106］尹小敏．大学与中小学合作：教师专业发展学校的质量保证．教育科学，2011（4）：26～29.

［107］于学友．教师发展学校建设中的大学与中小学合作．硕士论文，首都师范大学，2005.

［108］张菁．在反思中促进教师专业成长——"教师发展学校"中教师的反思．教育研究，2004（8）：58～63.

［109］张景斌，蔡春．教师教育中的合作共同体建设．教育科学研究，2012（1）：24～27.

［110］张景斌．大学与中小学的伙伴协作：动因、经验与反思．教育研究，2008（3）：84～89.

［111］张敏霞，王陆，刘菁，郭立红．北京农村教师专业发展模式及存在问题的调查．教师教育研究，2007（1）：76～80.

［112］张塔娜．我国学者对美国专业发展学校的研究述评．比较教育研究，2005（11）：72～77.

［113］张翔，张学敏．教师教育 U－S 共生性合作的发生机制探究．教师教育研究，2012（1）：29～34.

［114］张晓莉．美国大学与中小学合作持续有效发展的影响

因素．外国教育研究，2013（4）：19～26.

［115］张晓莉．美国大学与中小学合作中的跨界人研究．比较教育研究，2013（2）：47－51＋68.

［116］张晓莉．美国教师教育中大学与中小学合作的体制与机制研究．博士论文，东北师范大学，2013.

［117］赵娟．大学与中小学合作研究促进教师专业化发展的理论与实践探索．硕士论文，淮北师范大学，2010.

［118］赵玉丹．大学与中小学伙伴合作：国外研究的现状及述评．内蒙古师范大学学报（教育科学版），2007（3）：31～34.

［119］赵玉丹．校本教研中的大学与中小学合作：障碍与对策．科教文汇（下旬刊），2007（3）：4.

［120］钟瑞添，耿娟娟，罗星凯．大学与中小学教师教育合作伙伴关系建设：理念与行动．广西师范大学学报（哲学社会科学版），2007（5）：64～68.

［121］周维莉．大学与中小学合作培养教师的问题及对策研究．硕士论文，西南大学，2010.

［122］周正．哈尔滨市大学与中小学合作：问题与策略．教育评论，2013（2）：114～116.

［123］朱元春．教师发展学校：营造高校与中小学教师教育共同体．教师教育研究，2008（6）：24～28.

二、英文文献

著作类：

［1］Basile，Carole G. Assessing university partnership impact on school climate and culture. US：IAP Information Age Publishing，2011.

［2］Campoy R W. A professional development school partnership：Conflict and collaboration. Greenwood Publishing Group，2000.

［3］ Campoy R W. A professional development school partnership：Conflict and collaboration. Greenwood Publishing Group，2000.

［4］ K. A. Sirotnik & J I. Goodlad. School – University Partnerships in Action：Concepts，Cases，and Concerns. New York：Teacher College Press. 1988.

［5］ L. Darling – Hammond. Professional Development Schools：Schools for Developing A Profession. New York：Teachers College Press. 1994.

［6］ Owens，Lina Leatherwood，Towery，Ron，Lawler，Dianne，School – university partnerships：Bridging the gap in preservice teacher assessment. US：IAP Information Age Publishing，2011.

［7］ Torrez，Cheryl A. Franklin. Negotiating complex relationships in school – university partnerships：Befuddled，bewildered，and even bemused. US：IAP Information Age Publishing，2011.

论文类：

［1］ Bartholomew S S，Sandholtz J H. Competing views of teaching in a school – university partnership. Teaching and Teacher Education，2009，25（1）：155～165.

［2］ Baumfield V，Butterworth M. Creating and translating knowledge about teaching and learning in collaborative school – university research partnerships：An analysis of what is exchanged across the partnerships，by whom and how. Teachers and Teaching：Theory and practice，2007，13（4）：411～427.

［3］ Berger J G，Boles K C，Troen V. Teacher research and school change：Paradoxes，problems，and possibilities. Teaching and Teacher Education，2005，21（1）：93～105.

［4］ Brookhart S M，Loadman W E. School – University Collaboration: Across Cultures. Teaching Education, 1992, 4 (2): 53~68.

[5] Bullough Jr R V, Baugh S C. Building professional learning communities within a University—Public school partnership. Theory Into Practice, 2008, 47 (4): 286~293.

[6] Burton S L, Greher G R. School – University Partnerships: What Do We Know and Why Do They Matter? . Arts Education Policy Review, 2007, 109 (1): 13~24.

[7] Carroll D M. Developing joint accountability in university – school teacher education partnerships. Action in Teacher Education, 2006, 27 (4): 3~11.

[8] Clark R W. School – university partnerships and professional development schools. Peabody Journal of Education, 1999: 164~177.

[9] Crawford P A, Roberts S K, Hickmann R. All together now: Authentic university – school partnerships for professional development. Childhood Education, 2008, 85 (2): 91~95.

[10] Dever M T, Hager K D, Klein K. Building the university/ public school partnership: A workshop for mentor teachers. The Teacher Educator, 2003, 38 (4): 245~255.

[11] Epanchin B C, Colucci K. The Professional Development School Without Walls A Partnership Between a University and Two School Districts. Remedial and Special Education, 2002, 23 (6): 350~359.

[12] Essex, N. L. Effective school – college partnerships, a key to educational renewal and instructional improvement. Education, 2001, 121 (4) .

[13] Fisler J, Firestone W. Teacher learning in a school – university partnership: Exploring the role of social trust and teaching efficacy beliefs. The Teachers College Record, 2006, 108 (6): 1155~1185.

［14］ Fullan M, Erskine－Cullen E, Watson N. The Learning Consortium: A School－University Partnership Program. An Introduction. School Effectiveness and School Improvement, 1995, 6 （3）: 187～191.

［15］ Hudson, Peter; English, Lyn D.; Dawes: Contextualizing a University－School STEM Education Collaboration: Distributed and Self－Activated Leadership for Project Outcomes. Educational Management Administration & Leadership, 2012, 40 （6）: 772～785.

［16］ Hu－lin L I. Preservice Teacher Education Improvement in the Context of University－School Partnership——taking the experience of Northwest Normal University as an example. Contemporary Education and Culture, 2009, 4.

［17］ James C E, Haig－Brown C. "Returning the Dues" Community and the Personal in a University－School Partnership. Urban Education, 2001, 36 （2）: 226～255.

［18］ Johnson D. Learning to Teach: The Influence of a University－School Partnership Project on Pre－Service Elementary Teachers' Efficacy for Literacy Instruction. Reading Horizons, 2010, 50 （1）.

［19］ Johnston B, Wetherill K, High H, et al. Teacher socialization: Opportunities for university－school partnerships to improve professional cultures. The High School Journal, 2002, 85 （4）: 23～39.

［20］ Kirschenbaum H, Reagan C. University and Urban School Partnerships An Analysis of 57 Collaborations between a University and a City School District. Urban Education, 2001, 36 （4）: 479～504.

［21］ Kochan, F. K. , & Kunkel, R. C. The learning coalition: and Power. New York: State University of New York Press. Professional development schools in partnership. Journal 1995. 11. of Teacher Education. 1998, 49 （5）: 325～333.

［22］ Kruger T, Davies A, Eckersley B, et al. Effective and sustainable university – school partnerships: Beyond determined efforts by inspired individuals. 2009.

［23］ Lewison, Mitzi; Holliday, Sue (1997) Control, Trust, and Rethinking Traditional Roles: Critical Elements in Creating a Mutually Beneficial University – School Partnership. Teacher Education Quarterly; 24 (1): 105～126.

［24］ Lesley, T. J. , Matczynski T. J:, and W Williams, J. A. Collaborative and Non – collaborative Partnership Structures in Teacher Education. Journal of Teacher Education. 1992, 43 (4): 257～261.

［25］ Lewison M, Holliday S. Control, trust, and rethinking traditional roles: Critical elements in creating a mutually beneficial university – school partnership. Teacher Education Quarterly, 1997: 105～126.

［26］ Martin S D, Snow J L, Torrez C A F. Navigating the terrain of third space: tensions with/in relationships in school – university partnerships. Journal of Teacher Education, 2011, 62 (3): 299～311.

［27］ McLaughlin C, Black – Hawkins K. School – university partnerships for educational research—distinctions, dilemmas and challenges. The Curriculum Journal, 2007, 18 (3): 327～341.

［28］ Miller L. School – university partnership as a venue for professional development. Teachers caught in the action, 2001: 102～117.

［29］ Mule L. Preservice teachers' inquiry in a professional development school context: Implications for the practicum. Teaching and teacher education, 2006, 22 (2): 205～218.

［30］ Peel H A, Peel B B, Baker M E. School/university partnerships: A viable model. International Journal of Educational Management, 2002, 16 (7): 319～325.

［31］ Peters J. University – school collaboration：Identifying faulty assumptions. Asia – Pacific Journal of Teacher Education，2002，30（3）：229～242.

［32］ Perry C，Komesaroff L，Kavanagh M. Providing space for teacher renewal：The role of the facilitator in school – university partnerships. Asia – Pacific Journal of Teacher Education，2002，30（3）：243～257.

［33］ Pohan C A，Adams C. Increasing family involvement and cultural understanding through a university – school partnership. Action in Teacher Education，2007，29（1）：42～50.

［34］ Prater M A，Sileo T W. School—University Partnerships in Special Education Field Experiences A National Descriptive Study. Remedial and Special Education，2002，23（6）：325～335.

［35］ Richmond G. University/school partnerships：Bridging the culture gap. Theory Into Practice，1996，35（3）：214～218.

［36］ Rice E H. The collaboration process in professional development schools results of a meta – ethnography，1990－1998. Journal of Teacher Education，2002，53（1）：55～67.

后　记

蒹葭苍苍，白露为霜；所谓伊人，在水一方。

溯洄从之，道阻且长；溯游从之，宛在水中央。

——摘自《诗经·国风·秦风·蒹葭》

读博前，读博于我是一种心结；读博中，读博于我是一种兴奋与煎熬；读博后，读博于我是一笔财富。

财富之一：超脱尘世，去思考一些虚空的问题，去追求一个面目不清的"伊人"。虽然道阻且长，依然溯洄从之，有过退缩，有过迷茫，有过放弃，直到晕头晕脑，"伊人"宛在水中央。多年的求学生涯，并不足以让我追求到心中的"伊人"，甚至不能看清她的面目，似乎总有若隐若现的面纱横亘之间。什么是真？什么是善？什么是美？我越来越糊涂。随着年龄渐长，对于"人为何而生"也不能达到"不惑"的状态。不同的哲学流派、人类学理论、社会学框架让我有了更多的思考与体悟，也时常深深感受到"横看成岭侧成峰"和"只缘身在此山中"的人生常态。

财富之二：收获许多可以慰藉心灵、余生长伴的情谊。师门"顺藤摸瓜"群就像一个温馨的大家庭，有真性情的家长和各具特色的兄弟姐妹。许多因"滕"而结识的大树、鲜花与小草，让这三年时光五彩斑斓，印象深刻。

导师滕星教授的真性情让我认识到，成为学问大家的人必定拥有让人敬佩的人品，做学问当从做人开始，没有他的严格要求和悉心指导，就没有这部书稿。师母亲切和蔼的笑容时常安抚我郁闷的心情。她对生活与美的热爱时常给我激励。

兰芳、小罗、江鹤成为我三年民大生活的见证人。我们一起入学，一起毕业。尤其是兰芳，我们一起珍藏受训挨骂掉眼泪的日子。卓雯、学金、光洁、虎师姐、卓玛、小雪、刘烨、宁宁、王荣、胡玛尔、闫晓等同门都与我共渡过或多或少的校园时光。感谢海路师兄，在开题、论文撰写、答辩、课题申报、课题结题、学术会议组织、会议论文集编撰、书稿修改等许多环节中给与了我太多帮助。感谢覃明、子云、亚华、吐尼克、渊博、瑞芬、林旺、李晓、刘柳、素燕、丽娜等同届的博士们，与他们的交流与争论开阔了我的视野，启发了我的思维。

收获的情谊还包括许多为我的论文顺利完成伸出热情之手的师长们。感谢在开题和答辩时给予我指导的庄孔韶教授、郑新蓉教授、钱民辉教授、袁同凯教授、常永才教授、吴明海教授、关凯教授。感谢多年关心我的发展与成长的首都师范大学小学教育协调发展中心高宝英主任等许多亦师亦友的同事们。

还有许多朋友，虽然不能一一道出你们的名字，但是一声"朋友"你会懂。是你们的帮助与理解使我顺利完成学业，尤其是在田野工作中为我提供了许多帮助的老师们——愿我们的友谊长青。

亲情是支持我完成博士生涯的根本，感谢体贴包容的先生、聪慧省心的儿子、温柔善良的长辈，我们是相亲相爱、幸福快乐的一家人。

感谢本书的责编民族出版社的欧泽老师，给予我这个新手许多指导，使本书能够呈现在读者的面前。

读博的财富还有许多，于我的人生必然是一个大大的改变，不是外显的，而是内隐的：理解人类的多元、尊重不同的选择、遵从内心的召唤……

　　美美与共，知行合一。虽毕业，当谨记。

杨小英
2016 年 11 月于长昆名居

图书在版编目（ＣＩＰ）数据

交换理论视域下 U－S 合作中的教师互动研究:北京 D 师范大学与附小共建的教育人类学考察/杨小英著. —北京:民族出版社,2016.11

（教育人类学研究丛书. 第四辑）

ISBN 978－7－105－14733－5

Ⅰ. ①交…　Ⅱ. ①杨…　Ⅲ. ①教师—交流—研究　Ⅳ. ①G451. 2

中国版本图书馆 CIP 数据核字（2016）第 296084 号

策划编辑:虞　农
责任编辑:欧　泽
封面设计:金　潇
出版发行:民族出版社
地　　址:北京市和平里北街 14 号
邮　　编:100013
网　　址:http://www.mzpbu.com
印　　刷:北京彩云龙印刷有限公司
经　　销:各地新华书店经销
版　　次:2016 年 12 月第 1 版　2016 年 12 月北京第 1 次印刷
开　　本:880 毫米×1230 毫米　1/32
字　　数:242 千字
印　　张:8.75
定　　价:25.00 元
ISBN　978－7－105－14733－5/G·2032（汉 984）